AF192795

Lorenzo Valla

DEL VERDADERO Y EL FALSO BIEN

Traducción de Luis Frayle Delgado

Edición y notas de José Luis Trullo

1ª ed., septiembre de 2024

Thema: QDHH Filosofía humanista

El punto I de la introducción, la bibliografía y las notas finales, así como la edición de este libro, han corrido a cargo de José Luis Trullo.

Corrección ortotipográfica y revisión final: Isabel Ademar

Ilustración de portada: *El Juicio Final* (1473), por Hans Memling
Museo Nacional de Gdánsk

© de la traducción, Luis Frayle Delgado
© de la edición, José Luis Trullo
© Cypress Cultura

ISBN: 978-84-129035-3-9
Depósito legal: SE 2051-2024

IMPRESO EN LA UNIÓN EUROPEA

Todos los derechos reservados

ÍNDICE

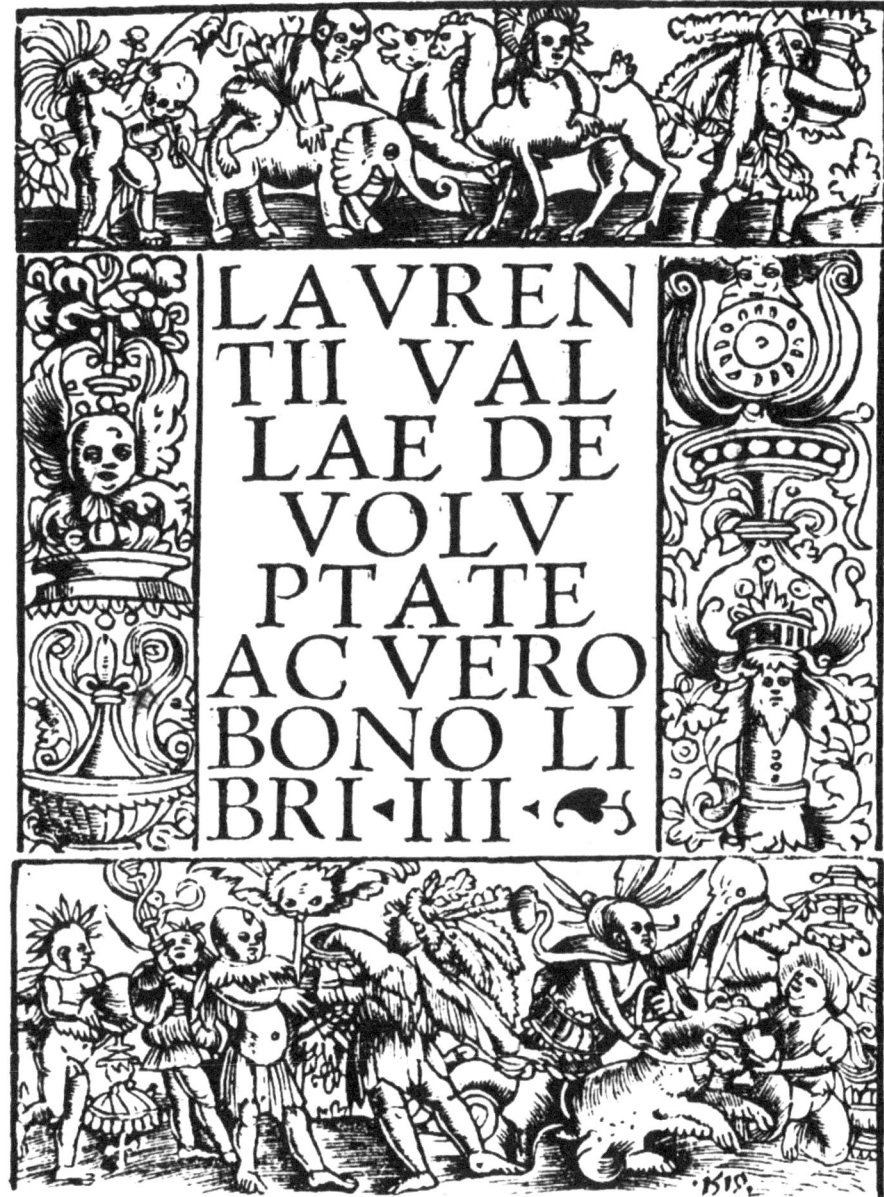

LAVREN
TII VAL
LAE DE
VOLV
PTATE
AC VERO
BONO LI
BRI · III ·

INTRODUCCIÓN

I. SOBRE EL AUTOR

1. Vida y obra de Lorenzo Valla.

Lorenzo Valla nació en Roma, en 1407, y falleció en la misma ciudad, relativamente joven, medio siglo después, tras una existencia errante que le llevó a desempeñar diversas ocupaciones y a residir en varias localidades italianas. Era hijo de Luca Valla, abogado y doctor en derecho civil y canónigo, que falleció siendo él adolescente, y de Caterina Scrivani, hija de Giovanni Scrivani, también jurista. Creció junto a ella y su hermano, Melchiorre Scrivani, secretario papal de Martín V, lo cual le permitió moverse en dichos círculos y recibir educación en su *Studium urbis*. Estudió griego con Giovanni Aurispa en 1420 y con Rinuccio di Castiglione en 1425, perfeccionando su latín con Leonardo Bruni en 1426; en todas las demás materias, Valla fue autodidacta. De inteligencia despierta y talento precoz, con sólo 21 años escribió su primer libro, *De comparatione Ciceronis Quintilianique*, actualmente perdido, en el cual ponía al calagurritano por encima del romano; con ello, ya manifestaba su decantación hacia una comprensión de la retórica sustancialmente diferente a la que triunfaba en su época, más rígida y formalista.

Tras la muerte de su tío, en 1430, trató de sucederle en el puesto, pero fue rechazado por su juventud. Se trasladó entonces a la ciudad de Pavía, donde permaneció hasta el verano de 1431; es aquí donde escribió *De voluptate*, obra que revisaría posteriormente en 1433 y en 1440, y a la que incluso cambiaría el título por *De vero falsoque bono* y *De vero bono*, respectivamente. Fue nombrado profesor de retórica por el Studio, dando clases entre 1431 y 1433 y entrando en relación con los círculos intelectuales de la ciudad. En marzo de 1433 se vio obligado a abandonarla a causa de las desavenencias con los juristas locales a raíz de un libelo en el que Valla censuraba su incompetencia en la lengua latina. Se trasladó a continuación a Milán, después a Génova y más tarde a Florencia, donde impartió lecciones particulares. En 1435 entró al servicio de Alfonso de Aragón, a quien acompañó durante sus campañas bélicas hasta 1442, fecha en que accede al trono de Nápoles. Allí permanecerá Valla hasta su retorno a Roma en 1448. En 1443, dio a luz la primera versión de la que estaba llamada a ser una de sus obras más influyentes en el contexto del humanismo del Renacimiento: las *Elegantiae linguae latinae libri sex*, de la cual se conservan en la actualidad casi cincuenta manuscritos y más de cien incunables; este texto fue utilizado como manual de latín hasta el siglo XVII y fue objeto de la admiración de Erasmo de Rotterdam. Hacia 1440 Valla completó su primera versión de las *Repastinatio dialecticae et philosophiae*, cuya segunda versión intituló *Disputationes dialecticae libri tres*, en las que criticaba la metafísica y la lógica escolástico-aristotélicas. De estos mismos años datan un par de obritas de temática religiosa y moral: el *Dialogus de libero arbitrio*, que fue elogiado por Martín Lutero, rechazado por Erasmo y despreciado por Calvino; y *De professione religiosorum*, donde negaba que la piedad cristiana fuese mayor entre los monjes y clérigos que entre los laicos, la cual ejerció una gran influencia entre erasmianos y protestantes y le granjeó problemas con la Inquisición. También dio a luz su célebre *De falso credita et ementita Constantini donatione declamatio*, donde refutaba con argumentos filológicos la naturaleza espuria de la llamada Donación de Constantino, por la cual el papado ejercía su poder sobre amplios territorios.

En 1443 Valla dio a conocer sus *Collatio Novi Testamenti*, en las cuales ponía de manifiesto numerosos errores de la Vulgata de San Jerónimo al compararla con cuatro manuscritos griegos distintos; este texto fue publicado en 1505 por Erasmo, si bien posteriormente se ha sabido que la edición que este dio a la imprenta era la segunda. Valla ponía de manifiesto en el proemio de la obra las implicaciones teológicas que conlleva cualquier traducción de las Sagradas Escrituras, en la cual se deben tener en cuenta también aspectos de carácter histórico; de este modo, se alejaba tanto de la hermenéutica medieval y su cuádruple lectura de la Biblia, como de la escolástica y su gusto por las analogías.

La osadía de sus postulados, así como ciertas actitudes personales que le habían acarreado numerosos encontronazos con personalidades de relevancia, motivó que en 1444 fuese acusado de herejía, aunque la intercesión del monarca evitó que el proceso fuese a más. Valla explica los motivos de esta imputación, así como su actitud al respecto, en varias obras: el *Antidotum secundum in Poggium*, la *Defensio questionum in philosophia* y, especialmente, en su *Apología* a Eugenio IV. Al año siguiente empezó la redacción de la *Gesta Ferdinandi Regis Aragonum* como preámbulo de una historia del reinado de Alfonso, la cual no llegó a completarse. A lo largo del año 1446, Bartolomeo Facio, humanista rival en la corte alfonsina, compuso con la ayuda de Antonio Beccadelli cuatro invectivas mostrando su desacuerdo con dicho texto, a las cuales repuso Valla a principios de 1447 con su *Antidotum in Facium*, en cuyo cuarto libro incluía un imponente análisis de la segunda guerra púnica narrada por Tito Livio. Durante la primavera de ese año, entró en contacto con el papa recién electo, Nicolás V, quien lo incorporó a su corte romana en algún momento de 1448 en calidad de escritor apostólico.

No fue hasta 1455 cuando, siendo Sumo Pontífice Calixto III, alcanzó al fin el ansiado puesto de secretario apostólico; al parecer, su conocida rivalidad con Poggio Bracciolini le había impedido acceder a él hasta que éste abandonó la ciudad eterna. El enfrentamiento entre ambos humanistas dio pie a una serie de invectivas cruzadas que se han hecho célebres por su virulencia, si bien subyace en la tensión entre ambos una concepción distinta del humanismo, siendo el de Poggio más filológico y anticuario, y el de Valla más histórico y crítico.

Durante la última década de su vida, Valla no escribió ninguna obra de importancia, limitándose a revisar y corregir las que ya había compuesto anteriormente: las *Collatio Novi Testamenti*, las *Disputationes dialecticae*, las *Elegantiae linguae latinae* y *De vero bono*. A instancias de Nicolás V tradujo a Tucídides y a Herodoto, así como a Esopo, Homero y Demóstenes. Nombrado adjunto a una cátedra del Studium urbis en 1450, dio clases sobre la retórica de Quintiliano.

De sus discursos pronunciados en esta época han sobrevivido tres, en los cuales se pone de manifiesto la visión del autor acerca del lenguaje, la historia y la religión: en la *Oratio in principio sui studii* (datado el 18 de octobre de 1455) ensalza la deuda de la civilización occidental con la lengua latina, así como con la Iglesia católica que la adoptó como propia. Su *Sermo de mysterio eucharistiae* fue pronunciado el Jueves Santo de 1456 o 1457 en San Juan de Letrán (de la que había sido nombrado canónigo en 1455), donde ligaba la dignidad humana y su capacidad para deificarse a raíz del misterio de la Encarnación, el cual se hacía presente todos los días durante la misa. El 7 de marzo de 1457 pronunció el *Encomium Sancti Thomae Aquinatis* a raíz de la invitación que le hicieron llegar los dominicos de Santa Maria sopra Minerva: en este discurso ensalza la piedad del santo pero antepone la patrística a la teología escolástica.

Lorenzo Valla falleció el 1 de agosto de 1457 y fue enterrado en la basílica de la que era canónigo, con el siguiente epitafio: "*Laurentio Vallae harum aedium sacrarum canonico Alphonsi regis et pontificis maximi secretario apostolicoque scriptori qui sua aetate omnes eloquentia superavit Catherina mater filio pientisimo posuit. Vixit annos L. Obiit anno domini MCCCCLVII calendis Augusti*".

2. Un autor en busca de (re)conocimiento.

En un memorable texto titulado *Lorenzo Valla e l'umanesimo*, Eugenio Garin constataba la metamorfosis que, en pocas décadas, había experimentado el juicio acerca de la figura de Lorenzo Valla: de ser percibido como un "pregonero del evangelio del placer, empeñado en un culto ilimitado a los sentidos, carente de pudor y de decencia, blasfemo recusador de los papas y los sacerdotes, [...] anticlerical, restaurador de Epicuro y de Lucrecio, precursor del positivismo y del naturalismo moderno",[1] todo lo cual le supuso ser incluido en el Índice de libros prohibidos con varias de sus obras,[2] hemos pasado a ponderar su papel como renovador de los saberes, gracias al cual la filología desafió a la filosofía escolástica en su propio campo, de la mano de un nuevo concepto de la historicidad del conocimiento opuesto a una visión ucrónica propia de épocas pasadas.

Bien es verdad que dicha mutación se encuentra en un estado incipiente, pues aún está en curso la edición crítica de su obra completa[3] y de su extenso corpus textual apenas unos pocos títulos forman parte del canon, y no precisamente los más relevantes.[4] De su principal obra filosófica, la *Repastinatio dialecticae et philosophiae*, que yo conozca sólo existe una sola edición y en latín,[5] mientras que su segunda versión (intitulada *Disputationes dialecticae*) cuenta con una única traducción, al inglés.[6] El diálogo en torno al placer, en sus distintas redacciones y con títulos diversos, sí ha conocido una mejor fortuna editorial, habiendo sido publicada en fecha muy reciente una versión al castellano.[7] Sea como fuere, su legado permanece en un limbo lamentable, dada su enjundia

---

[1] En Besami, O. y Regoliosi, M. (eds.), *Lorenzo Valla e l'Umanesimo italiano. Atti del Convegno Internazionale di Studi Umanisiti*. Padua, Antenore, 1986, pág. 2. Traducción propia.

[2] La *Declamatio de falso credita et ementita donatione Constantini*, el *De voluptate*, las *Annotationes in Novum Testamentum* y el *Liber de persona, contra Boethium*.

[3] *Edizione Nazionale delle Opere di Lorenzo Valla*, a cargo de las Edizioni Polistampa de Florencia.

[4] En España apenas se le ha traducido, más allá de la recurrente *Declamatio* y del prefacio a las *Elegancias de la lengua latina*. Personalmente, he tenido el honor de verter al castellano su *Elogio de Santo Tomás* (http://www.humanistas.eu/2022/11/lorenzo-valla-elogio-de-santo-tomas-de.html), y está en prensa la edición de su discurso sobre *El misterio de la eucaristía*, traducido por Javier Soage.

[5] En edición de G. Zippel, publicada en Padua por Antenore, en dos volúmenes, en el año 1982.

[6] En edición y traducción de B. Copenhaver, publicada en la Tatti Renaissance Library por la Harvard University Press en el año 2012.

[7] En traducción de M. A. Vilar, publicada con el título *Sobre el placer y el verdadero bien* por Winograd en Buenos Aires, en el año 2022.

e impacto histórico: no hay que olvidar que un filósofo de la talla de Leibniz, afirmó de Valla "qu'il n'étoit moins Philosophe qu'Humaniste".[8]

Mientras que el acceso franco a las fuentes –más allá del mero ámbito académico– sigue siendo una tarea pendiente, y que costará mucho tiempo culminar (si es que algún día llega a producirse), son numerosos los estudios publicados en las últimas décadas en torno al pensamiento de Valla, así como acerca de su influencia en varios campos del saber: son monumentales los libros de Mario Fois, Giovanni di Napoli y Salvatore I. Camporeale acerca de su pensamiento religioso, mientras que merecen especial atención los que Lodi Nauta ha venido dedicando a la retórica y la filosofía de la historia del autor romano.[9]

Esta desproporción entre la difusión de los textos primarios y de la bibliografía secundaria en torno a ellos constituye todo un síntoma de los males que aquejan a la cultura occidental en nuestra época, la cual, en no pocos aspectos, son los mismos ante los que se rebelaron los humanistas del Renacimiento.

3. Una personalidad idiosincrásica.

En efecto, resultaría imposible comprender el perfil intelectual de Lorenzo Valla, así como el impacto que tuvo en su época –y no sólo por motivos estrictamente filológicos: recordemos sus numerosos encontronazos con personalidades como Poggio Bracciolini, Bartolomeo Facio o Antonio Beccadelli, el Panormita, entre muchos otros–, sin atender a su personalidad. A despecho de la repelencia que cosecha en nuestros días cualquier atención prestada a la dimensión humana de los autores de nuestra tradición, a los cuales se prefiere subsumir en contextos socioculturales diluyendo su individualidad, sería poco menos que una tarea condenada al fracaso comprender lo que supuso el humanismo del Renacimiento al margen de la idiosincrasia particularísima de sus principales promotores. Empezado por Francesco Petrarca y acabando con el propio Erasmo, nos encontramos ante auténticos titanes del conocimiento, henchidos de entusiasmo, amantes de la verdad, campeones del rigor y, sobre todo, enamorados de la sabiduría como la más alta manifestación del género humano. Es comprensible que para un mundo como el nuestro, para el cual los libros no pasan de ser, o bien un instrumento reservado al análisis científico, despojado de relevancia existencial, o bien una forma de entretenimiento inocuo, en igualdad de condiciones con las series de televisión o los videojuegos, la mera idea de que unos hombres vieran en ellos, en su lectura y en su escritura, una escalera hacia un nivel superior del

---

[8] *Essai de théodicée sur la bonté de Dieu, apud* Garin, *loc. cit.,* pág. 3.
[9] Ver referencias en bibliografía.

ser, puede resultar, en el mejor de los casos, risible. Pero así es como lo vivieron ellos, y por eso consiguieron poner patas arriba una sociedad narcotizada por el estatismo jerarquizado que imponían las instituciones de la época, principalmente, la Iglesia y la universidad. Los *studia humanitatis* (que, lo admitamos o no, nada tienen que ver con las actuales 'humanidades' que se imparten en los centros de enseñanza, principalmente, porque han perdido por completo su espíritu originario) no son unas disciplinas como las demás: desde el momento en que inquieren acerca de la naturaleza humana, de su ubicación en el cosmos y del destino de todas y cada una de las personas en él, se desenvuelve en un ámbito singular, excepcional (superior, sí), de manera que quienes aspirar a militar en ellas deben estar a la altura de una tan alta vocación. Sin duda alguna, los grandes autores del humanismo del Renacimiento son de esta especie; y Lorenzo Valla, fue un *primum inter pares*: libre, independiente, audaz, comprometido con la verdad hasta exponerse a un proceso inquisitorial, capaz de enfrentarse a cualquiera por defender, no su opinión personal, sino sus constataciones fehacientes. ¿Un librepensador? No más que lo fueron Sócrates o Platón, Séneca o Epicuro, San Pablo o San Agustín. Los protagonistas de la historia cultural, sin dejar de rendir tributo a los grandes autores del pasado, sólo admitían prosternarse ante la verdad. Y, como advierte Cristopher C. Celenza, destacó en ello como pocos:

> Valla is advocating, for intellectuals, a new way of life and a different approach to the "love of wisdom." This new approach implies that one should never be afraid to question inherited truths, disciplinary schemes, and received wisdom. From this perspective, Valla's text means something not only in the fifteenth century, but now, as well. Valla's message was that critical reflexivity is essential to the search for wisdom, so that members of every scholarly generation need to scrutinize a new the fundamental guiding assumptions they have inherited.[10]

José Luis Trullo

---

[10] "Lorenzo Valla and the Traditions and Transmissions of Philosophy", Journal of the History of Ideas, vol. 66, núm. 4, octubre 2005, pág. 505.

II. SOBRE LA OBRA

1. El latín de Lorenzo Valla.

Hemos de considerar a Lorenzo Valla sobre todo como uno de los iniciadores del movimiento cultural renovador de la lengua latina y de las letras y las artes clásicas. En este sentido, es fundamental su obra citada *De elegantiae linguae latinae*, donde afirma:

> Desde hace siglos no solo nadie habla ya el latín, sino que ni siquiera lo entiende al leerlo. Los estudiosos de la filosofía no comprenden a los filósofos, los abogados no entienden a los oradores, los jueces a los juristas, y los restantes no han entendido ni entienden los libros de los antiguos, como si una vez perdido el Imperio romano no conviniera ni hablar ni entender el latín, dejando que el moho y la herrumbre borre aquella gloria de la latinidad.[11]

Lorenzo Valla pretende quitar al latín ese moho y herrumbre de siglos resucitando el latín clásico. Este retorno al latín de Roma, con todas sus peculiaridades, podemos hallarla en la obra que aquí presentamos, *El verdadero y el falso bien*. Es una obra fundamental para el estudio tanto de la filología como de la ética del Renacimiento. A la vez que vuelve a la ética de Séneca, lo hace a la retórica de Cicerón, sin olvidarse de que el renacer de las lenguas y la cultura clásica tiene lugar en una Europa que ha echado sus raíces como entidad cultural, además de su identidad sociopolítica, en la Cristiandad, la cual nace con la conversión de Constantino al cristianismo y su posterior declaración, por parte de su hijo Teodosio, como religión oficial del Imperio Bizantino.

Puede llamar la atención que Valla eleve una crítica que a muchos les puede parecer excesiva sobre el estado del latín. Pero sin duda era necesario ese convencimiento sincero para empezar una nueva era de renovación de la lengua de Roma como vehículo del saber clásico, es decir, de la cultura grecorromana. Incluso la cultura griega también porque, además de la que llegó directamente por medio de la lengua griega, el latín fue vehículo difusor del pensamiento, la mitología y en general de la cultura de Grecia, que Roma asumió, reprodujo y difundió (sobre todo, la filosofía) por su vasto imperio. Ello se tradujo en que los pensadores de Roma fueran eclécticos, como en el caso de Cicerón, o bien abra-

---

[11] *Lorenzo Valla: Elegantiae linguae latinae (1444),* en Miguel Artola, *Textos fundamentales para la Historia.* 7ª ed., Madrid, Alianza Editorial, 1982, pág. 174.

zaran una filosofía concreta y la adaptaran al mundo romano, como hizo Séneca con el estoicismo. Plotino, aunque tiene un pensamiento y elabora una filosofía propia, no deja de ser un platónico. En el hecho de la trasmisión del pensamiento clásico el vehículo, la lengua, posee una entidad cultural propia y así hemos de verla en la obra que traducimos. Por tanto, ya vamos detectando dos puntos de observación en esta obra de Lorenzo Valla: el pensamiento y el género y estilo literario en que se expone ese pensamiento y, en concreto, se defienden las doctrinas de las escuelas filosóficas estoica y epicúrea. Y finalmente, en cuanto a la aportación a la moral (diríamos mejor que a la ética), el cristianismo, que es una de orden superior, según se defiende en la obra.

Acerca de la opinión de Valla respecto a la lengua latina, nos podríamos preguntar si no es una demasiado drástica. ¿Hemos de admitir la verdad de que la Edad Media borró la *gloria de la latinidad*? Terminó el periodo glorioso del latín de Roma al derrumbarse el Imperio en el siglo V, sí, pero dejó como herencia una cultura en los pueblos "fundados" por Roma. En ello, la lengua latina fue elemento vital, necesario y trasmisor. Así como fue evolucionado la cultura romana con la romanización de Europa, así evolucionó también el latín en los distintos pueblos colonizados hasta convertirse, ya en la alta Edad Media, en las lenguas romances, que no son más que el latín que habla el pueblo y va tomando diversas formas en función de los distintos grupos humanos, que a su vez se van constituyendo en feudos, reinos e imperios. Las lenguas románicas o romances son los diversos brotes del árbol gigante, el latín, que con los siglos serán árboles frondosos, cuando estas lenguas se emancipen de la lengua madre y maduren hasta convertirse a su vez en lenguas de cultura. Y eso es precisamente lo que sucede en Europa durante el Renacimiento, cuando se escriben grandes obras en lenguas romances ya formadas y consolidadas (por poner un solo ejemplo, *La Divina Comedia,* de Dante Alighieri), al tiempo que se revitaliza y renueva el latín de Roma. En ese momento aparecen también las gramáticas de las nuevas lenguas; recordemos la *Gramática de la lengua castellana* de Antonio de Nebrija (1492), quien además escribe las *Introductiones latinae*, una gramática latina que conoció varias ediciones a partir de la primera de 1481.

Por consiguiente, hemos de entender la afirmación de Lorenzo Valla de que ya nadie entiende el latín como una crítica al que se empleaba en las universidades, anquilosado y corrupto. Había que desempolvarlo y sacarlo de los pergaminos y manuscritos de las bibliotecas para recobrar el saber cásico en el mismo vehículo en que creció y fue difundido por Roma. Es por ello que Valla traslada su obra al mismo escenario en que se escribieron las obras latinas que le sirven de modelo, es decir, al siglo I de nuestra era, el de Lucio Anneo Séneca.

Cuando comencé a traducir la obra que tiene el lector entre manos pude darme cuenta enseguida de que estaba en el mismo "ambiente" que había dejado unas semanas antes cuando di a la imprenta la traducción de algunos diálogos de Séneca.[12] Volvía al mismo pensamiento que allí se exponía en las dos corrientes o escuelas, la del estoicismo y la del epicureísmo, que dialogan y discuten sobre el placer y la felicidad. Valla ha querido reproducir de alguna manara aquellos diálogos del filósofo de Córdoba en los que recoge y renueva la filosofía de Zenón de Citio, Crisipo y otros seguidores de la escuela. El escritor renacentista da un salto hacia atrás de catorce siglos hasta la Roma del siglo I, reviviendo la historia y la literatura de la República y del comienzo del Imperio. Sus personajes, que dialogan y discuten sobre cuestiones éticas, se mueven en el mundo romano y citan a los poetas y oradores latinos, aunque también a los griegos. Sólo algunas veces, como para hacer ver que escribe en el siglo XV, cita a algunos autores cristianos de la Edad Antigua y Media. En el tercer y último libro, aunque el tema es totalmente cristiano, no abandona el escenario romano que ha creado para que en él se muevan los "actores" del diálogo, casi como en la escena de una obra dramática, aunque en realidad describe el "verdadero bien" en un mundo nuevo, el cristianismo, y la felicidad y bienaventuranza del cielo, que describe un predicador, un franciscano, perteneciente a la orden de frailes menores. Al final de la obra, al anochecer, cuando concluye el diálogo, le acompañan sus amigos a su residencia que no es otra que el Convento de San Francisco.

Por consiguiente, en el transcurso del dialogo aparecen palabras que se refieren a la sociedad y a la política de Roma y sus instituciones, y hay que verterlas al castellano por conceptos que, por decirlo de alguna manera, dejen intactos los equivalentes a dichas instituciones y no las sustituyan por otras parecidas de la actualidad.

Concluiremos diciendo que el latín medieval desde la alta Edad Media, que comienza con la deposición del último emperador Rómulo Augústulo, en el año 476, fue el latín de cultura que se empleó para la ciencia, la filosofía y la teología. Los humanistas europeos (entre otros, Erasmo, Tomás Moro y Juan Luis Vives) emplearon este latín que aprendieron generalmente en las escuelas, ya que en la vida cotidiana hablaban sus lenguas respectivas. No sólo eso: este latín culto fue la lengua en que escribieron los filósofos de los siglos XVII y XVIII: Leibniz lo aprendió en la biblioteca de su padre, como él mismo nos cuenta, leyendo la historia de Tito Livio y escribiendo sus propias obras en latín, aunque alternándolo con el francés y el alemán. Asimismo, filósofos y poetas de la Edad

---

[12] Séneca, *La brevedad de la vida. El ocio. La vida feliz.* Traducción e introducción de Luis Frayle Delgado. Sevilla, Cypress Cultura, 2022.

Moderna, sobre todo en Alemania, a menudo se formaron en colegios dirigidos por pastores protestantes y allí adquirieron una vasta y profunda cultura clásica y un amplio dominio del latín, como en los casos de Hölderlin o de Hegel. El latín, por otra parte, continúa siendo la lengua oficial de la Iglesia Católica y en ella se escriben y difunden la mayor parte de los documentos de los papas y de la curia romana, si bien se eliminó de la liturgia pasando a celebrarse en las lenguas vernáculas. También quiero recordar que durante las décadas de los 40 y 50 del siglo pasado se fomentó el latín clásico en los estudios de Humanidades de los seminarios y escuelas apostólicas de la órdenes religiosas, y se práctico en los estudios de Filosofía y Teología en los Seminarios Mayores y en las universidades católicas. Yo mismo lo aprendí en un seminario y lo practiqué después; además, recibí muchas clases en latín en la Universidad Pontificia de Salamanca, tanto en la Facultad de Filosofía como en la de Teología. En la actualidad, por contra, el latín, la filosofía y en general las humanidades están en decadencia en los planes de estudio y en la enseñanza, lo que considero un error incalculable para las generaciones que nos seguirán. El latín, además de lo dicho, es una de las materias escolares que más ayuda al adolescente y al joven a ordenar la mente, abordar deducciones y sacar sus propias conclusiones, gracias a la rigurosidad y rotundidad de la oración gramatical y de toda su sintaxis. Además, puede contribuir a profundizar en el conocimiento de la etimología de multitud de términos técnicos utilizados en ámbitos como la medicina o el derecho.

2. Género literario y estilo.

2.1 El diálogo.

Al leer *El verdadero y el falso bien*, de Lorenzo Valla, percibimos que el autor pretende imitar el diálogo clásico, en concreto el de Lucio Anneo Séneca; en él, se discute y se argumenta sobre la doctrina estoica y la epicúrea. Se trata, pues, de un diálogo filosófico que se presenta como una conversación entre amigos que se reúnen en un jardín, debaten, van a cenar a casa de uno de ellos y siguen hablando, disertando y polemizando hasta el anochecer. Tres las doctrinas que se defienden y consiguientemente tres los personajes principales que exponen cada uno sus principios y doctrinas: Catón el estoicismo en el libro I, Vegio el epicureísmo en el libro II y, finalmente, Antonio Raudense el cristianismo en el libro III. Este último libro se presenta como una superación del paganismo de las dos escuelas filosóficas de la época clásica; aunque todo el diálogo tiene como escenario la antigüedad clásica, Valla quiere dejar bien claro que después de catorce siglos hemos progresado y tenemos, no ya una ética basada en los principios naturales, sino una moral cristiana. Para concluir, expone la doctrina del cristianismo sobre la felicidad eterna en el cielo.

Este diálogo con frecuencia se convierte en un monólogo en el que los personajes principales exponen su argumentación, respondiendo a las preguntas supuestas o explícitas de sus contrincantes. Así, cada una de esas peroratas se erige en un discurso (*sermo* u *oratio*) en sí mismo que pretende observar las reglas de la retórica clásica.

2.2 La retórica.

Como hemos dicho, la forma de diálogo que presenta la obra es de índole retórica, de modo que la conversación entre amigos se convierte con frecuencia en un discurso que quiere ser de altos vuelos y pretende emular el modelo ciceroniano. En cuanto al juicio sobre la retórica de los diversos discursos que podemos percibir por en boca de los personajes, lo dejo a criterio de los lectores y eventuales comentaristas de la obra. Por mi parte, estimo que el mimetismo clásico de la locución no puede compararse con la de la "edad de oro" de la lengua latina, es decir, la época de Cicerón, César y otros autores que llevaron al sumo esplendor la lengua de Roma, aunque tampoco con el discurso de la época y la retórica de Séneca, considerada la "edad de plata" del latín. Sin duda, los discursos de los personajes de Valla no alcanzan la perfección a que llegó Cicerón en sus obras maestras, como es el caso del discurso *Pro Milone* o en las *Catilinarias*. Es sabido que Marco Tulio, además de la perfección léxica y oracional, cultivaba un estilo compuesto por largos periodos, por así decir, redondos, cuyo ritmo a menudo podría medirse en hexámetros. En cualquier caso, lo esencial es que nuestro autor se ajusta a las reglas del clasicismo latino; aquí, Lorenzo Valla se muestra como maestro del diálogo y a la vez de la retórica renacentista.

Sin duda, estamos no ante un tratado de retórica pero sí ante un discurso, o varios discursos, que al mismo tiempo que defienden teorías de filosofía ética clásica y de la religión cristiana, propugnan la retórica como medio de exposición y como un arte en sí mismo, a la altura de la poética. En la exposición de las doctrinas sigue la norma clásica: *Ut veritas pateat, ut veritas mulceat, ut veritas moveat.* Lo primero, que aparezca clara la verdad, en segundo lugar que conmueva e invite a seguir lo que se propone, y finalmente, que el discurso agrade. Por eso se esmera tanto en describir con gran despliegue de léxico, de metáforas y comparaciones, el sumo bien, que no es otra cosa que el cielo de los cristianos, pero descrito para que sea apetecible no solo a los estoicos sino también a los epicúreos. También la descripción de la "honestidad" (*honestas*) de los estoicos se aborda con despliegue de recursos retóricos en boca de Catón, y aún más la exaltación del placer (*voluptas*) en el discurso epicúreo de Vegio, hasta el punto de que llegamos a percibir en estos discursos lo que después se conocerá como barroquismo. Confirman su intención retórica las citas frecuentes de Quintiliano, el gran orador hispano y tratadista eminente de retórica.

Una singular y bella metáfora es la que propone Antonio Raudense comparando a los oradores y los poetas con los pájaros: los primeros tienen el canto de la golondrina y los segundos, el del ruiseñor. De todos modos, no habla tanto del canto en sí, sino de las circunstancias y situaciones en las que "habitan" la oratoria y la poesía: las golondrinas hacen su nido en los aleros o en los muros de las casas, son aves urbanas, del mismo modo que los oradores profieren sus discursos en el foro, en las tribunas, durante el día, en la ciudad, para los ciudadanos; los ruiseñores, en cambio, anidan en las ramas de los árboles y los arbustos, cantan al anochecer en un ambiente de soledad y en medio de la floresta.

En la lectura de este libro hemos de tener en cuanta esta intención retórica ya que encontraremos periodos largos que hacen imaginar a un orador perorando en la tribuna y haciendo gala de su buena garganta y su resistencia para llegar al final de la frase. Seguramente el signo más claro de la retórica en toda la obra es la interrogación: es abundante, casi continua, especialmente en el libro III. Se trata de la interrogación retórica. Por eso, para ser correctos y lo más ajustados al sentido del texto latino original, hemos de conservar en la traducción las interrogaciones, las cuales, con frecuencia tienen más fuerza afirmativa que las mismas afirmaciones.

Otro carácter distintivo de un texto retórico es el superlativo y la hipérbole. Por eso, aquí los encontramos con mucha frecuencia. En cuanto al superlativo, he procurado traducirlo por un superlativo español, si existe, aunque en muchos casos basta con el positivo o primer grado de significación, que en un contexto determinado puede tener la fuerza significativa del superlativo, el cual en español se emplea menos que en latín,. En cuanto a la hipérbole, que es el superlativo de una frase o un periodo oracional, conviene traducirlo tal cual está en el original, de manera que el lector debe discernir si lo que lee tiene un sentido hiperbólico en cuanto a la intencionalidad del escritor por exaltar lo más posible cualidades, virtudes y vicios, a veces hasta la sobreabundancia.

2.3 El léxico y los términos técnicos

El conocimiento y comprensión de la terminología técnica de las escuelas filosóficas (el estoicismo y el epicureísmo, y en el libro tercero del cristianismo), son fundamentales para la lectura de la obra. Este léxico puede dar materia para estudios profundos y extensos, que ya se han hecho y que seguirán haciendo los lingüistas y filólogos, especialistas en estas materias. Aquí pretendo sólo abrir una puerta a la lectura, o quizá roturar un camino para que cada uno se adentre hasta donde quiera, como esos caminos agrícolas por los que ahora me doy un paseo, viendo y observando los rebaños, vacadas y piaras de cerdos en los encinares; es una satisfacción para la vista y para el espíritu contemplar la riqueza de los campos, que a veces están vallados y otras veces abiertos para poder ver más de cerca los ganados, la frondosidad de las encinas y el vuelo de las águilas que planean sobre los montes.

La palabra que planea, como el águila, sobre este libro es "felicidad". La felicidad es la suprema aspiración del ser humano, que luego cada uno la buscará y la encontrará o no la encontrará. La búsqueda va en muchas direcciones, es decir, son muchos los objetos en que se pone el deseo de felicidad. Para designar la felicidad, que aquí se llama "el bien" y "el bien supremo", tenemos tres palabras fundamentales en este texto, a las que ya hemos aludido antes. Los estoicos la llaman *honestas*, que traducimos por la "honestidad", y que de momento no hay más que aceptarla y esperar a que el estoico nos la explique o nos la defina. La segunda, la de los epicúreos, es *voluptas*, que verteremos al castellano por "placer", y también esperaremos a que el epicúreo nos diga qué es el placer o cuáles son los placeres para él, para su escuela y sus seguidores, Y en tercer lugar tenemos la felicidad o el bien sumo que, para el cristiano, es la "beatitudo", que un fraile de San Francisco nos explicará con exaltado verbo y podemos traducir por "felicidad eterna" o "bienaventuranza"; y es que en este libro se trata del sumo y verdadero bien, de una felicidad que supera todo bien terreno y que, por ello, no puede encontrarse en este mundo.

En cuanto al léxico empleado en los distintos discursos, diremos que corresponde a cada una de las escuelas o doctrinas; pienso que hemos de ser muy respetuosos con esta terminología y conservar, en lo posible, en su versión a las lenguas vernáculas la palabra más ajustada a la palabra latina, no sólo en su significado sino en su etimología, que es el principio y origen del significado, de manera que contenga su misma raíz, incluso cuando en español sea menos usada que otros sinónimos. Es decir, que no debemos traducir esas palabras por otras que hoy expresan conceptos parecidos y nos acercan más a la sociedad de hoy, porque eso desvirtuaría el sentido que tenía en la época en que se escribió y la que le da el autor. Menos aún debemos emplear varias palabras o una frase para traducir una sola palabra, lo cual convertiría una traducción en una paráfrasis o en un comentario.

En la obra encontraremos riqueza y abundancia de palabras, que es una de las características del discurso, el cual ha de superar al lenguaje ordinario en belleza y capacidad de sorprender. Por otra parte, a menudo nos llaman la atención por su novedad, ya que en muchos casos son palabras cultas que se emplean sólo en el lenguaje literario, e incluso en el uso de neologismos, como sucede en algunos casos. Tras asegurarnos de que esas palabras no fueron usadas por ninguno de los autores clásicos, y que por eso no se encuentran ni siquiera en los diccionarios especializados, hemos optado por traducir dichos neologismos teniendo en cuenta su etimología y ayudándonos del contexto.

3. Estoicos y epicúreos

En esta obra Lorenzo Valla plantea la polémica sobre las doctrinas filosóficas de las escuelas de los estoicos y los epicúreos. Para designar las escuelas filosóficas se emplea la palabra latina *secta* (del verbo *sequor*, seguir), y alude al grupo de seguidores de Séneca y de Epicuro, respectivamente. Ahora bien, la traducción directa y más ajustada a su etimología, "secta", tiene en castellano en la actualidad cierto sentido peyorativo que no tenía en latín, aun cuando de alguna manera significara un grupo de adeptos, a veces acérrimos, a un maestro y una doctrina. Por eso, la he traducido generalmente por "escuela".

El libro es un tratado sobre el bien, y el bien es lo que hace feliz a todos los que lo practican. Ahora bien, el problema se plantea en cuanto al objeto o, dicho de otra manera, qué es lo que nos hace felices. Por su parte, los estoicos ponen el bien en la *honestas* (honestidad), que es una manera de vivir de acuerdo a las virtudes, de manera que todas las acciones que se ajusten a ella nos llevarán a la felicidad. La honestidad, pues no es una virtud en sí misma sino una manera de vivir virtuosamente gozando de los placeres del espíritu; si se admite el placer es aquel que reside en la vida interior, aprovechando el ocio para dedicarlo a la interiorización, a la contemplación de las cosas altas del universo, e incluso de la divinidad. Estas ideas y principios éticos los podemos encontrar en los diálogos senequistas *Sobre el ocio* o *Sobre la vida feliz*, y en general en toda la ética que el cordobés tomó de los griegos, adaptándola de un modo singular.

El epicureísmo, por su parte, es defendido fogosamente por Vegio, quien habla en primera persona metiéndose en la piel de cualquier epicúreo y llevando su doctrina hasta el extremo. Aquí el concepto clave es *voluptas*, que traducimos por *placer*, aunque utilizamos la palabra latina porque incluso su onomatopeya es más expresiva que la de *placer*, de tal manera que en muchos casos puede traducirse por *voluptuosidad,* que es el placer corporal y en muchos contextos el venéreo, o al menos erótico. Y eso es precisamente lo que con ardor y facundia defiende y propugna Vegio: un mundo donde haya plena y absoluta libertad para gozar de todo placer corporal y expresamente en las relaciones sexuales.

4. La superación: el sumo bien en el cristianismo.

El libro III contesta a la pregunta planteada acerca de cuál es el verdadero bien y, en último término, el sumo bien. La responde un nuevo personaje que entra en escena, Antonio Raudense, introducido por el autor en el último tramo del diálogo, después de la cena en casa del epicúreo Vegio y antes de retirarse cada uno a su casa. Valla resume la función del parlamento de Raudense al final de la obra: "Pues antes hay que tratar de ciertas cosas. En primer lugar que Raudense responda a Catón y a Vegio, pues ahora le toca a él; después que exponga su opinión a favor de los epicúreos y contra los estoicos; y luego pase a la confirmación de la causa cristiana del verdadero placer y el verdadero bien. Después pase a tratar de las cosas del Paraíso, donde está la sede del verdadero bien".

En efecto, en los primeros capítulos del libro Antonio Raudense expone muchas y variadas reflexiones invitando tanto a Catón como a Vegio, pero sobre todo a este último, a que vuelvan sobre sus respectivas doctrinas y reflexionen, para al final decirles que no son suficientes para vivir bien y felizmente después de conocer el cristianismo. Es largo su discurso, y en él hace gala de una gran erudición tanto de la Escritura como de la cultura clásica y, en general, de la historia antigua, citando a pensadores y escritores griegos y latinos, a los padres de la Iglesia y a autores cristianos del Medievo.

En cuanto a los temas sobre los que aporta su criterio desde los principios del cristianismo que profesa (o bien el que el autor, Lorenzo Valla, que habla por boca de sus personajes, supone a un fraile franciscano), aborda en primer lugar las doctrinas de los estoicos y los epicúreos en torno a la honestidad y al placer. Fluyen en su discurso a veces de manera impetuosa y desordenada, mezclando en su argumentación pasajes y personajes, tanto de la historia antigua con de la Sagrada Escritura y la mitología griega y latina. El fraile admite lo bueno de la ética epicúrea, esa búsqueda del "placer" que en último término es la felicidad, cuyo deseo es innato en el hombre; acoge también la "honestidad" de los estoicos y la eleva a la categoría de las virtudes cristianas. El lector puede recrearse en la lectura de estos temas tan sugestivos, que el mismo autor pretende ordenar en las palabras de cada uno de los oradores en este momento ya próximo a la conclusión. Así lo dice expresamente Antonio Raudense: "Para volver a nuestro tema, tal como yo lo veo, todo él debe dividirse en cuatro partes: primero, cuantas sean las calamidades de esta vida; segundo, cuán exigua sea la alegría; tercero, cuántos males hay después de la muerte para los malos; cuarto, cuántos bienes para los buenos" (Libro III, XVI).

De todo esto hablaría él, si ese sol que se precipita hacia el ocaso no le estuviera avisando de que se dé prisa, y si la sabiduría de los participantes en la conversación no le pidiera moderación. Con todo ello en mente, se limitará a departir acerca del bien y la felicidad para los buenos cristianos.

Comienza por tomar el placer humano y terreno para interpretarlo como celestial y divino en el cielo. Ese cielo, al principio, es quizá el mismo que ha visto Cicerón en su *Sueño de Escipión*, el cual Raudense describe sin citarlo: el consorcio y armonía de las estrellas, aunque lo extiende a la contemplación de la creación entera, puesto que todo ha sido hecho por el Creador para nuestro placer y deleite. Una vez imaginado ese mundo maravilloso y gozados esos placeres terrenos, invita a estoicos y epicúreos a transponerlos como placeres celestiales y divinos. En alusión a todos los que dicen que las virtudes, resumidas en la honestidad, no pueden ser placenteras porque es dura y difícil su práctica, les responde: "Por eso, si la honestidad es el amor de Dios, para resolver lo prometido, no puede ser que la honestidad sea odiosa". Aquí el orador emplea expresamente la locución "amor Dei", aunque en otras ocasiones empleará la palabra "caritas", que podemos traducir por caridad o amor, según el contexto. De la exaltación de las virtudes cristianas y la invitación a los oyentes y futuros lectores a la práctica de las mismas para alcanzar el bien verdadero o la felicidad ya aquí en la tierra, sólo hay un paso para la descripción del cielo o paraíso. Describe entonces el cielo no sólo como la contemplación sino como la inmersión en esos mismos placeres terrenos, convertidos en celestiales y divinos por Dios para el deleite y la felicidad de los elegidos, aquellos que han sido buenos en la tierra. El cielo es un palacio real donde Cristo preside y reina, y la Virgen María reina también como madre de Dios y aguarda a los elegidos rodeada de los coros de los ángeles y las potestades, tal como se describe en el *Apocalipsis*. Allí son recibidos los que llegan después de haber sufrido en este valle de lágrimas, superando los trabajos y luchando en la práctica de las virtudes. Anima entonces el orador a cada uno de sus oyentes y lectores, en uno de sus tantos momentos de exaltación, dirigiéndose a cada uno personalmente: "Subirás, pues, con aquel enorme y magnífico ejército de ángeles, acompañado de su bellísimo y espléndido cortejo de ciudadanos eternos; entrarás luego a aquellas vastas y luminosas esferas y escucharás su concierto de tanta suavidad como la del sol, no digo cuanta parece ser sino la que es realmente" (Libro III, XXV).

El paraíso se presenta como la Jerusalén celestial rodeada de fuertes murallas y cerrada con doce puertas, En ella habitan las jerarquías celestiales, querubines, serafines. En el centro está Cristo que recibe a los que van a ser bienaventurados, felices por toda la eternidad. Para llevarlos ante el trono del Altísimo esta la Virgen María, rodeada de los demás personaje femeninos de la Biblia, las vírgenes y las mártires y las santas de todos los tiempos. Ella espera y recibe y aun sale al encuentro al que tiene la suerte de llegar a este lugar maravilloso, que la palabra humana no es capaz de describir. El cortejo de la Virgen María está formado por santas y diosas, y así lo dice expresamente el texto latino. Así como en los libros anteriores ha enlazado el momento histórico del siglo XV, en el que escribe, con la época clásica y reproduce o reinventa las teorías éticas del estoicismo y el epicureísmo, ahora describe la felicidad o el bien supremos en el cristianismo, con las reminiscencias del clasicismo grecorromano politeísta y mitológico. El paraíso está en el firmamento estrellado donde giran los planetas; es un palacio imperial que supera al Olimpo de Júpiter, Óptimo Máximo. Y los que llegan allí después de sufrir en la tierra vienen victoriosos celebrando su "triunfo" de algún modo semejante al de los generales romanos después de sus grandes conquistas. Todo ello aparece corroborado por textos bíblicos y de autores clásicos, como es el caso de Virgilio, que narra el encuentro de Anquises y Eneas, y el padre se alegra de encontrar a su hijo después de tantos trabajos y penalidades.

5. Conclusión

Lorenzo Valla sigue efectivamente el plan que se ha trazado en el *proemio* general que antepone a la obra, y que consiste en alcanzar el sumo bien que ofrece el cristianismo. Dice, y lo consigue, que pretende que se vea el paso que se da en la exposición de los bienes terrenos a los bienes celestiales. Puede llamar la atención el que afirma que no va a hablar de religión: hemos de entenderlo en el sentido de que habla de la virtud y no de la práctica del cristianismo, es decir, de la moral cristiana, ni siquiera de la doctrina o los dogmas del mismo. Asevera que de ello han hablado los apologistas y los padres y escritores cristianos, de entre los que cita a Lactancio y a Agustín. Ha optado por departir, por boca de Antonio Raudense, acerca del premio a la virtud cristiana, es decir, del cielo o paraíso, que es donde se encuentra para Lorenzo Valla el verdadero y sumo bien.

Luis Frayle Delgado

BIBLIOGRAFÍA

Adami Battista, A. L., *O 'De Voluptate' de Lorenzo Valla: traduçao e notas*. Trabajo de Fin de Máster, Sao Paolo, 2010. Acceso en línea: https://www.teses.usp.br/teses/disponiveis/8/8138/tde-02122010-153245/es.php (último acceso 26 de junio de 2024).

Arnold, J., "Lorenzo Valla. The confrontational Philologist", *The Great Humanists: an introduction*. Londres/Nueva York, I.B. Tauris, 2011, pp. 43-56.

Barozzi, L., "La dottrina del 'vero bene' di Lorenzo Valla e la vita morale italiana nel secolo XV", *Studi sul Panormita e sul Valla*. Florencia, Succesori Le Monnier, 1891, pp. 194-211.

Bentley, J. H., "Biblical Philology and Christian Humanism: Lorenzo Valla and Erasmus as Scholars of the Gospels", The Sixteenth Century Journal, vol. 8, n. 2, julio de 1977, pp. 8-28.

Besoni, O, y Regoliosi, M. (eds.), *Lorenzo Valla e l'umanesimo italiano.* Padua, Antenore, 1986.

Blum, P. R., "Lorenzo Valla. Humanism as Philosophy", *Philosophers of the Renaissance*. Washington D.C., The Catholic University of America Press, 1999, pp. 33-42.

Camporeale, S. I., *Lorenzo Valla. Umanesimo e teologia*. Florencia, Istituto Nazionale di Studi sul Rinascimento, 1972.

–, *Lorenzo Valla. Umanesimo, riforma e controriforma*. Roma, Edizioni di Storia e Letteratura, 2002.

Cappelli, G. M., "Lorenzo Valla, un innovador controvertido y polémico", *El humanismo italiano*. Madrid, Alianza Editorial, 2007, pp. 252-280.

Celenza, C. S., "Lorenzo Valla and the Traditions and Transmissions of Philosophy", Journal of the History of Ideas, vol. 66, núm. 4, octubre 2005, pp. 483-506.

Di Napoli, G., Lorenzo Valla. *filosofia e religione nell'umanesimo italiano.* Roma, Edizioni di Storia e Letteratura, 1971.

Fois, M., *Il pensiero cristiano di Lorenzo Valla nel quadro storico-culturale del suo ambiente*. Roma, Libreria Editrice dell'Università Gregoriana, 1969.

Fubini, R., "An Analysis of Lorenzo Valla's *De voluptate*. His Sojourn in Pavia and the Composition of the Dialogue". Durham / Londres, Duke University Press, 2003, pp. 140-173.

Garin, E., "Lorenzo Valla e l'umanesimo", Besomi, O. y Regoliosi, M. (eds.), *Lorenzo Valla e l'umanesimo italiano*. Padua, Antenore, 1986, pp. 1-17.

Gentile, G., "Lorenzo Valla e gli inizi del naturalismo", *Storia della filosofia italiana*. Florencia, Sansoni, 1962, pp. 345-384.

Grimm, H. J., "Lorenzo Valla's Christianity", Church History, vol. 18/02, junio de 1949, pp. 75-88.

Kelley, D. R., "The Sense of History: Lorenzo Valla Reveals the Ground of Historical Knowledge", *Foundations of Modern Historical Scholarship. Language, Law, and History in the French Renaissance*. Nueva York / Londres, Columbia University Press, 1970, pp. 19-50.

Kristeller, P. O. "Valla", en *Ocho filósofos del Renacimiento*. México D.F., FCE, 2016, edición electrónica.

Marsh, D., "Lorenzo Valla and the rethorical dialogue", *The Quattrocento Dialogue. Classical Tradition and Humanist Innovation*. Cambridge / Londres, Harvard University Press, 1980, pp. 54-77.

Nauta, L. "Lorenzo Valla and the rise of humanist dialectic", Hankins, J. (ed.), *The Cambridge Companion to Renaissance Philosophy*. Cambridge University Press, 2007, pp. 193-210.

Nauta, L. *In defense of common sense. Lorenzo Valla's Humanistic Critique of Scholastic Philosophy*. Cambridge, Harvard University Press, 2009.

Panizza, L. A., "Lorenzo Valla's *De Vero Falsoque Bono*, Lactantius and Oratorical Scepticism", Journal of the Warburg and Courtauld Institutes, vol. 41, 1978, pp. 76-107.

Panniza Lorch, M., "Lorenzo Valla", Rabil Jr., A. (ed.), *Renaissance Humanism. Vol. 1: Foundations, Forms and Legacy*. Filadelfia, Pennsylvania University Press, 1988, pp. 332-349.

–, "Voluptas. Molle qouaddam et non invidiosum nomen: Lorenzo Valla's defense of 'voluptas' in the preface to his *De Voluptate*", Mahoney, E.P. (ed.), *Philosophy and Humanism. Renaissance Essays in Honor of Paul Oskar Kristeller*. Leiden, Brill, 1976, pp. 214-228.

Perreiah, A. R., "Valla on Truth", *Renaissance truths. Humanism, scholasticism and the search for the perfect language.* Farnham, Ashgate, 2014, pp. 63-86.

Regoliosi, M. (ed.), *Lorenzo Valla: La riforma della lingua e della logica*, 2 vols. Florencia, Polistampa, 2010.

Regoliosi M. y Marsico, C. (eds.), *La diffusione europea del pensiero del Valla*, 2 vols. Florencia, Polistampa, 2013.

Trinkaus, Ch., "Lorenzo Valla: Voluptas et Fruitio, Verba et Res", *In Our Image and Likeness. Humanity and Divinity in Italian Humanist Thought*. Londres, Constable, 1970, pp. 103-170.

Trinkaus, Ch., "Lorenzo Valla", Peter G. Bietenholz (ed.), *Contemporaries of Erasmus. A biographical register of the Renaissance and Reformation*, vol. III. Toronto, University of Toronto Press, 1995, pp. 371-375.

Valla, L., *Scritti filosofici e religiosi.* Florencia, Sansoni, 1953.

Valla, L. *Sobre el placer y el verdadero bien.* Traducción de Mariano A. Vilar. Buenos Aires, Ediciones Winograd, 2022.

Vilar. M. "Huellas epicúreas en el pensamiento de Lorenzo Valla", Cuadernos de Filología Italiana, 24, 2017, pp. 131-148.

–, "Utilitas y voluptas en el *De vero bono* de Lorenzo Valla", Medievalia, 53:1, abril-septiembre 2021, pp. 139-167.

DEL VERDADERO Y EL FALSO BIEN

LIBRO I

PROEMIO

Al proponerme hablar sobre la causa del verdadero y el falso bien, de la que se trata en estos tres libros, me ha parecido seguir esta división: que hay sólo dos bienes, uno en esta vida, el otro en la futura. De uno y otro necesariamente hemos de disertar, pero de manera que se vea que damos un paso del primero al siguiente, pues todo nuestro discurso mira a este segundo, porque, como se ha dicho desde antiguo, así avanzamos en dos direcciones: en la religión y en la virtud. Pero de la religión no tengo intención de hablar, porque de ella suficiente y abundantemente han tratado ya otros, sobre todo Lactancio y Agustín, de los que el primero refutó las falsas religiones y el segundo confirmó de modo excelente la verdadera. Así pues, me ha entrado el deseo de tratar de las virtudes por las que llegamos al verdadero bien por la parte que toca a los hombres. ¿Qué pasa? ¿Acaso aquellos que he mencionado antes no han explicado suficientemente este tema? Al contrario, según lo que yo pienso, profusamente. Pero ¿qué vamos a hacer con los ingenios depravados que han tergiversado esto y lo rechazan con expresas razones y no se dejan convencer por la verdad? Por tanto, ¿qué? ¿Lo asumo yo solo? Lo prometo: a esos transgresores que no quieren aceptar la verdad, yo los cogeré. De ningún modo se saldrán con la suya. Pero me place imitar a los médicos que cuando ven que los enfermos rechazan ciertos medicamentos no los obligan a tomarlos sino que les prescriben otros que creen que han de rechazar menos. Así sucede que muchas veces con el tiempo medicamentos menores lleven más a la salud. Método que en este momento voy a emplear. Pues los que rechazan los remedios de los grandes médicos quizá admitirán los nuestros. Pero, ¿cuáles son estos mis remedios? Pues lo diré, si primero digo quiénes son los enfermos. Son muchísimos, y ellos, que es lo más vergonzoso, son hombres doctos en cuyos conversaciones yo mismo he participado muchas veces, y ellos preguntan y buscan la causa de por qué muchos de los antiguos y también de los modernos que, o bien no han conocido a Dios como nosotros, o no le han dado culto, no sólo no están destinados a la ciudad celestial sino que serán arrojados a la infernal ceguera. ¿Acaso, dicen, ni siquiera su tan grande probidad, justicia, fe, santidad y el coro de todas las demás virtudes pueden ayudarles para que no sean arrojados a la compañía de los impíos, criminales y malhechores, y precipitados a los suplicios eternos? ¡Los que –¡oh palabra impía!– por sus virtudes y su sabiduría no han sido inferiores a muchos que llamamos santos y beatos! Es lamentable enumerar a aquellos a los que los anteponen. Son traídos aquí muchos filósofos y muchos de los que han hablado los filósofos y escritores a cuya vida íntegra apenas han podido acceder los que quieren hacerlo ¿Para qué más? Imitan a aquellos a quienes alaban y a la vez, lo que es mínimamente soportable, exhortan con sumo interés a otros a su opinión, no diré a sus desvaríos. Lo cual, pregunto, ¿qué otra cosa es que confesar que Cristo vino inútilmente a la tierra, más aún, que no vino? Yo mismo, que no soporto que se haga esta afrenta y esta injuria al nombre cristiano, he aceptado a estos hombres para contenerlos o corregirlos. Y como los testimonios de nuestros mayores, que ciertamente son de mucho peso, no sean aceptados claramente, he iniciado un nuevo método, y cuando aquellos que dije antes tanto atribuyen a la antigüedad, de los gentiles, digo, que pretendan que ellos sean afectos a todas las virtudes, yo por el contrario, dejaré claro, no con nuestras razones, sino con las de los mismos filósofos, que la gentilidad no hizo nada con virtud, nada rectamente. Sin duda un gran trabajo y arduo y no sé si más audaz que el de cualquiera de los anteriores. Pues no veo que alguno de los escritores haya prometido esto, no solo los atenienses, los romanos y los demás que han sido ensalzados con grandes alabanzas, sino también los maestros de las virtudes han estado no sólo muy lejos de ponerlo en práctica, sino aun de su comprensión. Confieso que no me he de olvidar de mi debilidad y, arrebatado por el ardor de defender nuestra república (es decir, la cristiana), no tendré en cuenta el peso que tomo sobre mis hombros; y finalmente, he de pensar que aquello en que nos empeñamos no nos lo damos a nosotros sino a Dios. Pues ¿qué menos hay que esperar que el soldado todavía bisoño supere al soldado veterano ejercitado en las guerras desde el comienzo de la juventud y al más fiero entre doscientos mil? Y fue aquel David que venció al palestino Goliat. ¿Qué más admirable que otro en la misma edad derrotase a los mismos palestinos contra los que ni todo Israel reunido se atreviera a luchar? Pues este fue Jonatán. Por consiguiente, dejemos de admirarnos y de considerarlo difícil. Aqueos adolescentes luchaban con el escudo de la fe y con la espada, que es la palabra de Dios, y los defendidos con tales armas siempre se retiran victoriosos. Por tanto, si a mí, que he de bajar a este campo de batalla y he de luchar por el honor de Cristo, el mismo Jesús me diera el escudo de la fe y me armara con aquella espada, ¿qué hemos de pensar sino que hemos de conseguir la victoria? Y como en aquellos que he mencionado hace poco, tomando la otra espada del enemigo la usan para darle muerte, el otro impulsó a los enemigos a esgrimir el hierro entre ellos, así nosotros esperemos que suceda que a los "alofilos", es decir, a los filósofos, a unos les cortemos la yugular con su propia espada, a otros los convoquemos para una guerra doméstica entre ellos y un mutuo desastre, todo esto con nuestra fe, si es que alguna fe nos queda, y con la palabra eficiente de Dios. Pero, para volver al asunto, como los estoicos afirman insistentemente la "honestidad" de todos, a nosotros nos parece suficiente que estos adversarios se sitúen contra nosotros, asumiendo por nuestra parte la defensa de los epicúreos. Y luego diré por qué lo hago, y aunque para rebatir y atacar a la nación de los estoicos valgan los tres libros de esta obra, sin embargo el primero demuestra que sólo el placer es el bien, el segundo que la "honestidad" de los filósofos ni siquiera es un bien, mientras que el tercero da explicación del verdadero y el falso bien. En este último libro no estará de más entonar un panegírico del paraíso lo más lucido posible, para llamar al ánimo de los oyentes, en cuanto pueda, a la esperanza del verdadero bien. Y en verdad este libro tiene por su mismo tema cierta dignidad. En los primeros y sobre todo en el inicial se han introducido ciertos pasajes bastante hilarantes, graciosos y hasta licenciosos, algo que nadie me reprochará tanto si atiende a la condición del asunto como si escucha el razonamiento de mi reflexión. Pues, por lo que a la condición del asunto se refiere, ¿qué hay más ajeno para tratar de la causa del placer que un discurso triste y severo, y que mientras hablo por los epicúreos me haga el estoico? Y entretanto, mientras ese estilo ácido, duro, vehemente y excitado que empleo en muchos lugares, ha sido conveniente que fuera cambiado por otro género de hablar más modulado y alegre. Y la verdad es que se esfuerza mucho el orador para deleitar. Porque también se ha tenido cuidado en disponer las palabras para hablar del plan según el cual reprobaremos más a los antiguos que tienen otra religión cualquiera distinta de la nuestra. Y es que no sólo anteponemos los epicúreos, hombres abyectos y despreciados, a los guardianes de lo honesto, sino también diremos que estos mismos seguidores de la sabiduría lo han sido no de la virtud sino de la sombra de la virtud, no de la "honestidad" sino de la vanidad, no del deber sino del vicio, no de la sabiduría sino de la demencia, y que obrarían mejor si se entregaran al placer, caso de que no lo hicieron ya antes. Pero hacemos hablar de este asunto a hombres muy elocuentes y a la vez muy familiares nuestros, a cada uno de los cuales hemos asignado su discurso de acuerdo a su persona y a su dignidad, y semejante al que han tenido en los días anteriores.

I. Pues como un cierto día de fiesta nos encontrásemos después de comer en el pórtico gregoriano Antonio Bernerio,[1] de Milán, vicario del Pontífice, hombre nacido para grandes empresas y que ha alcanzado todo género de alabanzas; Antonio Raudense,[2] profeso en los frailes menores, teólogo y comparable con el célebre Isócrates en el arte de enseñar oratoria; Cándido Decembrio,[3] de quien dudo si es más querido por el príncipe por su fidelidad e ingenio o más agradable al pueblo por su bondad y buen carácter; Juan Marco,[4] a quien llaman Esculapio por su admirable habilidad para la medicina y, rara cosa, no ajeno a los estudios humanísticos; Maffeo Vegio,[6] quien, aunque no me atrevo a anteponerlo a todos nuestros poetas anteriores, sé que en los tiempos actuales no hay ninguno mayor que él, si bien estaba conmigo el hijo del muy célebre Ambrosio, Antonio Bosio, mi alumno, que, si no me dejo confundir por el amor, lleva admirablemente la adolescencia tanto por su buen comportamiento como por su formación literaria. Aquí vemos también a Catone Sacco del Tesino[6] en compañía de Guarino de Verona,[7] que el día anterior llegó desde Ferrara para ayudar a una prima en un litigio en torno a una gran herencia, que vivía en casa de Catón del que recibía hospitalidad desde hacía tiempo y ahora porque era el abogado defensor de su causa. De estos, si he de dar yo mi parecer, Catón es aquel que no debes dudar en colocar entre aquellos antiguos jurisconsultos elocuentísimos, orador a la vez delicado, elocuente y severo. Y a Guarino, cuando lo escuchas, no sabes si dirás que es mejor griego que latino y, como gran retórico y singular orador, es padre de muchos y grandes tanto retóricos como oradores. Y como hubiesen llegado estos dos y nos hubiesen saludado y nosotros levantándonos respondiésemos al saludo, siguió un corto silencio. Entonces dice Catón: "¿Por qué no continúas hablando de aquello que habías comenzado? ¿O acaso haces como el lobo en la fábula?". "Todo lo contrario, Catón", dice Bernerio, "no soy el lobo, ni estoy en la fábula puesto que nada en absoluto estamos fabulando. Hemos llegado hace un momento y apenas cuando tú llegaste nos sentábamos". "Como veo que estáis sin hacer nada", dice Catón, "¿por qué no comentamos algo según la costumbre de los antiguos y disputamos sobre lo honesto y el bien? Sabéis que nada hay mejor que esta conversación, nada más útil, nada más digna del hombre, sobre todo cuando este hombre tan erudito como Guarino va a intervenir en nuestra conversación". Entonces Bernerio dice: "Como sabes, Catón, estamos sin hacer nada, y preparados para la discusión. Vamos pues, y a ti que los has iniciado, te ofrecemos todos los temas de la conversación comenzados y cualquier materia sobre la que quieras disertar. Estará presente también José Bripio,[8] al que estoy viendo venir. Así pues, viene a reunirse conmigo un hombre muy entendido en las cosas divinas y humanas, y renombrado por su severidad de vida y por sus facultades de orador". Entonces dice Juan Marco: "Escuchémoste, Catón, a ti que nunca estás indispuesto para hablar, de tal modo que me parece que siempre estás más que preparado y, como Marco Fabio dice, nunca a los buenos les faltará una honesta conversación sobre los mejores temas". Todos los demás dijimos que estábamos dispuestos a escuchar con mucho gusto. Y Bernerio, a Bripio, que entraba ya por el pórtico, le dice: "Muy bien, mi querido Bripio, intervendrás en esta conversación. Diría, si no hubieras tenido que venir a mi encuentro, que la Sibila te ha avisado para que llegaras hasta aquí para participar en el coloquio de Catón y los demás. Por lo cual no es necesario que te invite a sentarte con nosotros a escuchar en esta reunión de hombres muy versados en la literatura". "Pero yo, dice Bripio, no necesito en absoluto de tu invitación, porque no he venido aquí, si me lo permites, para encontrarme contigo, sino que avisado por la Sibila y por Minerva, como escribe Homero del Tídida,[9] me he apresurado a venir a este lugar, de tal modo que no sé qué se pueda augurar del tema tan interesante que se va a discutir en esta vuestro coloquio. Pero ¿por qué no dejamos a Catón, que, según oigo, ha hecho el planteamiento del tema". Así pues todos nos sentamos en el mismo orden en que estábamos de pie y volvimos el rostro para escuchar con atención a Catón.

II. Entonces Catón, fijando un momento los ojos en el suelo, levantándolos después a sus oyentes, comenzó a hablar así: "Aunque a mí siempre me ha sido más agradable escuchar a los hombres doctos, de los que sin duda sois vosotros los primeros en esta edad, que ser escuchado por ellos; puesto que sé que tengo más que aprender que enseñar y por este motivo trataba con vosotros de comentar alguna cosa, sin embargo, si a hombres tan sabios se os ha antojado que hable, y proceda el primero, haré lo que mandáis. Y esto es lo que, entre las muchas ideas que me venían a la mente he pensado que, sobre todo, debo decir. Muchas veces suelo sorprenderme conmigo mismo de la depravación del ánimo o la imbecilidad casi común entre los hombres; y aunque lo veo en otras muchas cosas, sobre todo se demuestra en que están bien dispuestos a dejarse llevar para conseguir aquello que ciertamente no es bueno por naturaleza o no es comparable de ninguna manara con la virtud; y a la vez no sólo son rarísimos los que persiguen las cosas buenas, que son el verdadero bien, el sumo bien, el único bien, sino que las ignoran, las desprecian o las odian. Pero ¿cuáles son estos bienes? Sin duda los que pertenecen a la honestidad, como la justicia, la fortaleza y la temperancia, cuyo rostro "si pudiera verse con los ojos del cuerpo", como dice Sócrates en el Fedro, "suscitaría increíbles amores a la sabiduría".[10] Pero más excelente y hasta más divino es aquel rostro bajo la mirada de nuestros ojos. Ahora bien, conviene contemplarlo con la mente y con el ánimo y según que cada uno tenga el ingenio más agudo así verá el rostro de la honestidad más perfectamente como el del sol. Del mismo modo que aquellos que fueron trasmitidos a la memoria sempiterna y son celebrados con inmortales alabanzas entre nuestros antepasados (los Brutos, los Horacios, los Mucios, los Decios, los Fabios, los Curios, los Fabricios, los Régulos, los Sempronios; entre los griegos: Temístocles, Arístides, Epaminondas) y aquellos que florecieron no en la guerra sino en los estudios (Pitágoras, Sócrates, Platón, Aristóteles, los Teofrastos, los Zenones, los Cleantes, los Crisipos, los Homeros, los Píndaros, los Menandros, los Herodotos, los Eurípides, los Demóstenes y otros imposibles de recordar), y esto en cuanto a los escritores griegos, si omitimos a los latinos. Pues aquellas cosas más altas en las que trabaja el género humano para conseguirlas son iguales o semejantes a aquellas de las que habla que nuestro Virgilio:

> Turban otros con los remos los ciegos mares y se lanzan, hierro en mano; así penetran en las cortes y palacios de los reyes. Éste se dirige a destruir el Estado y los desgraciados hogares, para beber en vaso de una gema y dormir sobre la púrpura de Sarra; otro entierra sus riquezas y se acuesta cabe el oro soterrado; aquél queda atónito ante los Rostros, a éste otro el aplauso de la plebe y de los senadores, redoblado con afán por el graderío, lo ha dejado boquiabierto; se alegran los hermanos derramando sangre hermana y por el destierro truecan sus casas y sus dulces hogares buscando una patria situada bajo otro cielo.[11]

Será suficiente haber aludido a las múltiples pasiones y errores de los hombres, de los que está llena de ejemplos la antigüedad y también nuestra edad. Por consiguiente me abstengo de referirlos más detalladamente. Pero Virgilio, así como parece que quiere condenar las preocupaciones de los hombres que ha señalado, y no sin razón, asimismo no sé si ha recomendado rectamente una única vida dedicada a la agricultura con tanto empeño, inmediatamente después, cuando dice: *El labrador abrió la tierra con el corvo arado*[12] y lo demás en los siguientes versos. Pues conocéis el poema en el cual expuso no su opinión sino la de aquel delicado y débil Epicuro, para ver si acariciaba siquiera un poco los oídos de la gente. Aunque qué pensara verdaderamente él mismo nos lo había manifestado poco antes, donde dice:

> Pero a mí, primeramente, antes que nada, me reciban las dulces Musas, a mí, que, herido de un amor sin límites, llevo sus sagradas prendas, y me muestren ellas las constelaciones y el curso de los astros, los variados eclipses del Sol y los desfallecimientos de la Luna; cuál es la causa de los terremotos, qué fuerza hinche los abismos del mar, rotos sus diques, y hace que sobre sus mismos senos de nuevo se sosieguen; por qué los soles del invierno se apresuren tanto a bañarse en el Océano, o qué barrera se oponga a las noches tardas en llegar.[13]

Veis que yo, llevado por la dulzura de las cosas honestas, he ido muy lejos, pues sabía que estos últimos versos serían para vosotros mucho más conocido que los anteriores; ahora bien, lo confieso, lo que me desagradaba no pude narrarlo con ecuanimidad, y esto me gustaría también, como dicen, que fuera repetido diez veces, y por eso hice un tanto audazmente aquello porque me parece que vosotros os complacéis con las mismas cosas que yo. Por lo tanto, rechacemos en absoluto la vida de los campesinos (a no ser que queramos, con la venia de los dioses, ser epicúreos) pues, como el mismo Virgilio muestra, está llena de absurdos y desenfreno, como era la de aquellos tiempos anteriores al derecho, las leyes y las costumbres normativas, de la cual el mismo Virgilio dice: *A aquella raza indómita dispersa por las cimas de los montes y la sometió a leyes.*[14]

¿A qué viene esto? Sencillamente para que se vea que los campesinos virgilianos -o más bien epicúreos- no deben ser excluidos del número de los necios y equivocados. Y siendo esto así, parecerá razonable que me sorprenda de que las mentes humanas, que pretendemos sean divinas, se conduzcan de modo perverso, de suerte que muy pronto persigamos las cosas frívolas, vanas, inútiles, las naderías y -para decirlo en una sola palabra- malas, y las tengamos más sujetas que la verdadera y sólida virtud solamente por la cual nos acercamos a Dios y, si se nos permite decirlo, nos hacemos dioses. Y en enseñar estas cosas parecen los más preclaros entre todos los estoicos, que dicen que el único bien es la honestidad; suelo admirar a estos, además de a los otros, que nuestro Séneca justa y elegantemente quiso que fueran considerados como los varones entre las mujeres.[15]

III. Así pues, en cuanto a qué se me ocurra a mí, que pienso mucho y constantemente sobre este asunto, ateneos a lo siguiente. Encuentro sólo dos causas, en lo que puedo colegir, de las que una y otra proceden de la naturaleza: una, que es más numeroso el ejército de los vicios que el de las virtudes, de manera que, si queremos hacerle frente, no podamos salir victoriosos contra ejército tan poderoso; la segunda, que me parece monstruosa, es que a estos enemigos tan terribles, tan inoportunos, tan a muerte, no queremos vencerlos, si se nos permite decirlo. Así, ha hecho nacer en nosotros un cierto amor maléfico de modo que nos guste nuestro mismo mal, y los vicios, que son como pestilencias de la mente, hagan en nosotros las veces del placer, y por contra la honestidad, maestra y partícipe de los bienes divinos, parezca a la mayoría parte áspera, acerba y amarga. Pero de esto hablaré un poco después.

IV. Pero ahora, si os parece, veamos lo que primero hemos propuesto; me refiero al desproporcionado número de los enemigos. Y para que esto quede claro, un ejemplo, como la avaricia de Marco Craso, la cual, sin duda, le fue siempre reprochada como un vicio suyo, doméstico, hereditario, de familia. Pues bien, a este vicio es contraria no sólo la virtud que llamamos generosidad sino también lo que llaman despilfarro. Pero, ¿a quién, recordado por esto, pondremos en el número de los generosos? ¿Acaso a Pompeyo o a César, socios de Craso? De ninguna manera; por el contrario, pienso que más bien hay que colocarlos entre los derrochadores, cuando leo acerca de los teatros, los juegos y los espectáculos públicos que organizaban, y de toda clase de donaciones que hacían a quienes no las merecían. Coincidiremos en que la seriedad es una virtud. Ahora bien, ¿cuántos hay que puedan llamarse serios más bien que tristes, rígidos o austeros, o por el contrario disolutos, delicados o afeminados? Cicerón le reprocha en muchos lugares una excesiva austeridad a su amigo Catón. Él mismo, que la criticaba en los demás, pecaba del vicio contrario pues, si hemos de creer a sus malévolos enemigos (aunque yo no lo hago), se le estimaba a veces un tanto débil e inconstante. De aquí que Platón reprendiera a los filósofos que buscaban el ocio y la soledad para el estudio, pues mientras evitan ofender quizá a alguien, caen en el vicio contrario, pues aquellos a los que deberían defender tienen que sufrir el ser abandonados.[16] Así, tampoco pueden vivir inocentemente centrados en sus asuntos, de manera que por su ocio se les compara con los tránsfugas y los desertores. Pero no hablemos de personas: miremos solamente al tema. La fortaleza tiene como contrarias la cobardía y la temeridad; la prudencia, la malicia y la necedad; el compañerismo, la deslealtad y la grosería; y después, todas aquellas virtudes que Aristóteles enumeró, como siempre, con gran diligencia en los libros que tituló *Ética*,[17] aunque no enumera la prudencia entre las virtudes morales sino que la relega a las intelectivas; también paso por alto a aquellos que no asignaron dos vicios contrarios a cada uno de las virtudes, sino muchos. Daos cuenta y juzgad con qué poca justeza ha sido tratado esto, pues no hay ningún color contrario a la blancura, ningún sonido contrario al agudo más que el grave, ningún sabor contrario al dulce más que el amargo, toda vez que los demás colores, sonidos y sabores no son tenidos por contrarios sino por diversos. Ahora bien, una virtud como la diligencia, está establecida entre dos contrarias, la curiosidad y la negligencia y de tal manera ubicada que cuando retires el pie de una corres el peligro de resbalar a la otra. Es a lo que se alude en el trillado proverbio "cuando huyo de Escila, soy arrastrado a Caribdis", y lo que dijo más arriba el filósofo acerca de los solitarios, y aquello que Cicerón asevera: *¿Tuvisteis miedo de que os consideraran crueles si le condenabais en primera instancia? Al evitar ese reproche –en el que estabais lejos de caer– habéis incurrido en el de que se os tenga por timoratos y cobardes.*[6] Y ejemplos de esta clase tenemos en abundancia, más de mil. Pero no es lo más indigno que se hayan encontrado más clases de vicios (eso lo admito, lo soporto, lo sobrellevo), sino que sean menos las clases de virtudes; y lo que es más indigno todavía, que los vicios aunque diferentes entre sí, contra nosotros, sin embargo, están de acuerdo y se unen como por un pacto y nos dejan en medio como rodeados; y nosotros que no teníamos suficiente con evitar un pecado tenemos que soportar el peligro de admitir otro y ciertamente no de distinta clase, para no caer de la avaricia en la apatía, sino de lo mismo, de la misma avaricia, como dije, en el derroche, ambos vicios opuestos a la generosidad. ¿Cuánto trabajo habrá que poner, cuánta prudencia habrá que tener, cuánta vigilancia y habilidad contra este doble enemigo que ataca por uno y otro flanco, más aún, de frente y por la espalda? Y contra este enemigo no es suficiente el rostro bifronte de Jano, sino otras dos manos a la espalda, otros dos pies y otro cuerpo entero. Añade ahora algo que casi me impulsa a gritar, el que con frecuencia seamos arrastrados, como por los vientos, por vicios contrarios, como leemos de Catilina, que era a la vez avaro y derrochador, libertino y simulador de frugalidad, negligente con el hambre y ambicioso, es decir, colmado de todos los vicios. Actualmente hay muchos Catilinas y nunca faltaron; sin embargo, amantes de la patria, como Cicerón y Catón, han sido siempre muy raros y serán aún más raros en el futuro. Pero volvamos a los Catilinas. ¿Cómo puede suceder que los contrarios y los que se rechazan puedan estar juntos? Por los dioses mismos, que saben esto, yo no lo entiendo. ¿Acaso las aguas pueden mezclarse con los fuegos, las cosas ligeras con las pesadas, las más altas con las más bajas? Así pues, no hay ninguna relación entre la ira y la serenidad, entre la audacia y el miedo, entre la arrogancia y la humildad. Y sin embargo vemos que "los Cíclopes y los Centauros –como dice Estacio– viven juntos, como conjurados para nuestra perdición".[19] ¿Por qué alguien pone en duda que la naturaleza ha obrado mal con nosotros, no como madre sino, si se me permite decirlo, como madrastra, que nos haya dado leyes más duras que Licurgo a los lacedemonios, y exija más tributos e impuestos que a los hijastros, más que a los siervos, más que a los cautivos? Nunca hemos conocido que haya existido ningún tributo de los más crueles tiranos tan pesado como es que vivamos tan sometidos y oprimidos a la regla de la virtud. Pero no he dicho lo que he dicho para que cualquiera de vosotros o yo mismo nos quejemos de nuestra suerte porque nos salvamos nadando de grandes trabajos y vigilias más duras de las que puede soportar la humana razón, sino que me compadezco de la condición de los que no están dotados de tanta habilidad y, por así decirlo, de tan perfecto arte de nadar. Y veis qué grande es la multitud que, no sin razón, manoseado el nombre solemos tildar de inexperta.

V. Pero, para descender a la última causa, ¿no podríamos lamentarnos de lo que se lamentan muchos, de que el amor por los vicios lo hemos mamado con la leche materna? Y esto, si queremos confesar la verdad, de ningún modo hay que atribuirlo a nosotros sino al vicio de la naturaleza. Pues se puede ver que desde los primeros años los niños se dejan llevar hacia los vicios de la gula, del juego, del apego, antes que inclinarse hacia el decoro y la honestidad, que odian los castigos, que aman los halagos, huyen de los mandatos y se dejan llevar por la incontinencia. Callo cuánto trabajo cuesta inculcarles las buenas costumbres. Y no sólo los niños sino los ya mayorcitos, y por tanto la mayor parte, cuando son castigados se molestan y, cuando, una vez corregidos y enseñados sobre lo que han pecado debieran alegrarse, con frecuencia, lo que es peor, censuran a aquellos de los que han recibido el beneficio de la enmienda. Y para que nadie se deje llevar de una vana promesa, acepte así las cosas: lo que es bueno por naturaleza se acepta espontáneamente; por contra, lo que es malo por naturaleza se evita, como hacen los brutos animales -a los que no se les ha dado nada mejor que el cuerpo-, cuando rehúyen el hambre, la sed, el frío, el calor, la fatiga, la muerte. En nosotros, que estamos en posesión de la razón y por ella somos socios de los dioses, la honestidad es el único bien, los vicios el único mal. Y siendo esto así, ¿de dónde viene que rechacemos lo honesto y deseemos y amemos el mal? Una cosa es errar, resbalar, ser llevados por alguna esperanza (aunque esta sea parte de los males), y otra cosa es complacerse en el mal mismo, como muy bien dice Quintiliano, como lo hace todo: "Existe un cierto amor perverso por el enfrentamiento y un gran placer por los crímenes y por envenenar las cosas honestas".[20] Y Cicerón dice: "Tan gran placer hubo en pecar que lo mismo le agradaría pecar aunque no hubiera ninguna razón para hacerlo".[21] ¿Acaso aquí es necesario un largo discurso, y no está, suficientemente claro por sí mismo? ¿Por qué nos gusta tanto corromper a mujeres pudorosas, vírgenes, consagradas, virtuosas y nos enardecemos por arrastrarlas a la indecencia más que a las prostitutas, deshonestas, lascivas, de baja condición, aun cuando fueren de gran belleza? Si en verdad Sexto Tarquinio fue arrastrado a cometer adulterio con Lucrecia, no tanto porque le pareciera hermosa -puesto que por otra parte le parecía seria y de una vida morigerada, lo cual ignoraba antes- sino por desear el mismo pecado y manchar la virtud; y así sabrás que es verdad aquello de Ovidio:

> Nada satisface si no es deshonesto.
> Cada uno se preocupa de su placer,
> y el deleite que nos causa procede incluso del dolor de otro.[22]

Y puesto que he empezado a hablar del amor, no solo el deseo de pecar nos induce al delito sino también aquello que debiera alejarnos de él: la dificultad, el fracaso, el peligro. Comprendiendo esto el mismo Ovidio, como él es a veces un tanto lascivo, da consejo a una amiga para retener a un amante, de modo que con frecuencia lo rechace, a veces le haga reproches y otras veces lo injurie. De donde Cremes, en una obra de Terencio, dice: *La separación de los amantes es la renovación del amor.*[23] Y Horacio: *Pues esto te pone enfermo cuando tienes muchas dificultades.*[24] ¡Oh cosas increíbles, si no las conociéramos! Por esto mismo se apetecen y se retienen: porque son laboriosas; de otra manera, serían abandonadas. Por tanto, ¿importa tan poco que vivamos honestamente, tranquilos, seguros, bien cuidados, descansados? Por eso se nos ha contado en las fábulas que Júpiter raramente cohabitaba con Juno, su mujer y diosa, y que desease más las relaciones sexuales no tanto con seres humanos como furtivamente con Alcmena, Leda, Dafne, Europa y las demás. Y ha llegado hasta hoy el proverbio: "las manzanas robadas son con mucho las más gustosas".[25] Pero si están a la venta, pierden su atractivo. Entonces, ya no podemos negar que la malignidad sea de la naturaleza, que, por hablar de culpas menores, por la fatuidad, la obscenidad, las inconveniencias y cosas semejantes, sean de otros y a veces también nuestras, nos obliga a estallar en risas o carcajadas. Lo cual es sin duda un solo género de gozos malsanos, como vemos en aquel virgiliano Menetes[26] emergiendo del fondo del mar y vomitando olas saladas, y en Entelo[27] cayendo pesadamente en tierra en medio de la lucha. Con frecuencia también induce a atacar a otros y provocarlos a un acceso de cólera, y si es por juego tanto más nos alegramos cuanto más se enfurecen. Eso es lo sucedió a Hécuba, que los ultrajes y afrentas de los griegos le produjeron tanta rabia que se cuenta que se convirtió en perro.[28] ¿Qué más? Se nos ofrecen muchos ejemplos venidos de todas partes. Así, vemos que los poetas, que escriben alegorías, inventaron Cíclopes, Cacos, Esfinges, Harpías, Sirenas e imaginaron muchos seres monstruosos de toda clase, creados para que veamos la tendencia a las injurias, los robos, los delitos, de tal manera que no sean capaces de apartarse del vicio al que están inclinados por la naturaleza. Y hasta aquí es suficiente sobre el amor a los vicios.

¿Y qué diré acerca del odio a las virtudes? Cuando sigue necesariamente el que se deleita con los crímenes para los que el que es odiosa la casa de la honestidad. Y para alcanzar esta honestidad se pone tan poco cuidado que incluso algunos desprecian la ajena. Y ojala no tuviéramos abundancia de ejemplos de Anaxágoras, Terámenes, Sócrates, Calístenes, Zenón, Escipión, Rútulo, Cicerón, Séneca y los demás, a los cuales, para emplear las palabras de M. Fabio "las virtudes los hicieron desgraciados". Pero dirás: la virtud siempre está dispuesta para la entrada de los vicios, inspirándonos la naturaleza. Por mi parte, confieso que la virtud, sin lugar a duda, es una cosa divina y que es no solo lo más alto de todo sino también el único bien. Sin embargo su cuidado y amor, que se ha concedido a pocos por un beneficio y peculiar don de la naturaleza, pero a la mayoría es denegado por cierta malignidad de la naturaleza, no de otra manera que como los vemos monstruosos, débiles, deformes de cuerpo. Así pues, la naturaleza, para que no contemplaran la luz de la sabiduría, cegó las mentes de los hombres, a las que debía iluminar, las de la tierra. Obliga al murciélago a que prefiera la luz a las tinieblas, persuade al topo a que prefiera la superficie a aquel, por así decirlo, vientre de la tierra, y este aire que todos respiramos a una continua sepultura. Espera que el león se domestique espontáneamente. Y eso si hablamos de las bestias. Ruega a un sordo que oiga, a un mudo que hable, a un ciego que vea, a un patituerto que corra rápido. No, no hay que pedir a nadie esas cosas que la naturaleza no inculca en nosotros con su arbitraje. Así vemos a muchos, incluso muchísimos, que se dedican al crimen, a deshonrar a otros, a cometer iniquidades, enemigos de la honestidad, no porque los vicios sean buenos, sino porque ellos mismos son de naturaleza depravada. Sin embargo, no niego que cada cual puede, si quisiera, hacerse sabio, pero

> eso es lo trabajoso, ahi está el riesgo.
> Unos pocos, de origen divino, a quienes Júpiter
> benévolo hizo objeto de su amor,
> o que encumbró a los cielos su férvido heroísmo, lo lograron.
> A lo largo del camino intermedio se extienden unos bosques y fluye en derredor
> con sus negros repliegues el Cocito.[30]

VI. Siendo así las cosas, sin embargo, no se compadece en absoluto del género humano. Con mucha frecuencia, envía contra nosotros naufragios, sequías, aluviones, incendios, pestes y guerras, Y además todos los días nos manda los calores del sol, huracanes, lluvias torrenciales, nevadas, granizo, hielos o fríos que afectan de tal manera a todo el hombre que no parece que esté lejos de un resfriado con fiebre; y, lo que a mí con frecuencia más me desanima, que en todos las situaciones los rayos acompañados de relámpagos y truenos horrísonos, lanzados con mano airada, da a entender que aterra a los hombres, los increpa y los castiga. ¿Qué diré de tantas enfermedades apenas suficientemente conocidas para los mismos médicos? ¿Qué diremos de tantos venenos de serpientes, de tantos jugos venenosos, de tantos animales dañinos? Cosas estas que cuando pienso me perturban con frecuencia de tal manera, que si ella pudiera existir de otra manera y salir a nuestra vista, si me queda alguna fe, me atrevería a pedirle razón de sus acciones y reprenderla del siguiente modo:

VI. ¿Te parece bien, oh naturaleza, portarte así con nosotros, que te creemos y te llamamos madre, si habiendo de luchar contra el más grande ejército nos defendieras con tan exiguas tropas que tuviéramos que pensar que en tan difícil batalla sería mejor ser vencidos que vencer, de modo que, a no ser que rehuyamos de plano la victoria, seamos perseguido y vengados en el acto y la venganza sea terrible?¿O acaso esperas que seamos obligados con azotes como se acostumbra a hacer con los niños? Tienes que tomar otro camino. Este comportamiento cruel no es bueno ni siquiera para los niños. El que no aprende con el castigo de las palabras, tampoco aprenderá con el de los azotes. Así tampoco la mente humana podrá ser nunca obligada a amar las virtudes. Ten cuidado, no las odie más. ¿O acaso los más inteligentes son más castigados por sus preceptores? De ninguna manera. Así, no son los mejores los que han recibido con más frecuencia tus golpes. Por eso tiendo mis manos suplicantes y postrado me abrazo a tus pies. Si eres madre, como realmente eres, concede a tus hijos que ellos, a su vez, te reconozcan como madre. Moldea a tu gusto a todos los pueblos y haz que los que consideres enemigos contumaces se postren ante ti escuálidos, débiles, deformes, deshechos en gemidos y lágrimas. Y, si la santidad lo permitiera, ciertamente lo harían y lo harán si tú quieres. Estos, madre, como tú quieres, ya que por ellos no pueden, ruegan, atestiguan, adjuran por medio de mí, que concedas cualquiera de estas dos cosas: o que disminuyas tanta abundancia de vicios y se abra la puerta del amor, de la honestidad en los corazones humanos; o bien, a no ser que haya que purgar alguna culpa de la vida anterior, se impongan menos tormentos y más leves por los pecados; y dejes vivir a los vivientes y no pretendas arrancar por terribles tormentos los tributos que no pueden pagarse, no sea que tu ley sea semejante a aquella, con razón rechazada, que mandaba dividir el cuerpo del deudor que no podía pagar en las partes correspondientes a cada acreedor. No sea que la condición de los que no hablan y son irracionales parezca mejor que la nuestra, y finalmente se silencie aquella exclamación de muchos, digna de lástima: ¡ojalá no hubiéramos nacido hombres! Si yo discutiera estas cosas presencialmente con la misma naturaleza, no sé si conseguiría algo, aunque algo, sin embargo, esperaría. Pero como no nos resulta lícito introducirla en la conversación de otros (pues, oculta en sitio seguro, no teme las represiones ajenas), espero que vosotros respondáis en su favor, si tenéis algo que responder, y os pido que habléis. Pues, aunque pienso que no hay nada que me refute, sin embargo deseo ser refutado para atemperar esta molestia, o más bien esta profunda tristeza".

VIII. Como Catón hubiese disertado sobre estos temas, Vegio, riéndose un poco, dice: "Aunque se trata de un asunto muy importante y el más digno y veo a Catón conmovido tanto en sus palabras como en su ánimo, no puedo, sin embargo, contener la risa cuando entiendo que tan gran orador haya estado de parte del adversario y que con este defensor su causa haya estado en peligro, y que haya disertado tan ardientemente contra su propia causa. Y he de decir que no hay satisfacción malsana en mi risa y que antes de empezar a hablar no le censuraré como un tan severo crítico; no me alegro porque haya prevaricado, me alegro porque haya hablado en mi favor, porque él cuando se dice y presenta, sin lugar a duda, como partidario de los estoicos y adversario de los epicúreos, de los que soy partidario, como todo su discurso ha puesto de manifiesto, en eso ha consumido toda su disertación, como el vulgo, es decir, los campesinos y esa clase de gente; no digo que haya alabado a los sabios (ni la palma que da a los estoicos parezca que se la conceda a la multitud, que es epicúrea), sino que se ha excusado, defendido, deplorado. Así pues, ¿qué otra cosa has hecho sino aceptar la defensa del placer? ¡Oh, estoico empecinado! Quisieras que estuviera permitido a los hombres gozar impunemente de los placeres. Me alegro por tu nombre y te felicito porque nadie de esta secta estoica ha estado presente en este lugar mientras hablabas. Es suficiente que haya estado presente yo, que soy epicúreo. Pues ellos te reprenderían; yo, sin embargo, me río de ti. Ellos, como te has esforzado tanto, te has dolido tanto de los infelices y finalmente has pedido con lágrimas suplicios para los delitos (a lo que Epicuro, al que tu calificas de endeble y afeminado, apenas se habría atrevido), ellos habrían tenido nauseas, yo fácilmente lo soportaba; y callado sentía placer, no sólo porque actuabas a favor de mi causa, sino porque también te quitabas la máscara de tu ánimo. Pero sin duda tienes miedo al pensar mal del género humano; a no ser que relegases a crímenes de la naturaleza los vicios de los hombres, no podrías reprender impunemente la vida común y, como tú quieres, la de la "multitud inculta". Preferiría te abstuvieras de esta doble acusación a la naturaleza y a la vez a los hombres, por esta razón: no sea que, mientras buscas atraerte la pública benevolencia deplorando su mísera condición, contraigas más bien el su odio reprobando su pervertido género de vida. He leído que Heráclito cuantas veces alguien se le presentaba y analizaba la conducta de los hombres, tantas veces lloraba amargamente por ellos como enfermos; por el contrario, Demócrito nunca fue visto en público sin reírse.[32] Lo que uno lloraba, el otro reía. Puedo decir que eres muy semejante a Heráclito, que lloras por los hombres, menos en que no derramas lágrimas con tanta frecuencia porque temes vaciar tus ojos; y el famoso Juvenal se admira de que esto no le pasara a Heráclito.[33] Tú no puedes compararme a Demócrito, aunque continuamente me ría, pues yo no me río de los hombres sino de un hombre y de un hombre que llora por los otros Y si me consideras semejante a Demócrito, sin duda Heráclito será ridiculizado por Demócrito, pues ante los estoicos aquel ha sido un verdadero estoico, este un maestro de Epicuro. Tú, por consiguiente, el único imitador de Heráclito en el orbe de la tierra, repruebas a los hombres su perverso género de vida, como he dicho, lo que te sorprende mucho. Ellos para nada se quejan de su ignorancia. Tú, que estás adornado con la singular prerrogativa de la sabiduría sobre los demás, no das gracias a la naturaleza, sino que la insultas, la reprendes, la llamas a juicio. Pues esta disculpa, que viene de la naturaleza, según mi parecer, la inclinación de los hombres al vicio, la acusa a ella, aunque injustamente, más que excusarlos a ellos. Pues si tú eres sabio, como tratas de convencerte y yo te lo concedo, y esto por tus trabajos y vigilias, ¿por qué los demás no seguimos la sabiduría, sobre todo cuando tú mismo te has puesto como ejemplo y maestro? A nadie se le ha negado ser sabio. Te ha defraudado y te ha inducido a esa represión a la naturaleza el que la herejía de los estoicos no tenga ningún honor ni para los dioses ni para los hombres, no por las palabras sino por los hechos, ya que suele siempre obrar de una manera y hablar de otra. Pues también demuestran irrefutablemente en muchos lugares que la naturaleza puede ser de alguna manera reformada e intentan reformarla, como sucede en las perturbaciones del ánimo y en las pasiones, que quieren arrancarnos de raíz, y afirman categóricamente que no existe un hombre que no sea un demente, un loco o lo más injurioso que puede decirse. Y sin embargo, los que así piensan dicen que no son acusadores sino testigos. Por lo cual, por lo que a mí respecta, aunque en lo demás esté de acuerdo contigo, asumo la defensa de la naturaleza y a la vez la del género humano, que no puede separarse de la causa superior, como demostraré.

IX. Y, excelentísimos varones, no lo haré temeraria e insolentemente. He asumido el deber de responder ante todos. Concederéis la venia a mi voluntad (que es vuestra condescendencia) para que como epicúreo hable contra los estoicos. Y esto a ninguno de vosotros os gustará puesto que no sois afectos a ninguna de estas sectas. Pero confío que mi disertación no os ha de ser desagradable, no porque yo tenga alguna especial facultad, sino porque revelaré todos los arcanos de los estoicos, que me son bien conocidos porque he investigado con gran curiosidad sus escondrijos. ¿Qué diríamos si aquel famoso Cneo Flavio, que hizo agradables al pueblo romano los "fastos", que se custodiaban secretamente, como los libros sibilinos, y los sacó a la luz pública para enseñar al pueblo? ¿Acaso mi discurso no dará satisfacción si yo mismo saco los ojos a las cornejas, es decir a los estoicos, para descubrir sus misterios, que no parecerán menos ridículos al ver la luz, como los fastos de aquel famoso Cneo Flavio? Sin embargo, no diré una palabra si no entiendo que de buena gana me habéis dado y concedido permiso". Entonces Bripio dice: "Continúa, Vegio, para que yo responda por aquellos que sé te han de escuchar con agrado, los cuales lo harán con tanta atención que incluso los temas que no abordes habrán de proponértelos de buena gana. Con cuanto más agrado te escucharemos ahora que te has decidido por propia voluntad a tratar esta causa. Y no se nos escapa con cuánto gozo, con qué donaire, con cuánta energía, como acostumbras a hacerlo. Así pues, tened en cuenta todo esto". A esto Vegio responde: "Me has hecho muy feliz al prometerme que me vais a escuchar no con aversión sino con la benevolencia y la atención que yo esperaba. Pero, por favor, no esperéis de mí un discurso elegante. Y si así fuese, comparado con un orador tan ilustre y espléndido, quedaré eclipsado como cualquier estrella por los rayos del sol. Una sola cosa os pido: que no comparéis elocuencia con elocuencia, sino asunto con asunto, causa con causa.

X. Ahora vuelvo a ti, Catón, a quien me enfrenta una lucha, como si me enfrentara a un emperador de naciones ultramarinas que se horrorizan ante nuestras costumbres. Por consiguiente, en primer lugar podría responder piadosa, religiosamente y sin ofender a los oídos de nadie a lo que has dicho de la naturaleza: que lo que ella ha formado y conformado no puede ser sino santo y laudable, como este cielo que gira sobre nosotros, distinto con sus luminarias de día y de noche, compuesto con tanto orden, belleza y utilidad. ¿Para qué voy a recordar los mares, las tierras, los aires, los montes, los campos, los ríos, los lagos, las fuentes, las mismas nubes y las lluvias? ¿Para que los ganados, las fieras, las aves, los peces, los árboles, las mieses? No encontrarás nada, como dije, que no esté hecho, organizado, ornamentado con sumo orden, belleza y utilidad. Y de ello puede ser una muestra la organización de nuestro propio cuerpo, como Lactancio, hombre de agudo ingenio y elocuencia, ha expuesto clarísimamente en el libro que titula *Sobre la obra de Dios.*[34] Aunque muchas más cosas podrían decirse y no de menos importancia que las que él recuerda. Pero no te sorprendas si yo, que parezco defender a Epicuro (pues como él pongo el sumo bien en el placer), no niego que todo se haga por la providencia de la naturaleza, cosa que él no admite. Pues él no es el inventor de esta teoría sino que ha seguido a otros autores anteriores, como Eudoxio, hombre no sólo muy entendido en estos temas sino que fue puesto a prueba en vida por sus adversarios; y defendió en sus escritos no el azar de los átomos sino el orden y la providencia del cielo. Y, por supuesto, cuando fuere oportuno puede cualquiera proponer argumentos a favor de su causa, lo mismo que hizo tu maestro Séneca, el primer defensor de esta secta, quien toma muchas opiniones del mismo Epicuro, de manera que parece que, en ocasiones, él se ha vuelto epicúreo, o Epicuro se ha hecho estoico. Y cuánto más se me debe permitir a mí, que he sido iniciado no en los misterios de la filosofía sino en los mayores y más importantes de la oratoria y la poética, La filosofía, en verdad, es como un soldado, un tribuno, bajo el imperio de la oratoria, su reina, como la llama un gran trágico.[35] Y Marco Tulio, cuando quería discutir cualquier cosa en filosofía, se permitía hablar libremente, no adscrito a ninguna escuela, y lo hizo con mucha solvencia. Sin embargo yo preferiría que hubiese afirmado que trataba aquellos temas no como filósofo sino como orador; y de este modo habría ejercitado mayor licencia o más bien libertad, de manera que lo que en ellos encontrase de triquiñuelas de la oratoria todo ello lo hubiese exigido enérgicamente de ellos (pues todo lo que la filosofía reivindica para sí es también nuestro); y si alguno se hubiese opuesto, habría desenvainado aquella espada que había recibido de la elocuencia, reina de todas las cosas, contra los filósofos ladronzuelos y castigaría con penas a los que penas habían merecido. Pues con cuánta más claridad, más seriamente, más magníficamente son expuestos estos temas por los oradores que discutidas por filósofos oscuros, escuálidos y sin sangre. Esto lo he afirmado porque he querido dejar claro que todo lo que los filósofos han disputado con violencia, también quiero yo discutirlo no según sus métodos sino según los nuestros; y esto lo ha hecho con gran sabiduría Catón".

XI. "Tú, en verdad", dice Bripio, "intentas plausiblemente restituir a la oratoria un amplísimo patrimonio que no sé quién le ha arrebatado. Pues, si indagamos con diligencia en la historia, los oradores hablaban en medio de las ciudades acerca de los asuntos más nobles y más importantes antes de que los filósofos empezaran a charlar por los rincones; en cambio, en nuestros tiempos se les permite a los filósofos proponerse como rectores de los demás. Sin embargo, los oradores son, como muestran los mismos hechos, los rectores de los demás y los príncipes de la elocuencia. Así pues, apruebo tu propósito: que prefieras hablar como un orador más que como un filósofo y te recomiendo que emplees una oratoria clara".

XII. "Lo intentaré", dice Vegio, "con todas mis fuerzas, y en esta tu causa, Bripio, incluso por encima de ellas. Por consiguiente, para volver a tus argumentos, Catón, en primer lugar me desagrada sobremanera aquello que pretendéis vosotros, los estoicos, unos hombres tristes e inflexibles, que pensáis que casi todo es vicioso y deshonroso. Todo lo referís a una vana sabiduría, perfecta y consumada en todos los aspectos. Así, mientras de modo sorprendente gozáis buscar las alturas y volar por los aires, vuestras alas, no naturales sino simuladas y pegadas con cera, se derriten y, como el necio Ícaro, caéis en el mar. Pues, por los dioses, qué afectada sutileza es describir al sabio con tales cualidades que no se haya encontrado ninguno que las tenga; y de ello sois testigos incluso vosotros mismos, pues es el único feliz, el único amigo, el único bueno, el único libre. Y esto lo toleraría de cualquier manera que fuere si de vuestra ley no se siguiese necesariamente que cualquiera que no es sabio será necio, réprobo, desterrado, enemigo, fugitivo, esto es, que todos sean gente de esta clase, puesto que hasta ahora nadie ha sido sabio. Y para que, por casualidad, nadie pueda serlo -qué bárbaros sois-, habéis imaginado más vicios que virtudes y habéis inventado infinidad de clases de pecados describiéndolos hasta los mínimos detalles; y decís que no hay tantas enfermedades en el cuerpo que, según dices, apenas son conocidas por los mismos médicos; y si una cualquiera afecta a un cuerpo, aunque no sea crónica, se pierde toda la salud; y si alguien tuviera un mal, por mínimo que sea, decís que este hombre necesariamente no sólo carece de todo honor en cuanto a la sabiduría, sino que está manchado de todo deshonor e infamia. Maravilla, por Hércules, que los médicos digan que hay muchas enfermedades y una sola salud, y vosotros que hay una sola virtud. Aunque casi es lo mismo afirmar que el que tiene una virtud las tiene todas. ¿Qué digo? Vosotros, más que lo que yo pretendía, superáis a los médicos en todo. No os agrada que haya una sólo virtud, sino que no haya ninguna. El que tiene una virtud, las tiene todas; pero como nadie las tiene todas, luego nadie tiene ninguna. ¿Dónde, pues, se encuentran las virtudes si no se encuentran en los hombres? ¿Acaso no os dais cuenta de que esos oprobios y calumnias cuando decís que nadie está sano recaen en vosotros mismos, y que así admitís que no sois sabios ni nosotros somos ignorantes? ¿O acaso no os preocupáis de vuestra infamia y cuando rociáis de lodo el rostro de los demás no rechazáis que vosotros mismos sois revolcados por ello en el inmundo estiércol, como alegrándoos del oprobio ajeno y vuestro, y de maldecir, y de oír maldiciones, y de ejercitar vuestra lengua y vuestros oídos no en buenas palabras sino en improperios y malas palabras? Hablo en general, no de ti, Catón, pues he dicho que eres sabio y así te considero; y digo con satisfacción, contra el parecer general de los estoicos, que hay algún sabio. Así pues, te digo muchas veces que eres sabio para que veas que eres mejor tratado por los epicúreos (pues somos buena gente) que por tus mismos estoicos, y quisiera que fueras repuesto por ellos en tu lugar. Y de ellos parece que has dicho algo semejante cuando les reprendías también su misma risa, de modo que no sólo te privaras de una parte del bello arte al que te dedicas y con el que te adornas, sino que has dañado lo que de singular nos ha infundido la naturaleza sobre los demás animales. Pues no podemos hablar por la misma la misma naturaleza, pero sí podemos reírnos. Observa que los mudos se ríen, no con los otros sino consigo mismos, incluso con las más grandes carcajadas: es una manera de gozar que la naturaleza nos ha dado como regalo. Tu eso lo has denigrado, o así lo creo, sin duda para aprovecharte de ese tono quejumbroso que te has ganado y has traído de tu casa. Pero dejemos de hablar sólo de ti, pues no hablo contra ti sino contra todos aquellos que merecen la desaprobación tanto de ti como de todos nosotros, imaginando que hay innumerables delitos. Pues ¿quién estará libre de culpa, si el temor, la esperanza, la alegría, el dolor, el llanto, el gozo, no se llevan con moderación y han de reprobarse? Y por consiguiente, si asimismo sus castigos rechinan en los oídos de los hombres, sobre todo si no dejen de decir improperios, de donde dice Persio: *Pero este estoico se baña con vinagre mordaz.*[35] ¿Estás airado contra el siervo? Tú también te has hecho esclavo. ¿Bailaste con los amigotes en la boda del amigo? Debes ser sometido a las cadenas. ¿Te has puesto un traje descarado? Te has hecho digno de ir desnudo. ¿Te has equivocado en algo? No hay lugar para el perdón. Por tanto, ¿qué otra cosa puedo desearles sino que estén dispuestos a practicar lo que nos dicen a nosotros, que se castiguen unos a otros, se azoten, se golpeen y se maten entre ellos, y así nos ofrezcan un espectáculo tan digno de aplauso? Y no faltan quienes confirmaran incluso con hechos lo absurdo de este teoría; de tal suerte que aquellos que guardan silencio toda la vida tiene permanente grabada la severidad y hasta la ferocidad en el rostro, en la comida, en el vestido. Como Diógenes, apodado cínico (es decir, canino), que vivió muchos años en un tonel como si tuviera por madre a una tabernera, con los pies descalzos, desnuda la cabeza si no es porque la cubrían los despeinados cabellos y otras cosas sorprendentes no por su belleza sino por su figura deplorable. ¡Ojalá nuestros estoicos quisieran ser así! Y no me parece, Catón, que te des cuenta de esto, porque no eres ajeno a la costumbre común y a la vida civil y pública. Y en verdad eres consciente y serio; puesto que eres orador, tal debes parecerlo. Por lo cual abrigo la esperanza de que no me sea difícil quitarte de la cabeza esas teorías que has aceptado. Pero dirás: yo tampoco apruebo la secta de los cínicos; apruebo la de los estoicos más moderados y que se acercan más a los usos comunes. Ahora bien, aunque es difícil separar a los estoicos de los cínicos, si quieres que le parta la cara a los estoicos, yo te señalaré el camino con la mano, como dicen, por el que te devuelva a la gracia de la naturaleza, y te traiga de nuevo a la reconciliación contigo mismo. Así obró Micio, el personaje de Terencio, con su hermano Demeas;[36] en estos dos hermanos me parece que el autor expresó las dos sectas de las que hablamos y que sin duda aprobó la nuestra, y condenó la vuestra, la rechazó, la ridiculizó, porque una está de acuerdo con la naturaleza, la otra contra la naturaleza, con la que deseo reconciliarte.

XIII. La naturaleza, como dije, tampoco hizo que surgieran muchos vicios ni concedió que se ensañaran crueles contra nosotros, como piensan los más necios de los estoicos, quienes huyen de las morenas despavoridos si las ven o las tocan, como si fueran serpientes; a nosotros no sólo no nos dan miedo sino que las cocinamos para comerlas con sumo gusto. De prescindir de algún otro guiso este no falta nunca, y mientras banqueteamos casi nos morimos de risa de la grosería y falta de juicio de los estoicos. Pero dirás: "a estos deleites no les doy importancia y los considero como pueriles necedades. Prefiero alcanzar la virtud santa y duradera por la que se llega a la felicidad, que queda tan lejos en esta vida placentera que nada lo está más, pues la vida de los voluptuosos es muy semejante a la de los brutos animales". Esta palabra a vosotros os parece que se refiere a los robustos y fuertes, pero a mí me parece que a los enfermizos, que si oyen algún susurro de los que están sentados junto a ellos enseguida gritan: "marchaos de aquí, callaos, dejad de aturdir mis oídos"; y si los han vestido con un poco más de ropa, enseguida dicen: "me asfixio, me muero, quitádmelo, daos prisa, ¿por qué estás ahí parado?", cosas estas que no hay que atribuir a la debilidad sino a la enfermedad. Lo mismo con la comida o la bebida, que si tienen buen gusto dicen que son de un sabor desagradable: ¿la culpa es de la comida y la bebida o del paladar? ¿A dónde vamos a parar con todo esto? Es decir, que por el hecho de que la naturaleza haya puesto a tu alcance los placeres y te haya dado y conformado un ánimo dispuesto para aceptarlos, ¿tú ni siquiera le das gracias? No sé por qué enfermedad o frenesí (así dicen que hay que llamarla) eliges llevar una vida solitaria y triste y arremetéis contra la naturaleza, viendo los insultos que proferís contra ella. Si fuerais capaces de comprender algo, podríais vivir muy felices bajo el manto de una madre tan indulgente. Y no hay por qué amedrentar al género humano con tu declamación contra la naturaleza, como si ella promoviera las guerras, los naufragios, las sequías y demás catástrofes para suplicio de los malos, cuando lo cierto es que la mayor parte de esas calamidades viene por los vicios de los hombres. Pero, vamos a ver, hombre listo: ¿cuándo has visto tú que los hombres virtuosos gocen de la benevolencia de la naturaleza más que los demás? Porque si le concedes que castigue los actos malos, mucho más le concederás que premie los virtuosos. Entiendo que esto realmente está muy lejos de los estoicos. De aquí lo que dice Virgilio: *Cae Rifeo, el más justo entre todos los teucros,*[38] y en otro lugar, respecto al anciano Galeso: *Cayó mientras trataba de poner paz entre ellos. No hubo otro hombre más justo.*[39] Pero tú has contado que a muchos han hecho infelices las virtudes. ¿Acaso no te importa que sea opinión común de todos los filósofos, no sólo de los que dicen que Dios no tiene que ver nada en este problema y que nada impone a nadie, sino de aquellos que sostienen que Dios siempre obra y promueve algo y que no se irrita ni hace daño? La naturaleza es lo mismo que Dios o casi lo mismo, como afirmó Ovidio: *Este conflicto lo dirimió Dios o mejor la naturaleza.*[40] Y para añadir algo de tu maestro estoico y viril Séneca, dice él: "Los dioses inmortales ni quieren ni pueden oponerse".[41] ¿Qué dices? ¿Se irrita la naturaleza contra los hombres malos? ¿Qué pecado han cometido los ganados, las aves, los peces, cuya condición no es mejor que la nuestra, como tú pretendes, sino mucho más infeliz? Créeme: la naturaleza no se irrita ni engendra contra nosotros venenos de serpientes, ni jugos dañinos, ni animales feroces; si las tomas correctamente, más bien esas cosas han sido hechas para nuestra salud, puesto que en realidad de ellas recibimos más beneficios que daños. ¿Qué sería de la medicina si no existiesen las hierbas, las semillas, incluso las mismas serpientes? Y enumeraría cuántos medicamentos se elaboran con ellas si no pensase que te son conocidos los libros de los físicos, tanto en lengua griega como latina, aparte de que está aquí presente el príncipe de los médicos y hablar de medicina en su presencia no es menos atrevido que actuar en presencia de un Roscio[42] o hablar de milicia delante de un Aníbal. Así pues, podrías preguntarle a él cuánta utilidad ha encontrado la medicina en estas cosas a las que tú acusas. Ahora bien, alguna vez esas cosas dañan y matan al hombre. Veo de qué te dueles, esto es, de que no has nacido inmortal, como si la naturaleza te debiera algo. ¿Qué? Si ella no puede darte más, como los padres no pueden proveer de todo a sus hijos, ¿no darás gracias por lo que has recibido? Pero tú dices: "no quisiera soportar los peligros cotidianos de los dardos, de los mordiscos, de los venenos, de los contagios". El que ha llegado a este estado es inmortal e igual a la naturaleza de Dios, cosa que ni debemos pedir ni es posible a la naturaleza. Pero pasemos por alto esto, que son cosas absurdas y que quizás tú no dirías. ¿Qué es, pues, lo que dices? En verdad, muchas cosas, pero cuando quieres conmovernos hasta las lágrimas, ¿quién podría contener la risa, cuando para tu desgraciada así te aterran los vientos, las lluvias, los fríos y sueles asustarte tanto al estruendo del trueno como si escucharas a un matemático o un caldeo[43] que vas a ser fulminado por un rayo, como se cuenta que le ocurrió a Tulio Hostilio?[44] Así pues, si me escuchas no dejaré de ofrecerte beneficios. Navegarás a Egipto donde este miedo nunca pueda preocuparte, pues allí los vientos son escasos, no hay lluvias ni rayos, y el aire siempre es calmado y muy benigno. Pero pienso que así lo harás, si aquellas gentes viven según las enseñanzas de Crisipo, no de Aristipo.[45] Pero, más allá de los chistes, las tormentas han sido inventadas a causa de los malos; y tú, Catón, te llenas de pavor, más que Catilina, cuando se desata la tormenta. ¿Qué otra cosa es esto, sino admitir que son fruto del azar? Y esto lo atestigua Lucrecio:

> Cuando envíe los rayos y él mismo destruya sus templos y retirándose a los desiertos se enfurece lanzando las flechas que con frecuencia pasan lejos de los culpables y mata a los que no lo merecían.[46]

A este poeta quizá tú le tengas en menos estima, puesto que es un poeta nuestro. Lucano es verdad que es de los vuestros, pero dice:

No tenemos en verdad ningún Dios, puesto que los siglos son arrastrados por un ciego azar. Mentimos cuando decimos que reina Júpiter. ¿Contemplará desde lo alto del cielo las matanzas de Tesalia, cuando tiene los rayos en su mano? ¿En realidad él mismo alcanzará con sus fuegos Foloe, alcanzará Eta y el bosque sin culpa Ródope, y los pinos del Minante? ¿O será Casio quien hiera esta cabeza?[47]

Por lo demás, para enseñaros que, como dicen, os equivocáis totalmente de camino, la naturaleza les ha puesto delante a los mortales muchísimos bienes. Está en nuestra mano el saber usarlos bien. ¿Otros se preparan para la guerra? Tú no dejes el ocio mientras es más útil. ¿Aquellos se entregan al mar? Tú desde la costa con los ojos seguros ríete de las olas, o mejor de los que son arrastrados por ellas. ¿Estos por el lucro unen los días a las noches, muertos de cansancio? Tú tranquilo goza de lo que has ganado. ¿Hay aquí sequía, una peste? Vete a otro lugar donde encuentres unas condiciones más agradables para vivir. De esta manera, la variedad dará lugar al placer como sucede en la alternancia de los días y las noches, del cielo nublado y el sereno, del verano y el invierno. Ahora busquemos la celebridad de la ciudad, ahora, la libertad y soledad del campo; ahora nos es un placer ir a caballo, ahora a pie, ahora en carro, ahora en carroza. Cambiemos el juego de dados por el de pelota, la pelota por el canto, el canto por los coros de danza. Es muy indecente confundir vuestra insensatez con la mejor naturaleza de las cosas. Y si alguna vez te encontraras con la adversidad sin culpa por tu parte, caza las fieras con fortaleza de ánimo y con la esperanza de tiempos mejores; y entretanto ten cuidado, no sea que mientras te entretienes en mirar las cosas tristes te prives del gozo de las agradables. Así, está en nuestra mano conseguir las cosas buenas. Pero hay una gran controversia entre tú y yo por las coas que han de llamarse buenas. ¿Queremos juzgar estas dos posiciones y compararlas entre sí? Pues si todo ha de ser referido al placer, nada a a la honestidad, establezco que ninguna de tus dos proposiciones se sostienen". Entonces, dice Catón: "Eso, Vegio, es lo que pretendes probar. ¿Crees que tú ahora hablas poéticamente donde no sólo se dicen con frecuencia cosas que no son verdad, sino cosas que ni siquiera son verosímiles? Créeme, una cosa es hablar contigo, otra hablar con un adversario. Pero veo que has determinado que quieres hablar de eso y poetizar, es decir, disfrazar la mentira con algo agradable. Te escucharemos con mucho gusto puesto que disertas sobre un tema que ha sido tan rechazado . Aunque tú verás cómo das satisfacción a esos si no hablas en serio, sino en broma, como has hecho hace poco". "Escucha", dice Vegio, y te ruego que, como dijiste, lo hagas de buena gana: si lo haces, ten por seguro que ni yo poetizaré ni mis palabras parecerán una broma. Antes de empezar, yo lo prometo y te pido a ti lo mismo, para no hacer odiosa la obstinación de los estoicos que, como piensan que uno no debe apartarse de una opinión, una vez aceptada por convencimiento, nunca tienden la mano y prefieren perpetuar la disputa que ser capturados, como los tigres que casi nunca son cazados vivos. Por lo que a mí me toca, si alguien aportase algo mejor que lo que yo haya, dicho no lo rechazaré y además le estaré agradecido. Este asunto no hay que compararlo con el método forense, en el que los abogados en un juicio no tratan de superarse uno a otro, sino que en la confrontación resplandezca la verdad o la justicia. Y si viera que alguno rechaza una cosa tan evidente, yo sin duda no le reconoceré como orador. No es buen orador, aunque sea muy elocuente, si uno no es también bueno, de manera que no hay nada más pernicioso que un hombre docto y malo. Pero, Catón, yo juzgaría innecesario absolutamente decirte estas cosas a ti si te considerara solamente orador, que no debe jurar las leyes de ninguna secta. Ahora bien, como veo que es tan querida para ti la doctrina de los estoicos, temo que te resistas con más vehemencia a la verdad. Sin embargo, suaviza tal temor el que hayas prometido que irías al encuentro de la opinión de otro si alguno expone una mejor. Por consiguiente, para que tengas constancia de ello te ruego que hagas lo que aconseja el asunto mismo pues, si creemos tus palabras, deseas ser refutado para que tu tristeza y tu malestar se atemperen. Yo no sólo suavizaré tu malestar sino que te devolveré del estado de Demea a una situación más parecida a la de Micción.[48] Ahora bien, ¿qué importa que Catón me haya concedido la posibilidad de hablar si no consigo lo mismo de todos vosotros, los demás? Ya que Catón es la parte contraria, vosotros sois los jueces, a no ser que alguno quiera participar por sí mismo en esta causa". "Al contrario, Vegio –dijo Juan Marco–, lo que ha sido del agrado de Catón, nosotros lo ratificamos. Todos los demás te hemos escuchado en silencio y seguiremos haciéndolo; no nos defraudes privándonos de la delicadeza con que empezaste y continúa como quieras con tu discurso: nadie te interpelará cuando hables. Me felicito a mí mismo por que la fortuna ha querido que yo estuviera presente en esta vuestra discusión.

XIV. "Has hablado muy bien, Juan Marco", dijo Vegio. Pero para volver al tema, tú dices, Catón, que hay que alcanzar la virtud, yo que el placer; y está claro que son dos posiciones de suyo enfrentadas y que no hay ningún vínculo entre sus fines, como dijo Lucano:

> Como las estrellas distan de la tierra y el fuego del mar,
> así la utilidad de la rectitud.[49]

Pues lo útil es lo mismo que lo placentero, lo recto lo mismo que lo honesto, aunque hay algunos que separan lo útil de lo placentero, cuya ignorancia es tan clara que no merece la pena refutarla. Y es que ¿a qué llamamos útil que no sea virtud o placer? Pues no hay nada útil que no se sienta; y lo que se siente, o bien es agradable, o bien desagradable. Mejor lo hicieron los que lo dividieron todo en recto y placentero, que tiene en sí la utilidad. Así pues, establezcamos en primer lugar esta proposición: o una o la otra alcanza su finalidad, el bien, de ninguna manera las dos. Pues no puede ser que dos cosas contrarias tengan el mismo fin y efecto, como ocurre con la salud y la enfermedad, lo húmedo y lo seco, lo leve y lo pesado, la luz y las tinieblas, la paz y la guerra; a no ser que admitamos que las virtudes no son partes de la honestidad, sino que sirven para conseguir el placer, y con esto, sin duda, está de acuerdo Epicuro y yo lo apruebo.

XV. En primer lugar, no hemos de cometer el error de pasar en silencio por la definición del tema del que estamos tratando; esto hay que hacerlo al principio de todas las disputas, y casi siempre así lo han hecho los más doctos. En Cicerón lo preceptúa Marco Antonio:

> Explíquese qué sea aquello de lo que se ha de disputar para que el discurso no se vea obligado a divagar y errar, por si aquellos que disienten entre sí no entienden cuál es el único asunto sobre el que se trata.[50]

Así pues, el placer es un bien que buscamos en cualquier parte, y consiste en el deleite del ánimo o del cuerpo. Así es más o menos como quiso definirlo Epicuro, y los griegos llaman ἡδονή. Pues, como dijo Cicerón:

> No puede hallarse una palabra que exprese en griego mejor que ἡδονή lo que expresa la palabra latina "voluptas". A esta palabra todo el mundo le atribuye dos significados: alegría en el ánimo por una conmoción suave y gozo en el cuerpo.[51]

La honestidad es el bien cuya causa está en las virtudes, buscado no por algo distinto sino por sí mismo; y en esta opinión están de acuerdo Séneca y los demás estoicos. O también, como dice Cicerón: "por honesto entendamos aquello que, quitándole toda utilidad puede, con razón, ser alabado por sí mismo, sin que haya ningún premio ni fruto".[52] Lo honesto en griego se dice τό καλόν y pienso, Catón, que a esta definición tú no puedes añadirle nada y con ella ambos entendemos no sólo el sumo sino el único bien, tú por la autoridad de Zenón y yo de Aristipo, quien considero que es el que de todos ha pensado con más verdad.

XVI. Pero actuaré según la costumbre de los oradores. Comenzaré, pues, por la confirmación de mi posición; después me ocuparé de la refutación de la contraria. Por tanto, que el placer sea un bien veo que por una parte ha sido aceptado por muchísimos y los mejores autores, y por otra lo confirma el mismo consenso común, que en el habla vulgar llamamos bienes del ánimo, bienes del cuerpo y bienes de fortuna. De los dos últimos los sobrios estoicos no quieren tener nada que ver con ellos, como si fueran males: y como no pueda negarse que han sido dispuestos por la naturaleza y puestos al arbitrio de los hombres, no entiendo por qué no hemos de enumerarlos entre los bienes, si los usamos bien; a no ser que reprendamos a la misma naturaleza por cualquier cosa y la calumniemos de necia o de falta de equidad. El llamarla necia es propio de hombres que hablan de manera desconsiderada; y de que la naturaleza se constituya en algo sin equidad ni siquiera consideraría que hubiera que discutirlo, si Catón no me hubiese hecho dudar acerca de ello, como suele hacer siempre con su discurso cuidado y vehemente. Y estoy impaciente por saber qué pensáis de su opinión y si habéis sido convencidos por él, ya sea por su propia autoridad, como he dicho, ya sea por su elocuencia. Pero ahora, excelentísimos varones, me toca rogaros benevolencia a todos y cada uno hacia mí, pues al revés ya la tenéis; en primer lugar, valorad esta disputa, que, sin duda, ya es grande por la persona de sus defensores, por su propia importancia; en segundo lugar, que no favorezcáis con vuestros callados pensamientos al partido de la honestidad sobre el del placer: permitid que el tema siga su orden. Demostraré que el nombre mismo de "honestidad" es engañoso y claramente pernicioso; y, por otra parte, que nada hay más amable ni más deseable que el placer. Por último, os ruego encarecidamente que no os mueva la multitud que disiente de mi opinión y le gusta más buscar aceptar las falacias de los que han introducido una honestidad imaginaria, que seguir la propia ley de la naturaleza. Ellos proclaman con la boca grande ciertas dificultades deseables, lo que niega claramente la naturaleza; nosotros, ateniéndonos a los derechos de la naturaleza, decimos que hay que apetecer los placeres; ellos los trabajos sin compensación, nosotros el gozo; ellos los tormentos, nosotros los placeres; en fin, ellos la muerte, nosotros la vida. Veis ya claramente qué se discute en la controversia. Y cuando debato acerca de estas cosas, escuchad con mucha atención y esperad que no sólo he de defender mi opinión sino que dejaré claro que mis adversarios nunca han hecho lo que dicen y que, mintiendo siempre –bien por imprudencia o por desvergüenza, lo que juega más a mi favor–, han servido al placer; y yo alabo esto con todas mis fuerzas, pues no hay nada más apetecible que el placer. Pero disimular la astucia, cosa que soléis hacer, más aún vituperarla, es a su vez una acción vituperable". Entonces, dice Lorenzo: "Lo prometes, Vegio, muy elegantemente y no sólo nos motivas a estar atentos sino también a serte, de algún modo, favorables; pues de tal manera los dioses me aman, que mi ánimo se inclina calladamente hacia ti y deseo, con permiso de Catón, que pruebes lo que has prometido, cosa, en verdad, que a mí me reportará gran gozo, y espero que también a los demás. Así pues, no temas que te falte el interés en esta disputa pues, aunque temamos que no lo puedas probar, deseamos –lo que para ti debe ser más gratificante– que lo pruebes". "En tal caso", dice Catón "se te puede aplicar el viejo proverbio: *el ratón es descubierto por su rastro*. ¡Qué claramente ha confesado Lorenzo su secreto, por no decir la dolencia de su ánimo! Si conoces a uno, conocerás a los dos: sabrás que están unidos por la benevolencia, la dedicación a la poesía, la edad, y también por sus opiniones perversas. Pero ¿qué harás tú cuando este no pruebe lo que ha prometido? ¿Podrás acaso, después de haber confesado tu error voluntariamente y de alguna manera estar orgulloso de él, cubrirlo con un velo? ¿O acaso negarás que has dicho esas palabras o que se te escaparon inadvertidamente? Por eso, para que sepas que has estado hablando caprichosamente, ni él ha demostrado su opinión sobre el placer ni tú has logrado tu propósito de ninguna manera". "Entonces", dice Vegio, "no tienes por qué atemorizarte, Lorenzo, por las palabras de Catón. Si te hallaran perverso, mucho peor soy yo. Pero a ti y a los demás presentes os ruego que esperéis con paciencia. Así siempre podré disfrutar de vuestro amor, pues no he accedido a defender esta causa porque desee que el placer sea el sumo bien, sino porque lo creo. Pero volvamos al asunto. Como hemos de disputar acerca de las acciones de la naturaleza, de cuya equidad no podemos dudar cuando nos parezca, ni de su sabiduría, la cual los estoicos también suelen admitir, veamos antes si existen algunos bienes del cuerpo y de las cosas exteriores.

XVII. En cuanto a lo que he dicho de las cosas exteriores, las llamamos buenas porque dan placer al ánimo y al cuerpo, las dos partes de las que estamos constituidos. De lo contrario, por sí mismas no valen para nada. ¿Qué pueden valer el dinero, por cuyo amor muchísimos están atrapados, si no lo usamos en el momento o lo reservamos para usos futuros, es decir, para los placeres? De no ser así, el atesorar riquezas y tesoros a mí me parecería muy semejante a lo que hacen los dragones y los grifos, que contemplan la proximidad del oro y las piedras preciosas que custodian, inútiles para ellos mismos, con el mismo interés que la comida o las tiernas crías; a no ser que quizá se gocen con su mera visión. En este tema, los hombres son más necios que los dragones y los grifos, pues estos no tienen ninguna molestia por la custodia de las riquezas, mientras que nosotros en cuánta inquietud, en cuanta ansiedad, en qué gran tormento nos vemos metidos. De ello es un ejemplo Euclío, el viejo personaje de Plauto.[53] Las mismas reflexiones pueden hacerse para otros bienes externos, como la nobleza, el parentesco, el honor, el poder, que se adquieren para el goce de los que los poseen.

XVIII. Ahora tratemos de los bienes del cuerpo, el primero de los cuales es la salud, el siguiente la belleza, el tercero la fuerza y luego los demás. Hablemos brevemente de la salud. Nadie nunca ha estado más alejado del sentido del hombre que el que haya pensado contra la salud. Y la prueba de esto es que todos tenemos la conservación y recuperación de la salud entre las primeras preocupaciones, aunque se hayan inventado algunas leyendas sobre Platón y otros autores, ya que ellos no quisieron disminuir o eliminar la salud sino la voluptuosidad de los cuerpos, como sucede con las hierbas que crecen demasiado. En Platón, considera absurdo menospreciar la propia salud.

XIX. Sobre la segunda parte hay que tratar muchas cosas. Aunque en las obras literarias pueden encontrarse muchos más hombres muy fuertes que muy bellos que son celebrados por la fama -como Hércules, Meleagro, Teseo, Héctor, Áyax y los demás que se llamaban héroes; y también aquellos que con frecuencia consiguieron la victoria en los certámenes en honor de los dioses, como Glauco, Dorifón, Milón, Polidamas, Nicóstrato-, sin embargo los escritores no los citaron porque quisieran declarar la preferencia del vigor de la figura, sino que cuando hablaban de hazañas (la mayoría, guerreras) nombraron a aquellos que las habían llevado a cabo, es decir, hombres fuertes, pues las hazañas se llevan a cabo con la fuerza, no con la belleza. Sin embargo no importa que distinga entre las dotes del cuerpo, puesto que pretendemos que todas contribuyan a nuestra felicidad. Sin embargo, no sea que parezca que inconscientemente preferimos la fuerza, me detengo un momento para aclarar qué me ha inducido a esto. Los bellos casi nunca luchan; sin embargo, lo que es más importante, en la guerra se dilucida sobre cosas bellas. Y, para no hablar de cosas que los ojos humanos apetecen, me conformo con un solo ejemplo sobre el hombre. Todos aquellos valientes, héroes y semidioses que lucharon con infatigable ardor y pertinacia por una mujer hermosa,[54] no hay por qué pensar que lo hicieran por venganza puesto que juraron que abandonarían la guerra si les devolvían a Helena; o que los troyanos luchaban por mantener su dignidad, para que no pareciera que la liberaban por temor. Y a propósito de esto emplearé las palabras de Quintiliano:

> No juzgan indigno los príncipes que los troyanos y los griegos soportaran tantos males durante tanto tiempo por la belleza de Helena.[55]

Por consiguiente, ¿qué hemos de pensar de aquella belleza? Pues no dice esto Paris, que la raptó, ni cualquier otro joven, ni nadie más, salvo los viejos y más prudentes que se sentaban junto a Príamo. Y aun el mismo rey, exhausto por una guerra de diez años, habiendo perdido tantos hijos, estando en inminente peligro, a quien aquel rostro que fuera la fuente de tantas lágrimas era lógico que le resultase odioso y abominable, escuchando estas cosas llama a la hija, la pone junto a él, la excusa y niega que sea la causa de aquellos males. En suma, entre los autores más importantes se admite que la belleza en un cuerpo tierno, débil, tiene primacía de tal manera que muchos no han dudado en preferirla a la buena salud, movidos, lo atestiguo, porque piensan que con la belleza tendrán a la vez salud. Y de esto dice Cicerón: *La gracia y la hermosura del cuerpo no pueden separarse de la salud*.[56] Aunque se debería decir más correctamente: la salud no puede separarse del encanto y la belleza, pues aunque hay muchos sanos sin belleza, ninguno tiene belleza sin salud. No digo que Cicerón no hablara muy bien del cuerpo sano y bello, y por lo mismo no puede ser reprendido; ocurre que yo trato de otra cosa, de modo que merecería censura si no dijera lo que pienso. Es, por tanto, la belleza lo más importante en el cuerpo: sabed que Ovidio la llama "don de Dios",[57] es decir, de la naturaleza. Por lo cual, si este don de la naturaleza se ha concedido a los hombres, ¿quién habrá que juzgue tan injustamente las cosas que piense que no nos ha honrado con tal don sino que nos ha engañado? Y, por Hércules, no entiendo como esto puede suceder. Porque, si no hemos de rechazar la salud, la fortaleza, la firmeza, la velocidad del cuerpo, ¿por qué la bella figura, cuya inclinación a admirarla sabemos que está tan arraigada en nuestros sentidos? Homero, sin discusión el primero con mucho de los poetas, no en vano alabó la prestancia de los miembros en dos hombres extraordinarios, uno el más grande entre los reyes, el otro el más grande entre los guerreros (hablo de Agamenón y de Aquiles); no lo habría hecho, de no haber comprendido que aquello era un gran bien. Aunque, para aportar mi opinión, estimo que alabó la belleza que se encontraba en aquellos hombres no tanto para ensalzarla y mostrar que, en efecto, era un gran bien para cualquiera, incluidas las más grandes personas, cuanto para ponerlo a la luz y ante los ojos de los hombres, de modo que tanto los que la poseen y los que la contemplan sientan placer. También nuestro poeta Virgilio, fácilmente el segundo después de Homero, describe con bellas palabras la hermosura de Lauso, Turno, Palante, Eneas y Lulo.[58] También sobre Euríalo da su opinión, diciendo: *y su propia valía, más atractiva aún en un cuerpo agraciado.*[59] Séneca citó este verso con desdén, sin citar al autor,[60] como si Platón no hubiese aconsejado muchas veces a su discípulo Jenócrates que hiciera un sacrificio a las Gracias para que corrigieran su única deformidad.[61] Pues al hecho de que algunos son notables por esta clase de fealdad de sus miembros, como en el caso citado de Jenócrates, y también en el de Tersites,[62] del que Homero decía lo mismo, puedes responder que han nacido los feos para que haya más guapos y llamen más la atención. Pues nada ha de considerarse de valor si no es por comparación con sus inferiores, lo cual es demasiado evidente como para que haya que probarlo. Y sin embargo, los mismos deformes ejercen cierto grado de atracción cuando son contemplados como hermosos, como he dicho, mientras que los mismos hermosos difícilmente pueden hacerlo porque no se miran a sí mismos sino a otros. Pero ¿qué importa esto para nuestro propósito? Paso muchas cosas por alto, pues hay que tener un método. Sólo diría esto: que Pitágoras, del que dicen que fue un hombre de admirable belleza, sospecho que por eso alcanzó gran aceptación en la enseñanza de su doctrina.[63] Y es voz común que al actor tanto de las causas judiciales como de las comedias y tragedias le ayuda mucho la prestancia de su cuerpo.

XX. Finalmente pasemos a hablar del otro sexo. La naturaleza, madre de todas las cosas, dio a muchas mujeres un rostro, como dice Terencio, "honorable y generoso".[64] ¿Por qué razón?, me pregunto. ¿Les afecta como embellecimiento o como ofensa? ¿Para que gocen de este don o bien para no lo tengan en cuenta? Ciertamente, para que lo gocen y se alegren de él. De otro modo no habría razón para que la misma naturaleza pusiera tanto empeño en diseñar esos rostros. Pues ¿qué más delicado, qué más agradable y más amable que un rostro agraciado? Hasta el punto de que la misma contemplación del cielo no parezca ser más gozosa. Por lo mismo que vemos una increíble obra de arte en los rostros humanos, de modo que con frecuencia me parece sorprendente que los veamos de belleza tan variada, sin embargo es de una índole que podemos decir con Ovidio: *La abundancia de juicios con frecuencia ha detenido el mío.*[65] Pero las mujeres no sólo son bellas por su bonita cara sino también por su cabellera, que tanto alaba Homero en Helena y en muchas otras mujeres, por los pechos, por los muslos, en fin por todo el cuerpo, si es erguido, blanco, lleno de vitalidad, si hay proporción de sus miembros. Por eso fijémonos en muchas estatuas de diosas y de mujeres, no sólo con la cabeza desnuda sino también con un brazo, un seno, una pierna, para que se vea la belleza de cada una de las partes del cuerpo. Y muchas tampoco van siquiera cubiertas con un velo; y, por Hércules, así es mejor, y más placentero a la vista, como la estatua de Diana en el Monte Celio, lavándose en la fuente con su séquito de ninfas, como la sorprendió Acteón.[66] Aunque Juvenal dice: *Donde se manda cubrir la pintura.*[67] Pero ¿por qué se van a cubrir las partes que quizá son las más hermosas? Como dice Ovidio: *Las cosas que se ocultan se consideran mejores.*[68] Si permitimos que las mujeres que tienen hermoso el cabello, o el rostro, o el pecho, lleven desnudas esas partes, ¿por qué recriminamos a las que son hermosas no de aquellas partes sino de otras? Pero volvamos al lugar en el que estábamos antes de esta digresión. ¿Qué pretendió la naturaleza al hacer con sumo ingenio tan agraciados los miembros del cuerpo? Creo que con la vejez la hermosura se desflora y, como la uva si permanece en las vides hasta la mitad del invierno, pierde el vigor y toda gracia; y nosotros los varones, por nuestra parte, al ver tantos encantos nos deshacemos de deseo. Así pues, habría sido mucho mejor que la naturaleza no hubiese hecho mujeres hermosas, como hizo con los demás vivientes, entre los cuales no se conoce ninguna diferencia ni elección entre feos y hermosos. Aunque otra cosa dice Ovidio del toro de Pasifae, que según él de entre los jóvenes toros fue el más amado.[69] Y esto pasó también a la costumbre de los hombres. Pues, lo mismo que nosotros, ellas nos siguen con ardientes ojos cuando somos de aspecto agraciado. ¿Y quién negará que los varones y las mujeres nacemos para atraernos mutuamente, sobre todo al vernos inclinados al mutuo afecto, no para otra cosa que para tener una vida placentera pasando la vida juntos, en intimidad? Por Hércules, si todos los hombres y mujeres fueran deformes, como son tus vecinos los esposos Rufio y Catina, consumidos por la edad y la enfermedad, huiría al desierto y evitaría la vista de los hombres como de las serpientes. ¿Qué más? El que no alaba la belleza está ciego o del alma o del cuerpo, y si tiene ojos que se los saquen, porque no se da cuenta de que los siente. Esto en verdad he dicho de la vista y el tacto, y ello sólo de un género.

XXI. Se podrían enumerar infinidad de cosas. ¿Para qué, si no, ha producido la naturaleza oro, plata, gemas, materiales preciosos y valiosos mármoles, si no es para nuestros adornos? ¿Y nuestra mente estará tan en contra de la verdad que dude de esto? Cuando los mismos dioses, para cuya majestad no hay nada lo bastante digno, fácilmente admiten que decoremos sus estatuas con ellos, y nada hay más sagrado para nosotros que los templos. Y de las obras hechas por la mano del hombre, ¿para qué voy a recordar las bellas figuras de mármol y las pinturas, todas ellas magníficas? ¿O acaso tampoco vamos a apreciar la amenidad de los campos, de las viñas y huertos, de la que sabemos por tradición que no sólo los agricultores sino también los hombres principales y los reyes, como Laertes y Ciro, han gozado muchísimo? ¿Qué podría decir de los caballos y de los perros, creados para nuestro disfrute? Siendo así estas cosas, sin embargo, algunos graves filósofos renunciaron a la mirada y por eso fueron alabados por muchos; y a estos, por Hércules, también los alabo yo y digo que han hecho una cosa digna de ellos. Pues esos portentos debieron ser privados de ver si acaso alguna vez tuvieron vista. Y pienso que hay que compararlos con Edipo, más aún, colocados por debajo de él, merecedores como son de no ver ni de ser vistos. Pues nada en absoluto puede decirse o hacerse tan absurdo; y sería de desear que no lo hubieran dicho los filósofos.

XXII. Ahora trataremos del sentido del oído, es decir, de la palabra, y en esto únicamente somos superiores a las bestias; aunque Jenofonte pensó lo mismo de la fama;[70] por su parte, Virgilio dijo que también eso les sucede a los caballos, como vemos en las *Geórgicas*: *si es sensible al dolor de la derrota y a la gloria de la victoria*.[71] De la risa ya hemos hablado. Por tanto, si hablamos de la parte de los varones, ¿acaso tendré que huir tan pronto como, por casualidad, comience a oír a alguna mujer -tal como dicen que fue Cleopatra, de voz melodiosa-, cortando la conversación que alguien había entablado conmigo? Y como el oído no sólo está atento en la conversación, en cualquier sitio donde una chica (pues para mí es mejor su canto el nuestro) cante con voz modulada y cultivada, como la Anfrisia de nuestro Carmi,[72] ¿me taparé los oídos como si fuera el canto de las sirenas? Y si os parece, no estaría mal que escucháramos sonidos desagradables, como los de los martillazos de los herreros, o los de los ríos que se despeñan de los montes, como el Rin y el Nilo; o, hablando de las voces humanas, el llanto y los lamentos. Y si esto te alegra, cada uno se verá obligado a oír su propio llanto. Y tan lejos está el sentir general de rechazar el canto que nos parece que los hombres en nada ni antes ni ahora han puesto más dedicación que a la música. Hay algunos autores que afirman que la música existió como la más antigua entre todos los estudios, de suerte que se presenta como la actividad más antigua dedicada en exclusiva al placer. Y en realidad no otra cosa produce la música si no placer. Y la gran cantidad de instrumentos musicales, conocidos incluso por los iletrados, indica cuánto le gusta a la gente la música; y, si lo creemos, se dice que también impresiona a los dioses. Y los poetas, que se llaman a sí mismos vates de los dioses, cantan siempre para agradar a los dioses o a los hombres o a ambos a la vez. También en aquellos tiempos antiguos se consideraban del mismo modo a los músicos, los poetas y los sabios. Platón en varios lugares, pero sobre todo en la *República* y en el *Timeo,* considera necesaria la música para el hombre civilizado.[73] ¿Qué más? Nuestros oídos son acariciados no sólo por las canciones de los hombres sino también por los cantos de los pájaros. Me callo cuán suave resulta a cada uno su propio canto; y esto lo saben quienes lo han experimentado. Yo mismo, ya desde niño puse sumo interés en esta ciencia, ya sea porque me conducía a la poética y la oratoria, o porque me parecía de gran delicadeza.

XXIII. Así pues, pasemos a los otros dos sentidos, y en primer lugar al del gusto. ¿Para qué voy a enumerar las distintas comidas? De ellas están llenos los libros que tratan de la naturaleza y el arte, no sólo de cocineros sino también de médicos y de algunos filósofos, bien preparados en este tema. Estos libros tratan de animales cuadrúpedos, de aves, de peces, de plantas, y también de la mezcla de ellos; y en esto pasa lo mismo que dije sobre el rostro de las mujeres, que dudamos de cuál haya que anteponer al de otra; pero en los demás sentidos también puede suceder lo mismo. Y por eso en Terencio se dice: "Se te ofrece una comida dudosa".[74] Esto es, una comida en la que dudas qué elegir. Y si alguno se atreve a desaprobar estas comidas, o prohibirlas, pareciera que alaba a la muerte más que a la vida. Por eso, según mi opinión, ya que aprueba ser atormentado por su propio ayuno, pido una y otra vez a gritos que perezca de hambre. Pero muchos son alabados por su parquedad, por su privación de alimento, por su frugalidad admirable. Confieso que así es; pero no son sino los antiguos hombres rudos, incultos, campesinos, casi semejantes a las bestias, que hacían lo que podían pues todavía no conocían las riquezas.

> Cuando la fría cueva le ofrecía su pequeña casa y el hogar y el fuego y el altar de los dioses lares; y acoge bajo la misma oscuridad al ganado y a su dueño. Y la esposa con frecuencia eructando las bellotas con más repugnancia que el marido, ofrece sus seños pata amantar a sus robustas hijos. Y, errante por la montaña, extiende su lecho de follaje, de paja y de pieles de bestias salvajes, cazados a la fuerza.[75]

Sin embargo, estas gentes poco a poco se fueron alejando de aquella vida campesina y con el paso de los días fueron tomando gusto a una más brillante; y el que una vez ponía el pie en cualquier sitio como dueño nunca emigró de su casa. Pero hay todavía hoy algunos que no han dejado aquella vida. Y, pregunto, ¿no son sino los que no pueden ser civilizados, como los garamantes y otros muchos pueblos de la región meridional, que se alimentan de langostas, o los de la región septentrional, de los que dice Virgilio: *y beben leche mezclada con sangre de caballo*? (*Geórgicas*, III, 463). Y es verdad que los Gimnosofistas, a los que habla Jenofonte, y los sacerdotes del Júpiter cretense parecen estar instigados por cierto delirio de locura y como fanáticos y casi diría semejantes a los estoicos que lo hacen todo con una vana jactancia. Los lacedemonios, libres de esta ambición, practicaban la frugalidad no por menosprecio de la comida sin por el amor desmedido a la guerra. Y considero que obran neciamente dos veces: una, porque defraudan su propio genio; otra, porque están propensos a la muerte. ¿Y por qué me voy a sorprender de las costumbres de los espartanos, que son también lacedemonios, que han nacidos inclinados al mal y consideran el robo como signo de destreza; y practican entre ellos los robos como una arte noble; y expulsan de su ciudad el arte de la oratoria? Y lo que dice la gente sobre la abstinencia de Pitágoras lo negaron Aristóteles y su discípulo Aristoxeno, músico y poeta; y después Plutarco y otros muchos. Y lo mismo pudo fabularse falsamente de Empédocles y de Orfeo. Y si realmente estos fueran abstemios, ¿por eso habría que imitarlos sin que se nos diera ninguna razón? ¿Y si lo hicieron para no ser gravosos a alguien? ¿O para que parezca que saben más que los otros; o que no siguen el modo de vida de los demás? ¿Y si no les gustaban aquellas comidas? Pues no comían carne ni algunas otras cosas; y es fácil abstenerse de aquello que no gusta, como hay algunos que aborrecen el vino y por eso se llaman abstemios. De modo que no hay que fijarse tanto en qué hace cada uno, sino por qué razón y con qué rectitud lo hace. Aunque paso por alto que uno para ser tenido por un dios se arrojó al Etna y el otro fue acusado de la mayor desvergüenza. Finalmente, lo que piensen otros acerca de la comida, allá ellos. Pero, en mi opinión, siempre me ha parecido que hablaba muy sensatamente y lo mejor posible aquel que pedía el cuello de grulla para sentir durante más tiempo el placer del gusto, si es que en un larguísimo cuello estuviera el placer más prolongado de comer y beber. ¿Y por qué voy a tener miedo de decir lo que siento? ¡Ojalá tuviéramos no cinco sino cincuenta o quinientos sentidos! Porque si los que tenemos son buenos, ¿por qué no vamos a desear otros igualmente buenos?

XXIV. Pasemos a hablar de los vinos y no habrá un discurso más elogioso que este. Así pues, aquel tan gran elogio del que he hablado antes, en que somos superiores a las bestias, ¿por qué no podemos repetirlo en este lugar? Pues no podemos alabar la risa y de este modo dar gracias a la naturaleza porque también nos dio sobre todo a los hombres el llanto y las lágrimas, aunque Virgilio poéticamente atribuyó las lágrimas al caballo de Palante por la muerte de su dueño: y Homero a los caballos de Aquiles por la muerte de Patroclo. Aunque no niego que el llanto para aliviar el dolor y la risa para expresar el gozo se le han dado solamente a los hombres; pero en otras cosas más importantes de la naturaleza le doy gracias porque la risa, sobre todo, cuando se da es muy semejante al llanto. Por consiguiente, doy muchísimas gracias a la naturaleza por las cosas de que he hablado hace un momento, y quiero juntar las dos y alabarlas con una boca grande y una voz la más alta posible. Pues en estas dos cosas los hombres aventajamos a los animales: en que podemos expresar los sentimientos y en que bebemos vino, este metiéndolo dentro, aquellos sacándolos fuera. Y, sin embargo, no siempre es agradable hablar, incluso cuando lo pide el momento oportuno, ni beber a no ser que los vinos estén estropeados o lo esté el paladar. Estas cosas nos son ofrecidas por la naturaleza de tal modo que la infancia no puede recibir la facultad de hablar antes que la de conocer los vinos; y la vejez antes se olvida de hablar bien que de beber bien. Y de tal modo crece con el paso del tiempo el placer de este don natural, que en Terencio a la vejez se la llama: "la vejez del águila". Puesto que he nombrado esta ave, se me ocurre que alguien podría decir: ¿Acaso no beben vino algunas aves? Y le respondo del mismo modo: ¿Es que no hablan también algunas aves? Pienso que sí; sin embargo, porque lo hacen obligadas y de manera imperfecta, no se dice que hablen propiamente ni que beban vino. Por consiguiente, el beber vino es propio y natural de los hombres como el hablar ¿Con qué elogio seguiré digno de tal bien? ¡Oh, vino, padre de la alegría! ¡Oh maestro de los gozos, compañero del tiempo feliz, solaz del tiempo adverso! Tú presides siempre los banquetes, tú el jefe y rector de las bodas, tú el árbitro de la paz, la concordia y la amistad, tú el padre del sueño más dulce y de las fuerzas en los cuerpos cansados, reparación, como dice tu admirador Homero, tú relajación de los preocupaciones y cuidados. Tú finalmente nos trasformas de débiles en fuertes, de tímidos en audaces, de niños que no hablan en oradores elocuentes. ¡Salud, pues, delicias seguras y permanentes de todas las edades y sexos! Pues, para decir la verdad, aunque de mala gana, con frecuencia quedamos hartos de los banquetes, con frecuencia nos producen hastío, con frecuencia nos dejan saturados por largo tiempo, a veces nos producen mala digestión; a los ancianos no les agradan demasiado. Y en cuanto a la bebida, no importa cuánto ni cuándo tomes, si es sin daño, como se dice, y siempre con placer y tanto en las demás edades como sobre todo en la vejez. ¿Qué, preguntas? Así como vemos que las demás cosas se deterioran con la vejez, estos dones sagrados de Baco, con el paso de los días se hacen más exquisitos. Y si creemos a Tibulo: *Aquel licor nos enseñó a modular nuestras voces en el canto, / y movió nuestros miembros a bailar sin ensayo con ritmo seguro.*[76] Y no sólo los poetas tributan honor a Baco, pues le dedicaron una cumbre del Parnaso y otra a Apolo, a propósito de lo cual escribe Juvenal: *Y fueron exaltados por los próceres de Nisa y de Cirra.*[77] También los filósofos. El primero de ellos, Platón, expresa la idea, en el primero y el segundo libro de la *Republica* y también en el *Simposio*, de que es un estimulante, agudiza del ingenio e imprime fuerza, si la mente y el cuerpo se calientan con el vino. Sería largo hacer una recuento de los hombres importantes en casa o en la milicia, en el ocio o el negocio, cuya nobleza pasó a la posteridad por su buen beber, como Agesilao, o Alejandro, o el mismo Solón, el primero en promulgar leyes; y entre nosotros, a su altura, Catón el Censor, del que en su poesía lírica dice Horacio: *Se cuenta también que con frecuencia se caldeó con vino la virtud del viejo Catón.*[78] Y en cuanto a mí, para la vejez me he procurado este único refugio; y cuando se aproxime la última edad, como fallamos en la comida, en los placeres venéreos y en las demás exigencias, me entregaré por entero a administrar esta provincia del vino. Y por ello en esta rosa subterránea a la que veis que está unida a mi casa, ya hace tiempo excavé una bodega; y, de lo que más me alegro, la he llenado del mejor vino tanto de color como de olor y de sabor. Así pues, en esto lo que haya omitido por imprevisión, (pero, ¿quién puede resumir cosas tan importantes en pocas palabras?), en esto, digo, se percibe una enorme generosidad por parte de la naturaleza. Y si enumerases todas las cosas que hay en el orbe de la tierra, nada encontrarías como el vino, dotado de tanta variedad de color, de sabor, de olor, como dije antes, con lo que al beberlo el mismo color del vino, no digo ya el olor, es una delicia, cosa que no ocurre con la comida. Por eso entendemos que hay que emplear grandes y anchas copas. Esto lo practicaron casi todos los reyes antiguos, como se lee en los poetas; y Mario, por su parte, usaba un cántaro en las fiestas del dios Liber. Y en los banquetes más libertinos, sobre todo al final, se tomaba vino en copas más grandes. Yo sé muy bien cuántas y de qué clase deben ser estas copas. Y si aprobáis mi modo de actuar, tenéis a quién seguir. Os prometo que yo, que en las demás disciplinas puedo considerarme uno de vosotros, en esta seré, si os parece bien, vuestro maestro, tanto de ánimo dispuesto como experimentado en la práctica.

XXV. Entonces Catón, después de que todos se rieron, dijo: "Habrías obrado con más elegancia y más oportunamente si hubieses invitado a todos esos a tus ricas y sagradas bodegas. Pero continúa por donde empezaste pues, si quiero seguir la costumbre, no me está permitido interrumpir tu discurso". Entonces Vegio dijo: "Haré como queréis y deseo que sea de vuestro agrado; ya llevo tiempo con el ánimo entre páteras y cacerolas, y estoy cansado de hablar y a la vez escuchar. Lo que me queda por exponer lo terminaré allí, una vez repuesto y recobradas mis fuerzas. Pero temo que a ti, Catón, hombre severo y estoico, no pueda llevarte a mi banquete, de hombre epicúreo. Sobre todo, porque sospecho que tengas miedo de que, bien caliente con el vino, me vuelva más elocuente, como nuestro Ennio, del que dice Horacio: "Aquel padre Ennio nunca, a no ser bebido, saltó a hablar de las armas".[79] Temes que, en el banquete dispuesto precisamente en mi casa y entre abundantes copas, estos nuestros jueces sentencien mi causa, es decir, la de los placeres, todos a mi favor, y condenen la tuya. Pero, cuidado, por favor, cuidado, no sea que de nuevo hoy, si no les dejas estar conmigo en la cena, te atraigas el callado y ciertamente merecido odio de todos. Y, sin duda, más porque le mostraste la fuente, y a la vez por eso les excitaste la sed, y ahora les prohíbes el acceso a la que les habías mostrado. Y me harás un desprecio si no nos levantamos ya y nos vamos a mi casa. Hace ya casi tres horas que, contra mi costumbre, no bebo nada, y el verano ya ha comenzado. Pero como no quieres, imitaré la abstinencia de los estoicos porque con una sed prolongada beberé con más gusto y porque veo que tú, contra esta severidad, según nuestra costumbre, has querido reírte de mí cuando te mofabas de mis sagradas bodegas. Aunque esto, tomado más en serio, no diré que lo hiciste de mala gana sino en broma". Dicho esto, manda al chico, que estaba detrás de él, diciéndole al oído unas palabras para no ser advertido, que vaya a casa enseguida y calladamente a prepararnos la cena. "Continúa, dijo Catón y deja esas cosa inútiles y que no vienen al caso. Presentaré a estos nobles varones todas mis disculpas pues, según creo, hoy no buscan las delicias de Epicuro. Tu discurso, si fueras sensato, te ridiculiza a ti, no a mí".

XXVI. Entonces Vegio dijo sonriente: "Sigamos y concluiré brevemente con el último sentido; hablo del olfato, al que considero el más delicado de todos, pues donde se percibe uno desagradable, todo lo demás pierde necesariamente su gracia. Hay muchos olores propios de la naturaleza, como el de las flores, el de las plantas aromáticas, el del incienso, nacido en honor de los dioses, el de aquellos vinos a los que aludí antes; y también los preparados gracias a la habilidad de los hombres, como los olores de los banquetes y de los ungüentos. Por eso es costumbre entre no pocos de nosotros, que el que se precie se perfume para presentarse en público, cosa muy digna del varón honorable y bien educado. Y por el contario, nada más despreciable que esos varones, de los que Horacio dice: *Rúfilo huele a pastillas de perfume, Gorgonio despide el hedor del macho cabrío.*[79] ¿Para qué más? Ninguna esposa ni por fea, ni por su conversación desentonada o torpe en el hablar, ni, finalmente, las que han perdido la salud, pueden ser repudiadas; sí, en cambio, las que huelen mal. ¿Y cuanto más debemos ser castigados nosotros los varones, que vivimos en el foro, en el senado, en la magistratura, sobre todo por el defecto, no del cuerpo, como el de las mujeres, sino del ánimo, como Rúfilo y Gorgonio, por llevar nuestro olor desagradable a los demás? Y en esto pecan, como en todas las demás cosas, los estoicos. Pero si alguno por la preocupación de la economía familiar no puede oler bálsamos y los demás ungüentos preciosos, cuiden mucho la limpieza y, lo que no cuesta nada, al ratón peregrino. ¡Oh muy sabios antepasados nuestros! No sólo temían hacer nada que ofendiera al olfato sino también decirlo; y esto también lo prescribe la naturaleza. Pues si juzgamos rectamente, nos repugna sólo el hablar de lo que se opone a este sentido; y mi discurso también se ruboriza de dar ejemplos de estas cosas. Pero los estoicos, como si no tuvieran nariz, no piensan que sea malo el hacer y el decir estas cosas repugnantes tanto en privado como en público, sin duda porque es natural, como dicen, lo hecho por la naturaleza, como los venenos, de lo que hay que precaverse. Pero dejemos a los estoicos con sus malos olores y sus repugnantes dichos. Pregunto: ¿por qué han surgido tantos malos olores? ¿Por qué a los hombres se les ha dado una facultad congénita para conocerlos? ¿Por qué es innata la satisfacción de gozar de ellos?

XXVII. Los demás animales, aunque tengan los mismos sentidos, no se acercan en absoluto a la prestancia y dignidad de los sentidos de los humanos. Pues ellos, como he dicho antes, no conocen la diferencia de la belleza ni saben discernirla: sólo se deleitan con su propio canto o el de su especie; casi carecen en absoluto del tacto; y el gusto no lo tienen adaptado a las distintas variedades de comidas y es confuso, pues no saben elegir la mejor. Finalmente, el olfato lo usan para poder buscar los alimentos que les quedan lejos. Y esta facultad no la tienen todos. En realidad, parece que no todos ellos perciben algún deleite de este sentido.

XXVIII. Y esto sobre los sentidos. Pero no sé qué ha pasado cuando he empezado a disertar acerca de los bienes del cuerpo que el discurso se me ha desviado hacia los bienes externos. Y esto ha sucedido, lo confieso, porque, cuando demostré que la belleza hay que ponerla entre los bienes que producen placer a los ojos, me venían a la mente otras cosas que también lo suscitan: estas cosas eran los bienes externos. Así que he buscado inoportunamente todo placer que se recibe de las cosa externas. Y, sin embargo, no se habría podido proceder más adecuadamente si en realidad las cosas externas producen más placer que los bienes del mismo cuerpo. Pues la belleza ajena es más agradable a cualquiera que la suya propia, como he dicho acerca de las mujeres y los hombres. Y si algunos se deleitan con su belleza o su voz, lo hacen como si fuera algo externo. Pues una y la misma cosa no puede ser continente y contenido: una cosa es el color, otra distinta el ojo; una el canto, otra los oídos; y con el color y el canto se gozan estos sentidos, como se complace la boca en la manzana púnica y la nariz con la rosa. Por tanto, el color y el sonido, tanto los nuestros como los ajenos, se cuentan entre las cosas externas. Pero ni la fuerza, ni la velocidad, ni otras cualidades externas, ni propias ni ajenas, son placenteras para nadie, por lo cual no parece que puedan tener lugar después de la belleza, porque no producen placer. Queda claro que los bienes externos dan placer, pero no los bienes del cuerpo sino que son los sentidos los que reciben placer. Luego alguno se sorprenderá de que a las cosas externas se las llame bienes, cuando ellas son casi los únicos bienes.

XXIX. Sin embargo, los bienes del cuerpo valen para otra cosa, diría más, valen para mucho: por ejemplo, para la alabanza, que es una alegría propia del ánimo, que viene de fuera, de la admiración y de las palabras de los hombres. Y valdrán también para otras muchas cosas. Pues, aunque realmente ellas no proporcionan el placer del cuerpo, sí nos dan algo con lo que se deleitan los cuerpos. Hércules, como nos han contado los poetas, fue considerado el más digno entre los muchos y notables próceres para que se le diera como esposa a Deyanira, porque él era el más fuerte de los competidores. Pero Pélope e Hipómanes consiguieron con su carrera llegar, uno hasta Hipodamía, el otro hasta Atalanta.

XXX. Por lo cual, como he demostrado más arriba, así como la belleza supera a la fuerza, así también los bienes externos están sobre los bienes del cuerpo. Pues he enseñado que la belleza es una cosa externa, pero la fuerza está en nosotros, si bien a muchos les puede parecer que los sentidos son bienes de la salud puesto que sin ellos ni es apetecible ni siquiera puede existir.

XXXI. De cualquier manera que sea, es digno de notarse que, en último término, debe llamarse bien aquello en que concurren las dos partes, la que recibe y la que es recibida, como los ojos y el resplandor, el paladar y la manzana púnica, y lo mismo en lo demás. Por lo cual a la belleza la denominamos correctamente un bien pues procede de estas dos partes como de ambos progenitores, padre y madre. Por último, el ánimo y el cuerpo reciben, los bienes externos son recibidos.

XXXII. De las cosas externas hemos expuesto lo referente al cuerpo. Pero las que corresponden al ánimo son las que he nombrado antes: la nobleza, la familiaridad, el poder, el magisterio y este género de cosas, aunque algunas de ellas redunden en el gozo del cuerpo. Y no tengo ánimo para explicarlas más extensamente porque no proceden tanto de la naturaleza como de los hombres, como aquellas que son bienes del alma: el arte, la ciencia, la enseñanza. Y nosotros tratamos sobre la providencia y el buen sentido de la naturaleza, que, por lo mismo, tantas cosas ha hecho, y lo he expuesto para que se goce de ellas.

XXXIII. Y aquellas cuatro que se llaman virtudes, que vosotros ensuciáis con el vocablo "honestidad" y de la que os apropiáis con vuestra acostumbrada insolencia, no llegan a este mismo fin. Y yo no concedería de aquí en adelante que al cabo sean cuatro las fuentes de las virtudes, como tampoco cuatro los afectos, de los que se disputará en otro momento. Ahora no interesa para nada. La prudencia (pues muy brevemente diré algo de este tema que se ha planteado): para que sepas descubrir las comodidades y evitarte las incomodidades. A propósito de esto dice Ennio: *En vano sabe el sabio que no busca lo que le aprovecha.* La continencia es privarse de algún que otro deleite para gozar de más y mayores placeres. Pongo ejemplos de comportamientos contrarios a la virtud para que el asunto se entienda mejor; como se escribe de Marco Antonio quien, habiendo de entablar combate y estando acompañado por Cleopatra, no pudo guardar abstinencia y por eso quizá fue vencido. Y ella dio a los demás ejemplo y antes de librarse el combate, huyó. Esto es propio de cobardía y fue la causa de la pérdida del imperio. La justicia consiste en granjearse entre los hombres benevolencia, favor y provecho. Y por eso los generales que una vez conseguida la victoria no reparten entre los soldados el botín o los abandonan o los condenan a muerte, como alguna vez hemos visto, son injustos; y para que no suceda esto es necesario observar la justicia. La modestia, que algunos excluyen de las cuatro virtudes, a mi entender no es otra cosa que una suerte de conciliadora de la autoridad y de la benevolencia entre los hombres, como no ser incorrecto en la voz, en el rostro, en el gesto, en el andar o en el vestir.

XXXIV. Ahí tenéis una verdadera y breve definición de las virtudes. Y entre ellas no estará el placer, que como los estoicos, esa clase de gente, los más insultantes de los hombres, murmuran como pájaros, es una meretriz entre matronas honorables. Pero una señora sentada, valiéndose del servicio de sus criadas, manda a esta que se dé prisa, a aquella que vuelva, a la otra que se quede, a la otra que espere.

XXXV. Así pues, no tienes por qué resultarme odioso por una doble cuestión deshonesta: que se aman las cosas deshonestas y se aman más precisamente por el hecho mismo de serlo. Llámalas "deshonestas", como tú quieres, con tal de que conste que la palabra en sí misma no afecte al contenido, como más claramente probaré en adelante. Adujiste muchos ejemplos contra los cuales no hay razón para que entable combate cuerpo a cuerpo. Esto sólo hay que verlo una vez: que todo lo que hicieron los que enumeraste, lo hicieron sólo por un placer, cosa que ni siquiera tú puedas negar. Y para fundamentar mi afirmación, diré que la naturaleza no ha asignado ninguna tarea más importante a los vivientes como la de defender su vida y su cuerpo y evitar aquello que le parezca que le ha de ser nocivo. Ahora bien, ¿qué conserva mejor la vida que el placer, como se da en el caso del gusto, de la vista, del oído, del olfato, del tacto, sin los cuales no podemos vivir, aunque sí sin honestidad? Así pues, si alguien se muestra acerbo e insultante contra algún sentido, obra contra la naturaleza y contra su utilidad.

XXXVI. A veces no es agradable que repruebes o te sorprenda un placer que está fuera de lo normal, cuando nada complace más que la variedad o la rareza. Permanecer de pie, entrar, estar acostado, correr y ejercitar los miembros con unos y otros variados movimientos exigen variedad, pues no podemos soportar ninguno de tales estados por largo tiempo. Así también sucede en los alimentos, que reclamamos ahora lo dulce, luego lo ácido; ahora lo húmedo, luego lo seco; ahora un trozo de carne, luego verdolagas, como dice Plauto. Y lo mismo en las demás cosas. La rareza tiene tanta fuerza que acudimos más deprisa a un parto difícil que a uno en el que la criatura viene bien, o a la ejecución de unos condenados que a un sacrificio, o a unos juegos de manos que a unas bodas. ¿Y ello por qué? Porque aquellas son cotidianas, las tenemos a mano y disponemos de ellas a nuestro arbitrio, mientras que estas, si no aprovechamos la ocasión que se nos ofrece lo más pronto posible, después quizá no podamos admirarlas.

XXXVII. Por lo tanto, dirás, ¿qué pasa si te complacen más tanto la variedad como la rareza, si todo lo mides por el placer y todo lo haces no por el interés ajeno sino por el propio? ¿Acaso cometerías adulterio con la esposa, con la hermana o con la hija de otro, aun cuando él fuera tu amigo o pariente? Si no puedo hacer otra cosa, lo haré, pues no quiero ser destrozado por el deseo ni consumirme o quizá hasta morir. Pero puedes hacer otra cosa, responderás, si induces al ánimo a abstenerte de toda relación sexual. Podría, si quisiera, comer una vez al día; podría conformarse con dormir poco; podría dejarme crecer el cabello y la barba. Pero estas cosas son propias de los estoicos, no mías. Y si me preguntas con más insistencia qué puedo hacer, descubrirás que hasta puedo suicidarme, sin importar si muero de amor o por la espada. Pregunto: si una mujer me complace y yo la complazco a ella, ¿intentarás separarnos poniéndote en medio? Separa a los que están en desacuerdo y a los que se agreden mutuamente, no a los que están de acuerdo y se agradan mutuamente.

XXXVIII. ¿Y qué pasa si cometes adulterio? ¡Odiosa palabra! ¿Y qué pasa, porque ataquemos a los adúlteros, si nos agrada mirar a la naturaleza? Nada importa en absoluto, si la mujer cohabita con el marido o con el amante. Quita, pues, la diferencia del perverso nombre de marido, y habrás hecho una misma cosa del adulterio y el matrimonio. Pues ¿qué otra son el "conyugio", el "connubio" o el "matrimonio", sino que una mujer se une con un varón o se hace madre por la unión con el marido? Y también puede dar estas dos cosas a las mujeres otro que no es su marido. Además, ¿qué otra cosa significa marido sino macho? ¿Y acaso adúltero no significa también macho? Mira, no sea que a veces este sea más macho que el mismo marido.

XXXIX. Aunque, si nos apeteciera vivir de acuerdo a la fórmula platónica, las lindas mujeres serían no de unos hombres particulares, yo diría casi tiranos, sino de la república, es decir, del pueblo mismo y así nos estaría permitido gozar de cuando en cuando de ellas y ellas de nuestros favores.[81] Así habría una sola ciudad, una sola república, un solo matrimonio, y como una sola casa y una familia. ¿Quién pues, querría enojarse contra mí porque me sorprendiese abrazando a su hermana o a su hija, cuando sabe que ella es mi cónyuge y de todo el pueblo? Aunque nadie podría asegurar que aquella es su esposa ni su hermana ni su hija. Nadie, digo, desfogaría su ira conmigo porque abrazara a su hermana e incluso a su hija virgen, ya que el mismo derecho le asistiría a él sobre las hijas y hermanas vírgenes de otros, y sería muy justo que las primicias de la virginidad fueran para aquel que primero se ganara los favores de la virgen y consiguiera este regalo porque ella quiso. ¡Ojalá prefiramos obedecer esta ley de Platón que la ley Julia![82]

LX. ¿Qué digo, Platón? Más: la ley de la naturaleza. Aquella ley Julia es ley escrita, esta ley de la naturaleza es innata. Aquella la hemos aprendido, la hemos recibido, la leemos; esta la hemos tomado de la naturaleza, la hemos bebido, la hemos exprimido de la naturaleza. Para el cumplimiento de aquella hemos sido enseñados, para esta hemos sido hechos; en aquella somos instruidos, de esta estamos imbuidos. Finalmente, aquella es ley civil, esta es ley natural. Y esta ley natural, según mi parecer, muchas naciones sabias la guardan.

XLI. Y si la observáramos también nosotros, no se declararían tantas guerras como vemos. Si Menelao hubiese permitido tener a su hija Helena durante un solo mes al ardiente Paris, no digo ya con la generosidad de los hombres sino con la munificencia de un rey, Paris no se habría sentido impelido a raptarla, no habrían perecido tantos hombres eminentes de Grecia y de Troya, ni la misma Troya. ¿Cuánto, Menelao, habría empequeñecido tu casa una generosidad semejante? No es beneficencia la que cuesta poco (¿por qué el pudor me va a impedir decir la verdad?) pues, aunque llegue a mil personas, no supone ningún menoscabo. Pero tú contribuirás al error de los demás al no ilustrar con ningún ejemplo un asunto privado tuyo. El maestro Platón aún no habría descendido del cielo. Pero quizá si Paris hubiese pedido un mes o quizá algo más, lo habría conseguido. Así lo pienso, por Hércules. ¡Te conozco, conozco tu casa, conozco la generosidad de tu linaje! Por eso justa y valientemente recuperaste con las armas a tu hija que te habían robado; y a Paris le quitaste todo lo que no quería compartir contigo siendo suficiente para ambos.

XLII. Y si esto es así, dirás, que los maridos persigan a los adúlteros. ¿Pero no te detendrá ni el miedo de los castigos ni las represalias de los maridos? Escucho; y por eso tengo prudencia a la vez que continencia, no vaya a ser que me arriesgue a perder lo seguro y nada dudoso a cambio de lo incierto y desconocido, como el ratón de campo de Esopo y Horacio que, una vez conocido el peligro, prefirió la vida rural a la de ciudad,[83] y como hacen también en las demás circunstancias los que necesitan de algún consejo. Por eso yo no me atiborraré de comida hasta la indigestión, o me hartaré de vino hasta la somnolencia. De ahí el nombre de "asotos" [bebedores sin medida], que se retiran de la mesa del banquete, no por sus propios pies sino por manos ajenas, medio muertos como tras un combate. Con razón Epicuro alabó la frugalidad al comer para sentir más placer al hacerlo; y dijo que el hambre es el mejor condimento de la comida y de la bebida la sed. Pero, dirás, no siempre podemos evitar el peligro, porque algunas veces son descubiertos los adulterios. ¿Por qué no le aconsejas esto mismo a los demás hombres? ¿Al general que no disponga su ejército para la batalla, para que no salga derrotado? ¿Al navegante que no se dé a la mar, no sea que naufrague? ¿A vosotros mismos, que por conservar vuestra dignidad, o vuestra fama y, si decís la verdad, vuestra honestidad, os exponéis con frecuencia a la muerte, de modo que han perecido muchos más por estas causas que he dicho que por el placer? Y esto está claro tanto porque vosotros lo admitís, ya que decís que muchos se han hecho desgraciados por ser virtuosos, como también porque lo testimonian los hechos. Y si los romanos libraron tantas guerras por defender la honestidad, mira cuántas catástrofes ha causado. ¿Y, dirás, si uno sorprendido en adulterio es castigado con la pena de muerte o cualquier otra? Te respondo: expía la culpa no del adulterio sino de la falta de previsión, como el general que a veces es hecho prisionero por sus errores tácticos o el navegante que se estrella contra una roca. A estos yo no les excuso, más bien les acuso de necedad. Pero una cosa es dar muerte a uno por necedad y otra acusarle de adulterio. Finalmente, al procurarse los demás placeres que he enumerado, no hay que temer los peligros que dices, ni siquiera tratándose de mujeres, a no ser aquellas que están cercadas por una valla o una fosa para que el acceso a ellas no sea fácil. No obstante, se encuentra un número infinito de las otras para los más espabilados. Pero creo que me he alejado demasiado del tema. Pues ¿qué importa disputar sobre el peligro que también está de nuestra parte? Porque el que se expone al peligro es represible no para vosotros que defendéis la honestidad, sino para nosotros que buscamos la utilidad. Te daré satisfacción hablando un poco más. Dirás: pero el placer con mucha frecuencia es causa de males; por su causa cogemos enfermedades; por él a veces no podemos sanar, por él también morimos. Estás equivocado, créeme. El placer que hay, por ejemplo, en beber agua fría no perjudica al que tiene fiebre, sino la cualidad de frialdad del agua, la cual sin el placer le habría hecho el mismo daño. Yo recuerdo que bebí sin ningún placer (pues a veces sucede que hay agua desagradable), y también hasta la saciedad, contra la prescripción del médico, en el apogeo de la calentura un agua de un sabor agradabilísimo y, bebida con mucho placer, me sirvió para sanarme. De modo que nada puede atribuirse a la dulzura del agua. Por eso hay que concluir que todo placer es bueno.

XLIII. Y, finalmente, no he de preocuparme por nada y, mientras persigo el placer, no miraré a ninguna otra cosa; de manera que ni siquiera guardaré respeto a los sacerdotes y a las vírgenes consagradas, a las que ni siquiera Ovidio se atrevió a mancillar con sus palabras cuando enseñaba cómo conquistar a las mujeres casadas. Pues dice así: *Manteneos lejos, suaves cintas sagradas, expresión de la pureza virginal./ Y vosotros, largos volantes, que cubrís hasta media pierna.*[84] Y no me preocupa lo que dijera Ovidio aunque, según mi opinión, dijo lo contrario de lo que pensaba. Pero yo (mira con cuánta libertad y licencia hablo) establezco lo siguiente: cualquiera que fuera el primero que inventó que el nombre de las vírgenes consagradas había de ser abominado y exterminado hasta el extremo de la tierra, las introdujo en la ciudad. Aunque impongan el nombre de la religión, que más bien es superstición; aunque a estas vírgenes las llamen sacerdotisas y consagradas a Dios; aunque para ello acudan a la autoridad de Pitágoras, cuya hija según Timeo presidió un coro de vírgenes, y a la del socrático Diodoro, cuyas cinco hijas dignas de admiración por su pureza cuenta en su historia Filón, preceptor de Carnéades. Sin embargo, diré lo que siento: más merito para el género humano tienen las putas y los prostíbulos que las vírgenes consagradas a Dios y que observan la continencia.

XLIV. Esta que llamo superstición, lo mismo que sucede en otras muchas cosas, tiene su origen, no en las mujeres, sino en nosotros los varones. Nunca lo habrían hecho ellas, pues en muchas cosas comprenden mejor que los varones –lo que a nosotros debiera darnos vergüenza– y piensan mejor. Ellas siempre han desaprobado estas supersticiones que, sin duda, van en su perjuicio. Creo que fueron algunos ya viejos, que tenían la sangre embotada y las fuerzas extenuadas les enfriaban el cuerpo; o quizá otros frígidos por naturaleza, o, lo que está más próximo a la verdad, tan pobres o tan avaros que, al no querer o no poder pagar la dote, inventaron esta vanidad e imaginaron a una diosa que presidía a las vírgenes: Minerva o Dina, para nosotros Vesta. ¡Cuánto mejor presidirían Venus y Cupido! Conjeturo que dicha costumbre no fue inventada por nuestros antepasados, sino traída de ritos extranjeros. Pero recibimos de buena gana aquellas costumbres que van a nuestro favor, de manera que bien pudo exclamar aquel personaje de Terencio: *Mira que calla la avaricia.*[85]

XLV. Por eso, como abogado de las mujeres, no de las viejas sino de las jóvenes, me gusta reprender y castigar a nuestros mayores (pues no todo lo hicieron santamente). Pero no actuaré como abogado sino como una de ellas, que es llevada al sacerdocio contra su voluntad y habla así en el senado platónico donde intervienen mujeres y varones: "¿Qué pretende, senadores, ese tan cruel rigor contra nosotras, muy desgraciadas niñas, para que nos obliguéis a llevar una vida contra la naturaleza de todos los vivientes y hasta de los mismos dioses? Ningún tormento es más intolerable en la condición humana que la virginidad. ¡Ojalá la naturaleza permitiera que experimentarais durante medio año, con buen estado de salud e integridad de cuerpo, su crueldad! Ahora, creednos por vuestra mansedumbre o, si os parece bien, por qué no preguntáis a estas senadoras, y a vuestras esposas si se acuerdan de cómo fue su virginidad? Yo, en nombre de todas estas doncellas, consciente de lo que quieren, os pido y suplico que nos impongáis, nos inflijáis y acumuléis sobre nosotras cualquier otro castigo y lo aceptaremos. Será leve para nosotras, será leve cavar la tierra, ser zarandeadas por el mar, soportar la milicia. Tendremos por nada todo trabajo, toda lucha. Para nosotras, conservar la virginidad es un tormento para los ojos, para los oídos, para los demás sentidos; también para el descanso, el ocio, el mismo silencio y la soledad. De día y de noche soportamos el sufrimiento en el ánimo y en el cuerpo. Añadir que, si sucumbimos una vez, ya todo esfuerzo tanto pasado como futuro es vano. Aunque, desgraciada de mí, del futuro no puedo hablar sin temor y temblor. De tal modo nos persigue a nosotras, infelices, este cruel y execrable suplicio. ¡Oh dura condición de nuestro sexo! Nuestros maridos pueden tener concubinas impunemente. A las esposas, en cambio, no nos está permitido tener amantes ni siquiera cuando somos ofendidas y maltratadas. Los maridos pueden repudiar a sus mujeres, pero las desgraciadas esposas no pueden repudiar a sus maridos. Es verdad, y demasiada verdad, lo que con frecuencia he oído lamentar entre las mujeres: *La censura es indulgente con los cuervos, ultraja a las palomas* (Juvenal). Estas cosas, sin embargo, de cualquier manera, son soportables; pues la que se duele a causa de la concubina, recibe de vez en cuando el fruto de su marido; y la que es repudiada, vislumbra en el futuro otras bodas. Esto es absolutamente insoportable, es deplorable, esto excede a toda bestialidad. Nosotras, las mujeres, somos impulsadas a la virginidad; los varones, al matrimonio. Pero ¿por qué hacéis leyes que imponen a quien ha pasado célibe la vida hasta la vejez que ni siquiera sea cuidado por respeto a sus canas y que sus bienes sean entregados al erario público; y, si se atreve a quejarse de este trato, le amenazaría una doble pena con este doble elogio añadido: "la naturaleza, así como os impone ley para nacer, así también para engendrar, y os ataron al deber de cuidar a los padres y alimentar a los nietos, si queda algún pudor. Id ahora y pagad vuestro óbolo que enlace con la posteridad"? ¿Por qué, pregunto, senadores, esa santa costumbre no se trasfiere a las mujeres? A no ser que vosotros solos, los machos, seáis seres humanos. Nosotras estamos preparadas igual que los varones para la procreación del hombre mortal. ¿O es que no veis, vosotros, tan sabios varones, que si todos estuviéramos en esta situación qué enorme sería el naufragio del género humano? Ciertamente sería la muerte de la humanidad. Y no hay por qué atribuir a la diosa lo que ella no pide, pues ¿qué hay menos consecuente que, mientras ella está caliente, sus sacerdotisas se congelen? ¿Quieres conservar perpetuamente la religión y las ceremonias de la diosa? ¡Elige sacerdotisas casadas, primordialmente aquellas cuyos maridos sean sacerdotes! Además, les reprendéis como si no fueran dignas de realizar los cultos de la diosa Vesta, cuando deberá ser más fácil por cuanto nosotros mismos les hemos concedido ese honor. Porque, si en algo os atañe la religión o la majestad, ¡volved la vista a los dioses mismos! Lo veis todo lleno de los gozos nupciales; Júpiter con Juno, Neptuno con Salacia, Plutón con Proserpina, Baco con Adriana, Hércules con Hebe, Vulcano con Venus. Paso por alto que Júpiter, en cuanto dependió de él, no soportó que hubiera vírgenes. Minerva se dice que fue la única virgen, aunque los demás dioses se la asignaron a Vulcano. Ella, soberbia y enfadada, puesto que era hija de Júpiter, lo despreció, sobre todo por ser él herrero y cojo. Y ella, indignada, como si ninguno de los dioses fuera digno de tan excelso matrimonio, permaneció virgen. Pues, en verdad, ¿qué más justo podrían decir y hacer juntos los dioses y los hombres que no impedir lo que la Virgen quiere ser, o sea, no verse obligada a lo que no quiere? Nada se hace correctamente si no se hace voluntariamente. Pero diréis: ninguna mujer quisiera ser virgen; luego sabéis lo malo que es aquello de lo que todas huyen. ¡Y yo, por Castor, pienso que ninguna quiere ser virgen! Y por lo mismo, como dije, elegid a las casadas; y a unas y otras, vírgenes y matronas, les haréis agradable la vida, lo cual contribuye a vuestra seguridad y a la majestad de la diosa. No estéis preocupados siempre por si las sacerdotisas se ven a sí mismas impúdicas. Pues, como diré alguna vez, aunque me da vergüenza decirlo, abstenerse es más fácil a los varones que a las mujeres, como comprobó aquel divino y veraz Tiresias. Porque si no es suficientemente fuerte el sexo más fuerte para guardar abstinencia, pongo por testigo a vuestra conciencia, ¿sabréis vosotros cómo podrá serlo el más débil? Y para que no parezca que me pronuncio temerariamente, vosotros mismos manifestáis que ningún varón puede ser obligado a soportar esta situación, a no ser que haya sido castrado o debilitado por alguna bebida. No sé con qué nombre he de llamarlos a ellos. Pues para esta cosa maligna para nosotras también habéis encontrado una palabra maligna: sólo nosotras nos llamamos "vírgenes", como si los varones no puedan ni deban vivir en virginidad. ¿Qué pecado hemos cometido contra vosotros, padres –padres, digo–, que soléis ser tan indulgentes con vuestros hijos? ¿Qué hemos hecho tan reprobable? ¿Por qué crimen hemos merecido este suplicio? Hemos experimentado y soportado en nuestra casa suficientes y hasta excesivas penas a las que antes he aludido, que los varones no suelen soportar. Ya ha llegado el tiempo de, como una primavera, florecer y dar frutos. ¿O acaso os detiene el temor de pagar la dote? Nos contentamos con poco: no pedimos dote. El marido lo será todo. Felices aquellas mujeres de Sicca, felices ellas que, si por tradición no poseen nada, no son obligadas a continencia perpetua en el templo de Vesta, sino que encuentran su dote en el templo de Venus. Vosotros, pues, permitidnos encontrar esa misma dote, o bien marido sin dote, con tal de no ser obligadas a ser vírgenes. Por otra parte, os imploro a todas vosotras, madres, a vosotras mujeres, os imploro en nombre del pueblo, a vosotras, las más desgraciadas, os convoco como si se tratara más que de vuestra pena de muerte: ¡venid, venid, vírgenes, y agarrando a los varones por las manos y por el cuello, clamad o rogad o atacadlos con violencia! Creedme, nadie nos hará daño, nadie nos rechazará: toda la juventud, que es muy fuerte, acudirá en nuestro auxilio contra esos viejos. Aguantemos y luchemos el tiempo necesario para que esta vil ley sea abolida. Afirmo y os prometo que saldremos victoriosas, y en poco tiempo, de este combate". Por consiguiente, si una virgen vestal –no ya que rechazara el sacerdocio, sino que fuera sorprendida en adulterio– se valiera de estos argumentos, ¿quién no aceptaría sus excusas? Si yo fuera su abogado defensor (pues con seguridad lo sería) sin duda la defendería con ese mismo discurso. Y si me sentara como juez en esta causa, no sólo absolvería a la joven, sino que condenaría a la misma Vesta y volvería aquel famoso fuego contra ella y sus templos. ¡Y dudabais de que me atreviera a hablar de las vírgenes consagradas! No quiero decir algo más reprensivo contra los hombres que consideran un honor el sacerdocio de las mujeres. Solo diría esto: que los que lo alaban, o están locos, o son pobres, o son avaros.

XLVI. No ignoro el pensamiento oculto que puede asaltar al oyente, esto es, que no puedes evitar los ojos del pueblo, ni sus oídos, ni su opinión. Yo, para cerrar toda vía a mis adversarios, me comportaré como si algo repugnara a la persuasión aceptada, o como si fuese a ser ofendido sospechando de la benevolencia de los hombres, lo evitaré con la mayor diligencia, no porque aquellas cosas que evito sean malas, sino porque es más importante que seas amado por el pueblo. Muchas cosas pueden hacerse con todo derecho, pero a veces es conveniente, a veces no lo es. Pero se prohíbe hacer las cosas que no han sido aceptadas por la costumbre, como, entre nosotros, comer y cenar, o cuidar de los cuerpos, o tener los ritos nupciales en el patio al aire libre (aunque algunos estoicos no se cohíben de esta desvergüenza, pues son desvergonzados no sólo en palabras sino también en obras). Por el contrario, en el funeral de los familiares nos lamentamos a gritos, nos golpeamos el pecho y el rostro, nos arrancamos los cabellos, nos rasgamos las vestiduras, cosas que son reprobables puesto que son inútiles. Sin embargo, no sólo no conviene reprender estas costumbres sino que hay que imitarlas. Pues no hay que luchar contra el vulgo, como suelen hacer los estoicos, sino ser complacientes dejándolo pasar como a un río rápido. Porque si te abstienes de represiones y reproches, habrás hecho más que suficiente.

XLVII. Pero en las demás cosas actúan conmigo, pues todo lo proyectan mirando al placer, no solo los que cultivan los campos, a los que Virgilio alaba justamente, sino los que cuidan la ciudad, los grandes, los pequeños, los griegos, los bárbaros, no por tener por maestro y y guía a un Epicuro, a un Metrodoro o a un Aristipo, sino a la mima naturaleza. Bellamente lo dice Lucrecio: *Os conduce el mismo placer divino, guía de la vida.*[87] Pues ¿quién se preocupa de la honestidad, como tú confiesas, o la entiende, como a mí me parece? Sería mentiroso si todavía nadie ha podido explicar con suficiente claridad qué es propiamente la honestidad y cual su función, Sirven de prueba las cuestiones sobre los deberes muy enrevesadas y complejas de los filósofos, que en esto piensan de diversa manera. Entonces, ¿cómo va a ser fácil de comprender para los incultos? Ahora bien, incluso los niños tienen claro qué es el placer. ¿Para qué voy a hablar de los hombres? Los dioses, los mismos dioses, no sólo no condenan las cosas que vosotros, rígidos censores, condenáis en nosotros, sino que las practican. Enumeraría, si fuera posible, los concúbitos, los incestos, los adulterios, los que vosotros encontráis más culpables, de Júpiter o de cualquiera de los otros dioses. ¿Dónde están los dioses que desaprueban los coros de danza, los banquetes, los juegos circenses? Catón, respondiendo desde el centro de la filosofía, a estas narraciones las llama fábulas. ¡Sea, que sean fábula! Mira cuánto te concedo. Pero ¿por qué será que los poetas, los más eminentes de los hombres, atribuyen estos comportamientos a los dioses? Será necesario que me concedas otra cosa: o los poetas han dicho la verdad sobre los dioses, o los dioses han sido inventados como los poetas quisieron que fueran. En esto no hay medio. Nadie piensa que lo que es conveniente a los dioses sea indigno e inferior a sí mismo. O, dicho de otra manera, ¿quién se atreverá, no digo a anteponerse, sino a compararse con los poetas Homero, Píndaro u Ovidio, y a reprobar sus opiniones y su vida? Anda ahora y di que la naturaleza se enfurece contra la multitud ignorante, cuando ves que los poetas están inmersos en los placeres o, por otra parte, que recriminan a los dioses sin ira por parte de ellos. ¿O es que la naturaleza es algo distinto de los dioses? ¿O es que acaso la temes a ella, y no a los dioses? Y, siendo así las cosas, ¿no es evidente que todos los escritores, excepto unos pocos e insignificantes filósofos, están de acuerdo en la misma opinión, o sea, que aprueban el placer? Y por eso ensalzaron con tan grandes alabanzas a la primera edad, a la que llamaron *Edad de oro*; y por eso nos la han recordado mezclada con los dioses, porque estaba libre de preocupaciones y llena de placeres. Y todos los pueblos y naciones, cada uno por su lado y todos a la vez, siguieron su opinión, permanecen en ella y así continuarán perpetuamente hasta el fin.

XLVIII. Pienso, en verdad, que si esta disputa sobre la dignidad llegara al sufragio del pueblo, es decir, del mundo (pues esta causa es mundial) y se tratara de conceder el derecho de primacía de la sabiduría a los epicúreos o los estoicos, habría por nuestra parte tan gran consenso que vosotros no sólo hubieseis sufrido la repulsa, sino que os parecería que quedabais señalados con la suprema ignominia. Paso por alto el peligro para vuestra vida en el que vendríais a parar con tan gran cantidad de adversarios. Pues, por los dioses y los hombres, ¿para qué necesitamos la abstinencia, la frugalidad, la continencia, si no es para conseguir entretanto otras cosas útiles? De lo contrario, estas cosas son tristes, feas y casi siempre enfermizas, desagradables para el cuerpo humano, odiosas a los oídos; en fin, un mal que debiera ser arrojado de todas las ciudades a los desiertos y a las más lejanas soledades.

XLIX. Pero, ¿qué estoy diciendo? ¿Pensaré que voy aturdir vuestros oídos con todos los argumentos que he podido encontrar? "En un asunto tan claro, como dijo seriamente Quintiliano, que argumentar es tan necio como añadir una débil luz al refulgente sol". Baste por nuestra parte con lo dicho. Ahora, Catón, veamos lo que te corresponde a ti decir. Y nuestra exposición también se verá apoyada con la tuya.

LIBRO II

PROEMIO

Entre todas las cualidades del discurso, que son innumerables, la abundancia, que en griego se dice *euporión*, es en mi opinión la más importante, pues hace inteligible el asunto de que se trata y lo pone ante los ojos. Es la que reina en las pruebas y en las refutaciones, la que influye en el ánimo de los hombres, la que exhibe todos los ornamentos, las luces, las riquezas del discurso. Ella es la que arrebata al oyente y de nuevo lo devuelve a su estado de ánimo sereno. Es la que está más cerca de las demás cualidades. Pero hemos de recordar que es tal la condición de las cosas, que generalmente lo más grande es no solo lo más difícil sino también lo más peligroso. Verás, en efecto, que no pocos que han admirado la existencia de esta abundancia que digo en cualquiera de los más importantes autores y han querido imitarla han caído en una fea locuacidad. Pues ella es la insistencia en los argumentos y la redundancia de los ejemplos, la repetición de las mismas cosas; y estas sinuosidades del discurso se adhiere a todo lo que aparece como un defecto, de manera que no sé si es más inútil o más torpe. Así pues esta clase de discurso difuso y sinuoso es difícil retenerlo en la memoria y causa malestar en los oídos de los oyentes a los que, sobre todo, hay que evitarles el aburrimiento. A esto hay que añadir que, cuanta más abundancia, con mayor diligencia hay que cuidar el orden: como se dice en el bien conocido proverbio, "la confusión es compañera de la multitud". Y cuán perniciosa es esta confusión se ve claramente en la vida militar, pues los ejércitos desordenados son un obstáculo para sí mismos; de tal manera que es imposible que venzan al enemigo los que primero tiene que luchar contra sí mismos. Así pues, el que quiere parecer que habla con abundancia debe tener dos cualidades muy difíciles: una, que diga sólo lo útil, no sea que vaya al combate con la caballería, los soldados rasos, los cocineros; o sea, que coloque a todos en su propio lugar: aquí los soldados de primera línea, aquí la caballería, aquí la infantería ligera, aquí los honderos, allí los arqueros; y que disponga el ejército de acuerdo al lugar, al tiempo y a la situación de los enemigos, que es lo más hermoso del arte del mando de un general. ¿Qué pretendo al repetir esto desde el principio? ¿Sin duda dejar claro que quiero seguir elogiando la abundancia (pues qué voy a pretender cuando es vergonzoso desesperar de poder alcanzar alguna cosa)? Por el contrario, quisiera pretenderla para no caer en el defecto de la redundancia que, si siempre hay que evitarlo, aún más en estos tiempos. Pues ¿cuándo terminaría, si quisiera seguir hasta el fin todo lo que está en tela de juicio en esta materia y pensase que tengo que responder a todas las objeciones? Sabiendo que se han escrito infinitos libros sobre esta materia y que el pleito está todavía "sub iudice", como dice Horacio; ni siquiera toda la filosofía, cuya falta de consenso ha producido tan variadas escuelas entre los filósofos; de ahí han surgido los académicos, los estoicos, los peripatéticos, los cirenaicos y otras muchas familias, como los ríos que nacen en el Apenino y luego se dispersan. Así lo dice Cicerón en una causa con abundantes argumentos: "No hay que pretender tanto la abundancia como el método del discurso". Por lo cual pienso que hay que hacer el discurso de manera que no se omita lo que pensamos que viene bien para inculcar e ilustrar el tema y a la vez no apartarse de la brevedad, que es buena amiga de los oyentes.

Y si pareciera que no se han dicho cosas que se podrían haber dicho, es mi parecer decir lo más necesario y lo demás no tanto omitirlo como, con el sentido de los antiguos, dejarlo al juicio de los hombres. Como suelen hacer los que pagan gran cantidad de dinero, que no lo cuentan por lo que dan a los que lo reciben sino que lo pesan; y los que tienen grandes rebaños de ganado no cuentan en el número de cabezas las pequeñas crías, pues piensan que es suficiente llevar la cuenta de los animales mayores y las crías ya van incluidas con sus madres. Por lo cual quiero que queden avisados principalmente los que lean este libro de que si alguna cosa de lo general, importante y semejante a lo dicho para la confirmación de aquello que me parece que no pudo llegar a explicarse, procuren indagar y aplicar lo especial a lo general, lo menos importante a lo más importante, lo semejante a lo semejante; y piensen que donde hay más cosas que podrían haberse dicho que las que de hecho se han dicho, siempre ha sido suficiente hablar así para que la prudencia del que ha de juzgar pueda determinar, por lo que ha oído, qué es lo que deba seguir; y escuche al orador que hace un discurso breve antes de agotar la paciencia de los oyentes.

Así debe ser agradecido más que digno de reproches el discurso que estoy haciendo para los que en su honor y respeto he hablado brevemente. Pues, en lo que se refiere al orden, he trabajado tanto para ordenar los argumentos encontrados como para hacerlo en abundancia, si bien el orden es por sí mismo el mejor maestro para la "invención" y para la abundancia de argumentos. Y si no los exponemos con sumo cuidado, suele correrse gran peligro, pues lo superfluo se escucha con aburrimiento, lo desordenado no se entiende y, como he dicho, los dos defectos se obstaculizan mutuamente. Del mismo modo que comete más errores el general que, sin saber cómo organizar su ejército, conduce a la batalla a sus soldados mezclados y tomando cada uno la posición que le viene en gana que aquel otro que incluso lleva el caos de su campamento al orden de los soldados en el combate. Y si no he podido evitar estos dos defectos que he querido evitar atribúyase en parte a mi impericia y en parte a la misma dificultad de este cometido Ciertamente, ni el mismo Aníbal, el más grande general de los cartagineses, al cruzar los Alpes, que hasta entonces no había cruzado nadie, no pudo evitar perder, por lo agreste del lugar, gran parte de sus soldados, la mayor parte de sus elefantes y hasta un ojo. Pero volvamos al orden establecido y continuemos con el plan del discurso y de Vegio.

I. Lo primero, cuando ensalzabas la honestidad con muy honoríficas alabanzas, cosa que se te da bien, y enumerabas a los antiguos tanto griegos como romanos, por favor, te pregunto, ¿cuáles de ellos son para ti los más estimados y admirados? No hay duda de que los que más pelearon por la honestidad. ¿Y quiénes son estos? Sin duda los que se preocuparon más por la patria, como tú mismo parece que has querido demostrar al enumerar aquellos que han hecho méritos por la república. De nuevo, ¿quiénes son los que más se han preocupado por la patria entre los que has citado, bien sea nominalmente o en general? Es decir: Bruto antes que Publícola, Decio que Torcuato, Régulo que Manilio; pues estos tuvieron más dispuesto el ánimo que sus colegas de consulado, y por eso ocupan un más alto lugar de honor. Por tanto, si hablamos de estos más importantes, en los cuales está todo el quicio de la controversia, luego no será necesario disputar sobre los inferiores. Así pues, tratemos primero de la fortaleza y después de las demás virtudes, si fuere necesario.

En efecto, en la fortaleza parece haber un campo más amplio para el progreso de la virtud y un explícito ejercicio contra los placeres. Y sabemos por tradición que se han ejercitado en ella los que hemos citado antes, además de otros. A estos, como he dicho, tú los elevas a los cielos; yo, en cambio, por Hércules no veo por qué hayamos de decir que han obrado bien y que sirvan de ejemplo a los demás. ¿Qué trabajos, qué daños, que peligros, en fin, qué muerte no he de rechazar, qué premio, en fin, me propones? Me responderás: la incolumidad, la dignidad, la grandeza de la patria. Asi pues, ¿me propones este bien? ¿Me remuneras con esta paga? ¿Me aconsejas ir al encuentro de la muerte con esta esperanza? Y piensas y dices que de no obedecer no sería meritorio para la república.

Pero mira qué grande es tu error, si hemos de llamarlo error más bien que malicia. Nombras magníficos y espléndidos premios, de salvación, de libertad, de grandeza, pero luego no me das ninguno, y estoy tan lejos de conseguir estos antes de morir como de perder los que hubiera conseguido. Pues ¿qué le queda a quien se ofrece a la muerte? Dirás: ¿acaso la muerte de esos no redundará en un bien para la patria? Es verdad. ¿Acaso la salvación de la patria no es un bien? No lo sé, si no me lo demuestras. ¿Acaso la ciudad, una vez liberada del peligro, goza de paz, de libertad, de ocio y de abundancia? Está bien, hablas correctamente, estoy de acuerdo contigo. He aquí por qué la virtud es elogiada tanto y elevada hasta las estrellas, porque nos da las cosas de las que está hecho el placer.

Y esto es lo que hicieron aquellos con fortaleza, gracias a los cuales la patria alcanzó la seguridad y la grandeza. Así pues, los que aumentaron la seguridad y la grandeza de la patria, ¿son los únicos que quedan excluidos de esos mismos bienes? ¿O necios, vosotros los Codros, los Curcios, los Decios, los Régulos y los demás muy esforzados varones, finalmente habéis alcanzado por vuestra divina virtud el ofreceros a la muerte, y habéis quedado defraudaos en lo que concierne al premio de vuestra fortaleza y de vuestros esfuerzos? Sois verdaderamente semejantes a las víboras, que tras parir a las crías se quedan ciegas; sería mejor para ellas no haber parido. Así, vosotros buscáis la muerte de buena gana para que otros no perezcan; y estos a su vez tienen tal disposición de ánimo hacia vosotros que piensan que no deben aceptar trabajos por vuestra dignidad. No acabo de entender por qué alguien quiere morir por la patria. Tú mueres porque no quieres que muera la patria, como si al morir tú no muriera para ti también la patria. Pues así como para el ciego la luz son tinieblas, del mismo modo para el que se extingue con la muerte todas las cosas se extinguen con él. ¿Temes perder la patria, como si no pudiésemos vivir si no es donde hemos nacido? A veces, es más fácil pasar la vida fuera del solar natal, cosa que han hecho muchísimos sabios; por no citar a otros, los mismos más importantes seguidores de la disciplina estoica, Zenón, Cleantes y Crisipo. De donde perdura aquel dicho tan célebre: "Mi patria está allí donde estoy bien"; por eso muchísimos prefirieron morir por la verdadera patria que vivir en la que no lo era. Y aquel muy sabio varón antepuso su patria, Ítaca, enclavada en las escarpadas rocas, como un nido, a la inmortalidad. Pero, dirás, esa no es la verdadera patria. Como si estas cosas fueran verdaderas, que no lo son, omitimos más ejemplo, que, por otra parte, tenemos muchos a nuestro favor. Fijémonos en el razonamiento. ¿Qué quieres decir con la palabra "patria"? Sin duda, una ciudad, o sea: hombres, sobre todo hombres, pues una ciudad sin ciudadanos es algo que no hay que desearle más que a un cadáver. En fin, ¿quiénes son los más queridos entre los ciudadanos? Sin duda, los padres, los hijos, los cónyuges, los hermanos y gradualmente los demás. Por tanto, si ninguna razón humana me mueve a desear la muerte por estos que he nombrado, ¿debo morir por los demás y anteponer mi salvación a la ajena? Pero, dirás, es mejor el bien de muchos que el de uno solo. Eso creo. ¿Debo, pues, morir por diez bárbaros? Yo incluso preferiría liberar de la muerte a diez mejor que a uno y, si obrara de otra manera, con tal de que fueran iguales las personas, obraría mal. Pero yo debo salvar a más de cien mil. Para mí, mi vida es un bien mucho mayor que la de todos los hombres. Pues nadie debe morir por uno u otro ciudadano. Luego tampoco por un tercero que añadamos, ni por un cuarto, ni un quinto y así hasta el infinito. ¿Cuándo empieza aquel dicho "es honroso morir por los ciudadanos"? Asimismo figúrate, por el contrario, que una ciudad tiene mil ciudadanos. Es honroso morir por mil, dirás. ¿Qué pasa, si quito uno? Sigue siendo honroso, dirás. "Quito uno y luego otro", como dijo Horacio,[89] hasta quedarme con uno. De ahí resulta evidente que no hay que morir ni por mil. Pues, ¿qué más perverso puede decirse o pensarse que alguien es para ti más querido que tú mismo? Todos han de preferir el bien para sí antes que para otro, no sólo al huir de los peligros de la vida, sino también cuando hay que alcanzar los bienes de la fortuna. ¿Y, si tuviera opción, preferiría que mi padre, a quien amo, por Hércules, con amor único, fuera rey antes que yo? Con su permiso digo que me antepondría a mí a él, como él se antepondría a mí, aunque me llame "su vida". Pues aquello que dijo Lucilio: *Hemos de pensar primero en los beneficios de nuestra patria, luego en los de nuestros padres, después en los nuestros,*[89] tiene más valor expresado al revés: primero los nuestros, luego los de nuestros padres y finalmente los de la patria, es decir, los de los demás. Dirás, ¿no darías tu vida por la patria? Si has de hacer esto, que es muy honesto, aunque con ello no consigas ningún beneficio, nada te ha de mover. "Pero la honestidad no pide para sí ningún premio. Ella misma es el mejor premio". No he visto nunca opinión más absurda que esta. ¿Qué quiere decir eso de que la honestidad misma es el premio para él que la practica? Supongamos que lo hago con valentía. ¿Por qué lo hago? ¿Por la honestidad? ¿Qué es la honestidad? Obrar con fortaleza. Esto parece un juego de palabras, no un mandato; una chanza, no un consejo. "Obraré con fortaleza para obrar con fortaleza, iré a la muerte para morir". ¿Acaso esto es un premio, una recompensa? ¿No confesarías paladinamente que la honestidad es una cosa imaginaria que no puede encontrar ninguna salida? Por Hércules, si alguien en un entorno coloquial hablara así: "corre para correr, anda para andar", todos se reirían de él a carcajadas. Entonces, ¿qué harás con quien te aconsejase aceptar los trabajos, los peligros y hasta la muerte, y ofreciera como premio esas mismas cosas? He aquí al buen general que sabe exhortar a sus soldados: "¡Vamos, con ardor entrad en combate, compañeros de armas, luchad valientemente! Después de la victoria no tendréis ninguna paga". O también: "Las mismas heridas o la muerte serán vuestro mejor premio". ¿No serán unos insensatos, tanto el general que hablara así a los soldados como estos si creyeran que eran dignos de tal premio? ¿Acaso aquel famoso Eneas de Virgilio, incitó a sus compañeros como esos filósofos a soportar las dificultades con fortaleza?

¡Compañeros, ya hace tiempo que no somos ajenos a desgracias
Habéis sufrido trances más penosos. Un dios pondrá fin también a los presentes!
[...]
Recobrad vuestros ánimos, desechad el temor que os contrista.
¡Quizá os alegre recordar algún día estos trabajos!
Sorteando tan diversos azares por entre tantos riesgos,
vamos encaminándonos al Lacio, allá donde los hados nos deparan
un albergue seguro. Allí el reino de Troya podrá surgir de nuevo.
Tened ánimo firme. Reservaos para tiempos felices.[90]

II. Los estoicos emplean el mismo razonamiento en los demás asuntos. Afirman que se atienen a las mismas recetas de la medicina en todas las enfermedades. ¿Alguien ha perdido las riquezas o el poder o cualquier otra cosa parecida? He aquí que se presenta el primero de todos, con cara compungida, un estoico y le dice al afligido para consolarle que hay que soportar todas las desventuras humanas; que la fortuna puede concedernos sus bienes, a condición de recuperarlos como un préstamo; que a muchos le han acaecido cosas de esta clase, y las han soportado sin inmutarse; que es inútil lamentarse; que hay que llenar el pecho de fortaleza. Cuando esto dices, estoico, veo que tienes la voluntad de curar, pero no la facultad. Pues un veneno no se cura si no es con la medicina contraria. ¿Quieres quitarle al hombre la enfermedad del ánimo? Muéstrale con qué puede alegrarse, muéstrale los deleites, la alegría, el gozo. La honestidad manda no lamentarse ni alegrarse. ¿Qué otra cosa es eso que ser de mármol? De manera que con justicia puede llamarse a los preceptos estoicos la cabeza de la medusa, que convierte en mármol a los hombres que la miran. ¡Oh siempre necia disciplina la de los estoicos! Si no podemos ni dormir ni estar en vigilia, tampoco podremos ni dormirnos ni alegrarnos. Puesto que esa doctrina quiere liberarnos de toda angustia, hace lo correcto, aunque no puede conseguirlo. Pero en esto peca porque no promete nada. Si yo fuera llamado a socorrer al que sufre una desgracia, le aconsejaría lo mismo que un estoico. Pues a mí también me interesa muchísimo, no porque sea propio del ánimo débil ser vencido por las adversidades (ya que también esta palabra es discutible), sino para que no se aflija; y también para que el pernicioso dolor no aumente en el cuerpo; y para que no cometa el error de afligirse por la alegría del amigo y por la tristeza del enemigo; y para que algunos no atribuyan a un vicio su inútil y excesivo sufrimiento. Después le aconsejaré que vuelva su ánimo a otras cosas en las que pueda encontrar placer. Por último, que espere pacientemente; las recetas de los médicos nada aprovecharían a los cuerpos dolientes si las curas prescritas por ellos para expulsar la enfermedad no fueran aplicadas debidamente; del mismo modo, no tendrían ningún efecto los consuelos aplicados al ánimo enfermo, si no se le proponen algunos placeres. Por consiguiente, Agamenón obró muy bien cuando, obligado a devolver a Criseida a su padre y por eso sintiera una terrible tristeza, se preocupó de arrebatar a Briseida, que era casi tan bella como Criseida, a Aquiles, por quien Agamenón había sido obligado a devolver la suya, para (por así decirlo) sacar un clavo con otro calvo, y atemperar así el deseo de la amiguita perdida con el consuelo de la otra.[91] Puede decirse lo mismo frente a las demás adversidades. Pero, en gracia a la brevedad, pasemos a otra cosa para volver al plan que hemos propuesto. Si el discurso de los estoicos es inútil para consolar a los afligidos, ¿piensas que puede impulsar a alguien a sufrir tribulaciones como son trabajos, peligros y hasta la muerte?

III. Tú, sin embargo, tratarás esto conmigo con argumentos de autoridad porque no puedes hacerlo con argumentos de razón, puesto que, además de los que han sido citados, vemos que ha habido muchos que han pensado que no había que evitar las muchas calamidades que nos acarrea la honestidad, entre ellos Catón, Escipión y sobre todo, Lucrecia. Ciertamente estos ejemplos no me conmueven y puedo censurar dichos hechos de acuerdo a la ley de los estoicos. ¿Tú piensas que obra con fortaleza cualquiera que soporta continuamente las dificultades de la vida, y no sólo no rechaza aceptar la muerte que se le presenta, sino que se ofrece a ella? Son los que soportan muchas más dificultades que los piratas, que siempre están cerca de los peligros, o son como los ladrones que unen los días y las noches con el miedo, o como los peores siervos, que prefieren ser atormentados cada día que corregirse? Y en cuanto aquellos que se suicidaron, para no demorarme con muchos ejemplos, me conformo con la ley aquella que mandaba dejar insepultos a los que se habían puesto las manos encima, salvo si su causa había sido llevada al senado. Por esta ley se puede entender que muchos se dieron la muerte sin motivo, entre los cuales quizá están, si uno lo piensa con detención, los tres que hemos nombrado antes. Pero no quiero obrar así para no parecer que pretendo exhumarlos y dejarlos insepultos, ofendiendo a nombres tan eminentes. Pero ¿qué ofensa es para los muertos carecer de sepultura? Por consiguiente, ¿qué hemos de decir? ¿Que ha querido morir por la honestidad? Ni mucho menos, sino por el placer. ¿Cómo? Porque si uno no puede aspirar al placer, al menos le es posible escapar del dolor. En efecto, Catón y Escipión, cada uno por sí mismo, entendía cuán desagradable había de ser para él (fíjate en la insensatez) el ver a César reinando en Roma, puesto que uno y otro lo tenían por enemigo y verían no sólo a César sino también a todos los cesarianos instalados en el poder más alto y ocupando los cargos más importantes. Los pompeyanos, en cambio, de los que ellos habían sido los principales, de caer vencidos y prisioneros tendrían que soportar la insolencia de los vencedores.

Y todo esto me parece que lo expuso claramente Demóstenes, cuando era su maestro Platón, y dijo: "Incluso el que piensa que es hijo de la madre patria, se entregará a la muerte antes de verla como esclava". Escucha el motivo: "Pues la ofensa y la infamia que hay que soportar cuando la patria está sometida es más temible que la muerte". Así Catón y Escipión, al sufrir los reveses de la fortuna prefirieron el consuelo de la muerte a la vida. Con qué fortaleza, ya lo he dicho antes. Aunque, según mi opinión, habrían obrado mucho mejor no dando la espalda a la fortuna sino teniéndola como servidora; sin embargo, muchos hacen que la fortuna sea aciaga con ellos. Esto lo dijo Virgilio bellamente:

Sigamos los hados a donde nos llevan y nos traen.
Sea lo que sea, hay que vencer a la fortuna soportándolo.[92]

Y en otro lugar:

Tú no cedas a las adversidades, adelante, con más valentía
adonde te llame tu fortuna.[93]

Y por eso, en otro lugar reprende a los que se dan muerte a sí mismos siendo inocentes:

Los que se dieron la muerte con su propia mano siendo inocentes
detestando la luz exhalaron su alma,
¡cuánto desearían elevarse al puro aire
Y ahora soportar penurias y duros trabajos![94]

Tampoco el mismo Bruto, considerado entre los primeros filósofos, en su libro *Sobre la vida feliz* aprueba a Catón, su tío y suegro, que murió de ese modo, al que consideraba, y así lo dijo, el mejor de los hombres. Sin embargo, no reprendo a todos los que se suicidaron, puesto que esa ley que he mencionado antes confiere potestad para darse la muerte, si antes hubiesen llevado su causa al senado. Acerca de Catón y de Escipión, sólo esto quería decir.

IV. Y de ti, Lucrecia, ¿qué voy a decir? Aunque sé que fuiste una mujer seria, me atrevería a afirmar que ni siquiera habías oído qué es la honestidad. Pitágoras, la primera golondrina de los filósofos, todavía no había volado a Italia, todavía no había sido vista ni oída. ¿Quién, entonces, te enseñó la castidad, una castidad tan tétrica? ¿Acaso habías conocido a Dido, la que fundó Cartago? No lo creo, ni tampoco que envidiaras su gloria. Luego, ¿qué motivo te impulsó, te precipitó, te lanzó a esa audacia ejemplar? Supongo que el pudor que reina entre las mujeres! Y que de alguna manera eso saliera a la luz pública, se difundiera cierta obscena murmuración sobre ti y el prístino esplendor con el que andabas con la cara alta y erguida se convirtiera en una obscena fábula. Si este temor no te retuviese y estuvieras convencida de que nadie iba a descubrir tu secreto, ¿no te habrías atrevido a confesar que recibirías a tu amante, y este vendría con más frecuencia? Cuando eras virgen, toleraste a un hombre con ánimo sereno y tranquilo. Ahora que no lo eres y has experimentado lo bueno que tiene el coito, ¿rechazarías a un amante si no tuvieras miedo de tu reputación o temieras por tu vida? ¿Y a qué amante? No digo muy noble, muy rico, buen conversador, fuerte, sino joven y guapo. Pero tú le acusas de maldad. Lo admito. Pero

> tú, madre, también fuiste cruel; ¿fue la madre más cruel o más malvado el niño aquél? Malvado fue aquel niño; tú, madre, cruel también. [94]

Y ahora, para concederte generosamente algo que no es verdad, diré que preferiste morir a engañar a tu marido; pero esta es una mala razón. Lo hiciste obligada. No merecen ni alabanza ni vituperio las cosas que hacemos obligados a hacerlas. Figúrate que no lo haces obligada. ¿Te espanta este crimen? Créeme, te equivocas: no es un crimen, sino un riesgo. Asegúrate de que tu marido no llegará a saberlo. Entonces no engañas al marido puesto que le engañas con cautela. "¿Le engañaré como a mi Colatino?", dirás. ¡Ah, campesina, aunque hayas nacido en Roma! ¿Eres tan inexperta y tan crédula que crees que Colatino se conforma sólo contigo, sobre todo cuando está en el campamento, lejos de casa? Mira a Sexto, al que no le basta con la suya. Es muy justo que vosotras imitéis a los maridos, como ellos hacen, que complacen a otras mujeres (pues son todos iguales). "Pero mi marido, en realidad, guardaba la santidad del matrimonio". Luego si no la guardase, ¿tú tampoco la guardarías? "Yo no digo eso, sino que él ha sido tan bueno que le debería mi fidelidad y castidad". ¿Acaso corresponde a la fidelidad del matrimonio suicidarse si al hacerlo atacas a todo matrimonio y su fidelidad y lo destruyes absolutamente? Él te hizo el daño, tú lo recibiste. ¿Por qué te persigues, loca, como si fueras tú quien lo hiciera? ¿Por qué tratas de pagar por el daño que crees que haces? ¿Por qué tu misma restañas la herida recibida por tus propias manos, de modo que tu culpa ya sea mayor que la de Sexto? Él empleó la violencia con otro; tú, contigo misma. Él se valió de ti al tratarte según la costumbre del marido, tú abusaste de ti misma como de un enemigo. Él no empleó ningún arma de hierro, sino su cuerpo; tú blandiste una espada, que acostumbran a usar las mujeres, y no contra él sino contra ti misma. Él para nada cometió una ofensa contra tu cuerpo, tú te mataste. ¡Salvaje, cruel, persigues tan pequeña culpa con tan gran suplicio! ¿Recomendarías honradez a una pequeña esclava tuya, que llevando una vasija y al tropezar con uno que pasaba por allí la rompió y por eso se precipitó en el pozo mismo del que sacaba el agua, para no ser reprendida por ti y tu familia por haber roto la vasija y derramado el agua? No se causa mayor daño, si quieres juzgar con rectitud, si es violada tu castidad, con tal de que no se sepa, que si se ha roto una vasija llena de agua. ¿Por qué dudas de si tienes que darte la muerte, cuando has obrado bien? Ninguna matrona romana ha seguido tu ejemplo.

V. Tratemos asimismo de otros que no han observado la honestidad sino algo distinto. Mucio, como entrase en el campamento de Porsena con ánimo de matar al rey, habría podido esperar muchos beneficios de su hazaña, puesto que veía que Horacio Cocles había sido galardonado por su insigne hazaña y estaba en la cumbre de la fama y del reconocimiento. Y no tienes por qué decir que fue a matar al rey sin esperanza de volver sano y salvo, y que tampoco pudiera escapar de manos de los enemigos, una vez que el asunto se complicó. Porque, aunque había sido hecho prisionero, no le dieron muerte, cosa que habría podido suceder, según era costumbre, si hubiera asesinado al rey, o incluso más. Sin embargo, ¿qué le impediría esperar refugiarse en lugar seguro, una vez cumplido el plan? Cuando hubiera visto que el mismo Horacio había evitado un peligro mayor, que luchando contra todo el ejército de Porsena no pudieron ni hacerlo prisionero ni matarlo; y saltando desde un puente, lloviéndole las flechas de todas partes, cargado con los bagajes, escapó nadando. Hay además otras razones por las que puede que fuese motivado para hacerlo, como son la indigencia de la familia, la carencia de las cosas necesarias para la vida, la situación calamitosa de muchos allegados suyos, cosa que podrá parecer más triste que la misma muerte; no sé si también la gloria posterior a la muerte. Y en cuanto a aquello que se ensalza pregonándolo muy alto porque se quemó su mano con increíble paciencia, pues lo hizo para no perder la vida y engañar al enemigo; y eso es lo que sucedió.

VI. También los Decios, tanto el padre como el hijo, viendo que su ejército estaba cediendo, prefirieron perecer por él que con él, y conseguir la gloria antes que caer en la ignominia; lo mismo que con frecuencia han hecho los piratas, los ladrones y los gladiadores, queriendo así dejar fortuna a sus hijos antes que sin nada. Su nieto de algún modo les imitó en la guerra que libró contra Pirro.

VII. También a Régulo, como nos cuentan algunos importantes autores, los cartagineses pusieron veneno en la comida, no del que hace efecto enseguida, sino del que se difunde por las entrañas lentamente, lo cual atestiguó él mismo en el senado. Así, no pudiendo sobrevivir por mucho tiempo, compensó el perjuicio de su breve vida con gran cantidad de cosas agradables, como dar la dote a su hija, o la fama. Además, otros muchos pudieron ser los motivos de aquel hecho, incluso que no hubiese bebido el veneno; pero solamente me referiré a dos, además del que han pensado muchos: que le daba vergüenza vivir en cautiverio. El primer motivo es que temía ser víctima del más grande odio a causa de los prisioneros devueltos, o por la victoria que ya tenía en las manos y todos esperaban, él desconfiase que la guerra durase demasiado tiempo, o que vencieran los cartagineses o que él fuera hecho prisionero de nuevo. Comprendía Régulo que todas estas cosas, que estaban al arbitrio de la fortuna, él no las podía controlar. El segundo motivo era que podía ser tan grande su odio a los cartagineses que pudiera pactar su vida por el destierro a que se vería obligado por ellos. Esto ocurrió mil veces, pero será suficiente con un ejemplo. Escucha lo que de Domicio dice Lucano, el que menos miente de todos:

> La muerte, sin embargo, aparecía ufana en medio de la matanza de tantos hombres eminentes que, insaciable, hacía el guerrero Domicio, que cae gozoso por sus mil heridas y se alegra por no verse sometido a un segundo perdón. [96]

Escucha la palabra del mismo moribundo, llenas de insolentes injurias, contra César que le está escuchando:

> Todavía no has alcanzado el funesto premio de tus crímenes, tu destino es dudoso, César, y es inferior a lo que espera tu raza. Viéndolo me voy libre y seguro, conducido por un gran jefe, hacia las sombras de la Estigia. Te someterá el cruel Marte y, por el mal que nos has hecho a Pompeyo y a mí, pagarás con duras penas. Es agradable esperar todo eso mientras muero. Y sin poder pronunciar una última palabra, expiró. [97]

Y si Domicio rehusó el beneficio de la vida que le ofrecía César (¡qué gran hombre, por no decir gran ciudadano!), ¿qué hay de sorprendente en que a Régulo le repugnara el aceptar la salvación de manos de los cartagineses, enemigos encarnizados y vencidos en una guerra muy justa, él, que podía haber recibido más castigos de los enemigos y más gloria de su patria que Domicio? Aunque ¿quién tiene claro que quizá Régulo no esperaba ya nada de la vida, y que volvió a Cartago donde vivió como en un suplicio? Yo, en cambio, veo por qué fácilmente concibió alguna esperanza. Y es que se trataba de un asunto de dignidad de los cartagineses el que Régulo fuera retenido sin daño alguno o lo devolvieran a los romanos como un regalo y así ablandar a los vencedores con ese beneficio antes que exacerbarlos con injurias y provocaciones. Y si Régulo hubiese previsto tal insensatez y locura (los que quieran, que me contradigan), habría permanecido en su casa y ciertamente, se habría ahorrado el tener que pedir disculpas.

VIII. Podría hablar de Codro, de Meneceo, de Sócrates, de los saguntinos, de los que quedaron rodeados en la nave de Opitegio, y de otros muchos. Y es que la mayor gloria de los hombres valientes está en la muerte. Pero mi razonamiento ha de ser breve. Baste con lo dicho hasta ahora: que todos los que han estado dispuestos a hacer méritos honrosamente por la patria han sido inducidos por la esperanza de un premio. Y puesto que la honestidad no puede dar ningún premio, no hay por qué nadie haga algo movido por la honestidad ni deba hacerlo. Y con esta hay que estar en desacuerdo como con el general que no da la paga a sus soldados. A esto se oponen todos aquellos filósofos que afirman que la gloria es la paga de la honestidad, y ciertamente una paga excelente, la mejor posible y permanente, del mismo modo que la infamia es la paga de la deshonestidad. Este premio, el más noble y duradero, es el que movió a hacer méritos por su patria especialmente a los que he nombrado antes: Mucio, los Decio, Régulo y Codro. De aquí Platón, el sol de los filósofos, dijo a Dionisio: "Cuando nosotros hayamos muerto, los hombres hablarán de nosotros. Por eso no tenemos que menospreciar el tiempo venidero, sino preocuparnos de él".[100] Ahora bien, vemos que en realidad esto lo hace también la naturaleza, de manera que cualquiera de los más ignorantes no se preocupa de cuál será la opinión que de él se tenga en el futuro. Al contrario, los sabios y los hombres buenos lo hacen todo teniendo en cuenta que piensen bien de ellos los siglos futuros. Y, con nosotros, el mismo Virgilio le dedicó a Júpiter estas palabras cuando dijo:

> Cada uno tiene su día,
> un tiempo breve e irreversible.
> Todos disponen de sus propias vidas.
> Pero alcanzar la fama con sus hazañas es obra de la virtud.[98]

Y en otro lugar:

> Ellos quisieran cambiar la vida por la fama.[99]

Y también Salustio, al principio de las *Catilinarias,* dice: "Como la vida de que gozamos es breve, conviene que prolonguemos nuestra memoria lo más posible".[101] Y Cicerón: "La vida de los muertos descansa en la memoria de los vivos".[102] Y Quintiliano dice de Sócrates: "Alcanzó la memoria de todos los siglos con el breve perjuicio del último momento de su vejez".[103] Lejos de mí el reprender a esos autores cuando dicen los que sienten. Pero en nuestros tiempos hay muchos otros que nos aconsejan seguir lo que ellos rechazan. En efecto, nunca faltan maestros que enseñan como desde un lugar más elevado. ¿Por qué, pues, ínclitos varones, tenéis miedo de desear la muerte por la patria común, cuando siempre hemos de celebrar vuestra fama y siempre habéis de ser vencedores en nuestra gloriosa memoria? Recordad a aquellos esforzados varones: Temístocles, Epaminondas, los Escipiones, los Marcelos, los Fabios y otros innumerables que fueron excelentes y reciben ahora grandes honores. Quisiera traer aquí a uno de estos maestros al que responderé del siguiente modo: ¿Por qué no reprimes esa lengua ventosa? ¿Acaso me hablas de una muralla y aconsejas y me estimulas a que luche no sólo valientemente sino a que ponga en gran peligro mi vida? ¿Piensas que alguien ignora por qué haces esto? En realidad, para alcanzar un reino, riqueza y otras cosas útiles. ¿Por qué, más bien, no luchas para ti mismo? ¿Por qué no te preocupas de alcanzar la gloria? Pero, sin duda, tienes cosas de la vida más queridas que la gloria de la muerte. Por consiguiente, cuando a ti, que eres maestro de los demás, te importa poco la gloria, ¿me vas a reprender porque yo no me atreva a lo mismo que veo que tú temes? ¿Y no, más bien, te avergüenzas de lo que alabas con las palabras y condenas con los hechos? Tal vez yo perezca y tú vivas: yo, tendido en tierra, derramando mi sangre por las muchas heridas recibidas mientras tú gozas de satisfacción por mi muerte; ahora bien, una vez muerto y sepultado, me encomendarás a eterna memoria por la palabra hablada o escrita o por cualquier otro título de insigne memoria. Anda, ve y muere tú, y yo te encomendaré a la memoria de los hombres. Pero supongamos que esto nos lo aconseja alguno de aquellos famosos antiguos, y sobre todo uno de los que murieron por la patria y ha vuelto de los infiernos. Sea este aquel joven insigne, Curcio. ¿Qué le responderemos? ¡Dioses bondadosos!, algo fácil y verdadero. Si lo hiciste por la gloria, tu acción ya no debe ser llamada honesta. Pero "la gloria es compañera de la honestidad y por eso *honestas* ha tomado su nombre de *honor,* es decir de gloria", tratas de convencer admirablemente. Queda claro que no procede la honestidad del honor sino el honor de la honestidad y la gloria, de manera que la honestidad por sí misma no es nada, como en realidad no lo es. Por consiguiente, Epicuro consideró elegantemente honesto lo que en el lenguaje popular es glorioso. Pues καλòν, en griego, en latín se dice *pul-*

chrum (bello); y *honestum* (honesto) es casi lo mismo que *honoratum* (honorable). Pues las cosas bellas, como dice Virgilio, llevan en sí mismas un cierto honor: *Y por sus ojos exhalaba gozosos honores.*[103] Y en otro lugar: *Descubierta su hermosa cabeza,*[104] es decir, bello y honorable a la vez. Por lo tanto, "honesto" se dice derivado de la belleza y el honor. Por eso nuestros mayores quisieron que estuviesen juntos el templo de la Virtud y el del Honor, de manera que en aquel estuviera el deber, en este el fin, en aquel el trabajo, en este el fin del trabajo, y aquel había de ser rechazado si no se hubiera alcanzado este. Obra, pues, de modo que la honestidad sea algo y la gloria sea su compañera. ¿Y si la honestidad, la princesa y señora, no tiene ningún poder por sí misma, hemos de pretenderla como esclava y servidora? No me atrevo a decirlo, ni quisiera siquiera que haya sido dicho. Todo deseo de gloria procede de la vanidad, del engreimiento y de la ambición. ¿Qué otra cosa es, entonces, querer sobresalir de los demás o ver a los otros como menos importantes, lo cual es un semillero de discordias, de odios, de envidias? Por el contrario la comunidad y la igualdad entre los hombres son el germen de la benevolencia y la paz. Como afirmé antes, esto que he dicho valga por lo no dicho.

IX. Pero devolvamos a Curcio a su sepulcro donde están su alma y su cuerpo, o más bien ni uno ni otro, y no le hagamos vivir, oír y hablar. Pues esto podría ir en contra de nosotros, que pretendemos que la gloria tenga tanto valor cuanto es posible; sin embargo, nada puede ofrecer a Curcio, es decir, a todos los que han muerto por la patria. Así, no sólo careceréis del título de la virtud sino también de la gloria que decís que es la compañera de las buenas acciones. En realidad, no se puede buscar la fama después de muerto. Entonces, ¿qué le importa a un difunto aquello que ni siquiera siente? Tú cantas mis trabajos, mis habilidades, mi deceso sobre mi sepulcro acompañado de la lira o de la cítara, y mis oídos no oyen nada. Estoy en boca de todo el pueblo, y mis miembros se van disolviendo poco a poco. No llegan a mí esas cosas más que los lirios, las rosas y otras flores esparcidas sobre mi sepulcro. No levantan mi cuerpo tendido, no me dan placer, no me agradan. No tienen sentido estas alabanzas al alma separada del cuerpo; son deleite de los vivos más que de los difuntos. Cuánto valor tenía para los estoicos que estas ceremonias se hiciesen con seriedad. Ciertamente, todas estas cosas son bienes de los vivos; aunque pareciera que se les ofrecen a los muertos, son los vivos los que gozan de los sepulcros magníficos o de las estatuas de mármol, que no son el ornato de los que están muertos sino de los descendientes de la familia, que están vivos. Y cuando menciono las estatuas, pienso sobre todo en Gorgias, a quien los atenienses, por decreto público, le erigieron una estatua de oro en el Gimnasio, cosa que antes no se había hecho con nadie. Haz como si Gorgias ignorara este honor público. ¿Hemos de pensar que, además, alcanzaría alguna felicidad o algún bien? De ningún modo. El ánimo y el cuerpo son los que sienten los bienes. En fin, ¿acaso lo que no le afecta al que vive lo hará al que no vive? Imagínate que en una estatua no hubiera ninguna inscripción ni testimonio, tal como la hay en el escudo de Minerva, de Fidias. Esto le sucedió a aquellos a los que evocó Esquines en el discurso contra Ctesifonte,[106] en cuyo honor, de regreso al hogar tras vencer a los medos, se erigieron estatuas de piedra en un puerto imaginario, sin inscripciones. ¿Qué honor creemos que se le concedió a aquellos hombres que ni el pueblo sabía quiénes eran? O bien, para hablar de muertos, ¿qué bien se le añadió a Hamodio y Aristogitón, libertadores de Atenas, que murieron hace tiempo, porque Jerjes, después de tomar la ciudad, trasladara sus estatuas de bronce a su reino, y que después de pasado un largo periodo de tiempo, Seleúco se preocupó de volver a ponerlas en su primitivo lugar; y que, finalmente, los rodios, llevándolas a su ciudad, las acogieron públicamente con hospitalidad e incluso las colocaron en sus sagrados altares? ¿No sucede acaso que se honra a las estatuas pero ellos carecen de honores? De tal manera que es más deseable ser estatua, que es venerada más que el cadáver, y este más despreciado que todas las estatuas. Por tanto, he de exclamar: ¡Oh, preclaro bien de la fama después de la muerte, que si lo atribuimos a las piedras, estas parecen ser felices! A no ser que quizá estemos de acuerdo con Virgilio cuando dice a Palinuro que se alegre en los infiernos, porque el promontorio en el que había sido cubierto por las piedras había de vocear su nombre, y otras cosas semejantes.[107] Pero esta noticia no tiene ninguna fiabilidad, puesto que ni Eneas descendió nunca al infierno con la Sibila, ni Palinuro fue nunca capitán de la flota troyana, o en cualquier caso no dio su nombre al monte, ni Virgilio pudo conocer las cosas que suceden en el infierno, ni puede probarse que este exista en absoluto También ignoro cómo puede ser que el mismo autor afirmara en otro libro que los honores de la sepultura y los funerales en nada afectaban a los muertos, cuando de Palante, que había muerto, dijo:

> Nosotros, no acompañaremos, dolientes en vano,
> con diversas honras fúnebres a este joven sin vida,
> que ya nada debe a ninguno de los dioses celestes.[108]

Y de esta ya sea opinión o ya sea expresión de autoridad, por estas palabras se deduce, cosa que ocurre con mucha frecuencia, que en los demás poetas, que ensalza con las más grandes alabanzas a los que no fueron nada, como Niso y Eurialo, Pandauro y Bicías, Palante y Lauso, a los que hay que hay que añadir a

Lucrecia. ¿Quién en su sano juicio diría que estos son felices con la celebridad y la fama, en la que parece que los encontramos cuantas veces hojeamos a los poetas? La misma razón hay en cuanto a los difuntos, para los que es lo mismo no existir ahora que no haber existido nunca. En verdad, cuando veo que alguno es honrado sin nombre, o con uno falso o desconocido, o simplemente después de haber realizado acciones famosas, pienso que no es el hombre sino que, en último término, es la virtud la que es honrada en el hombre. ¿Hasta cuándo disimularé? ¿Hasta cuándo temeré decir la verdad? No se ha inventado el honor de las estatuas, de los sepulcros, de las exequias y otras cosas parecidas para los difuntos con más sabiduría que para los demás animales. Y, para no hablar del caballo Bucéfalo de Alejandro, del perro de Jantipo, del mosquito de Virgilio, del papagayo de Ovidio y de otros muchos que hemos leído, yo mismo he visto estos dos versículos en una inscripción en una lápida de mármol blanco en un pueblo de la Galia ulterior:

> Pequeño Labor, tienes pequeña casa
> Porque tenías un nombre insignificante.
> Por eso tu inscripción es breve
> y confórmate con un breve poema.

Vayamos adelante y envidiemos las inscripciones lapidarias de los perros. Tampoco hemos de escuchar a ciertos hombres, no dementes pero que están demasiado ávidos de esta honrilla, que dicen: "Aunque no nos importa qué se dirá de nosotros después de muertos, sí nos interesa prever que dirá de nosotros la posteridad. Y si es así, preocupémonos de que no quedarnos fríos, no nos pudramos, no nos consumamos después de muertos Y si se precisa nuestra previsión, también afirmo que debemos prever nuestra fama para el futuro". Pero una y otra cosa son necedades, pues los sepultados no perciben ninguna molestia ni ningún placer. Y callo que frecuentemente no llega la gloria que esperamos; por tanto, hay que decir que ha sido necia la alegría y el cuidado que hemos puesto. Pues si en el sueño, que es lo más parecido a la muerte, no tenemos conciencia de la fama, ¿la tendremos en la muerte, que es el sueño eterno? De los que así piensan hay que decir que están completamente dormidos o muertos. Aunque en este lugar otro puede gritar: "¿Qué haces, infeliz? ¿Por qué te consumes en un trabajo inútil? ¿Por qué rechazas ciegamente tantos goces de esta vida por la memoria futura de tu nombre? Hoy morimos, mañana caerá el silencio sobre nosotros. Nadie se acordará si no es de los presentes; se olvidará de los pasados, mientras espera los deleites futuros. ¿Quién se acuerda de Camilo Cincinato, de Papirio, grandes generales? ¿O de tantísimos otros, por faltarles escritores que hicieran pasar sus nombres a la posteridad? Tú, que has soportado tantas dificultades, que has guardado tantas vigilias, que has hecho tantas cosas, que no has rehuido ni siquiera la muerte, ¿tienes esperanza de estar en boca de los hombres cuando ves que los mismos reyes y grandes príncipes son arrojados a las eternas tinieblas del silencio? Te pregunto, por favor: ¿quién fue el quinto, quién el cuarto, quién aun el tercero que gobernó el Imperio romano? Pregúntale a la gente. No saben responder ni siquiera del segundo; y si alguno supiera de cien mil, los recordará como en sueños, como algo en lo que nunca piensa. Y no es verosímil que tan grandes príncipes no hicieran en su vida nada digno de memoria, sea bueno o malo. Pero lo que hicieron, todo fue sepultado junto con su dueño. La edad sucede a la edad. Cada una es solícita para sí misma, y no conoce lo que hicieron sus predecesores y ni siquiera se preocupa por conocerlo, y, si lo conoce, o lo juzga mal o no se admira mucho, pues sucede casi siempre que alguno quita la visibilidad a los demás con su excesiva fama, de manera que es mejor no figurar en absoluto en la fila que estar entre los últimos. Como sucede en el colegio de los senadores, de los oradores, de los juristas, de los médicos, que están más bajos en indignidad que lo que llevan consigo de dignidad. En suma, para decir lo que pienso, os pongo por testigos, dioses que presidís el cielo, la tierra y el mar, si se me diese la posibilidad de elegir no daría más importancia a la fama póstuma, después de los hados, de Rómulo y Numa Pompilio, que a la de cualquier ganadero desconocido del que no se tiene ningún recuerdo; o lo que es casi lo mismo, no daré mayor importancia a la fama de aquellos que a la de Tarquinio, y (hablaré con más audacia) que a la infamia de Tersites y Simón, y, si lo hubiera, de alguien más despreciable que Tersites y Simón. O de aquel que, cuenta Teopompo, prendió fuego al templo de Diana de Éfeso, de modo que, como no pudiera hacerse famoso con ningún hecho digno de alabanza, consiguió pasar a la posteridad con este hecho detestable. Pero este y aquellos, aun alabados por su muerte, fueron evidentemente necios, y más necios aquellos que habrían podido vivir más felizmente que aquel hombre sorprendente de Éfeso, a los que una razón sin sentido, o más bien la locura, los impulsó a la muerte. Del hombre muerto sólo queda el nombre, que no es parte del hombre: ¿por qué te empeñas en honrarlo, cuando no importa nada para la conservación del cuerpo? A no ser que sientas la fama, que es cierto sonido procedente de boca ajena, cuando no sientes tu cuerpo, sin el cual, es decir, sin los oídos, no puedes percibirla. Mejor hacen aquellos que, como se dice en un verso griego, se niegan a rechazar que, una vez que ellos hayan muerto, llegue la deflagración de toda la tierra". He dicho esto contra los que ambicionan la gloria después de muertos.

X. Entonces, ¿qué? ¿No hay tener algo en cuenta al menos la fama de los vivos? No te contestaré con Juvenal: *¿Qué puede ser la gloria, si sólo es gloria?*[111] Pero diré que no es fácil conseguirla y que enseguida desaparece; y, por otra parte, ni siguiera se puede comparar en una mínima parte con nuestro placer. Pues, como se dice, no usamos en muchos más lugares el agua y el fuego que el placer. Aunque mires para otro lado, está siempre a punto y nunca se echa en el olvido; en último término, nunca ni nadie tiene vida sin el placer. Pero ¿qué estoy diciendo, incauto de mí? Recapitulo mi discurso: afirmo que la gloria no es nada y luego digo que es una gran cosa y apetecible, solo si se admite que es una especie del placer. Pues si no es una especie de lo honesto, lo cual nadie niega, se sigue que lo es del placer: no hay una tercera posibilidad. Pues cuando, entre vino y guirnaldas de flores, yo alabo a mi amiga bella y graciosa, ella oyendo mis palabras se siente orgullosa y se llena de placer, así también tú, según costumbre de una mujercilla, no diré ya de una putilla, te llenas de gozo con los rumores y las vocecillas del pueblo. Si ciertamente Demóstenes (contra mi voluntad, por Hércules, hablo aquí de oradores, pero si juzgamos con rectitud nada hay ofensivo en contra de él), Demóstenes, digo, como oyese a una mujer que pasaba decir susurrando a otra: "Ese es el famoso Demóstenes", él se sintió alagado y con muchísima razón. Con frecuencia me ocurre a mí lo mismo cuando estoy entre mujeres, no por mi facilidad de palabra, de la que estoy lejos, sino por el sentido del humor que me viene más de la naturaleza que del arte. Por consiguiente, ¿cuántas veces podemos pensar que se ha dicho: "este es el famoso Merodo, este el famoso Aristipo, este el famoso Jerónimo y este el famoso Epicuro", y ello no sólo con admiración, sino también a veces con benevolencia? ¿Y qué decir de los filósofos? Temístocles, que no renegaba de sus instituciones, y era a la vez un gran general, dijo que escuchaba aquella voz con mucho agrado porque con ella se proclamaban muy gratamente sus alabanzas. Por Júpiter y los demás dioses, creería que muchos eran admiradores de Sardanápalo más por el estilo de vida que llevaba que por el hecho de ser rey. Y esto no lo dijo Simo, personaje de Terencio: "¿Veo quizá una jovencita de figura y rostro tan serio y tan bello a la vez que quizá no hay nada más bello?" ¿Acaso este elogio no hay que anteponerlo al que dije antes de Demóstenes? Aquí alaba un viejo la belleza de una mujer, allí una mujer la elocuencia de un viejo. Por consiguiente, si una meretriz cualquiera puede gozar de la gloria, ¿no vamos a admitir que esta forma parte del placer?

XI. Pero si un quisquilloso quisiera distinguir entre la fama buena y la mala, no añadiría nada, pues la fama determina la regla de la honestidad, que ya hemos demostrado que no es nada. Y, la verdad, no me preocupa el que alguien diga que muchos autores han expresado opiniones contrarias; creeré más a los ejemplos que a la reglas, más a los hechos que a las palabras. Pues veo que nadie ha elegido nunca de qué modo iba a ser famoso, con tal de serlo. Aunque cualquiera que hace algo con esperanza de recompensa, ciertamente se aparta de lo honesto, bien sea soportando algo o haciéndolo con fortaleza, como he dicho antes, o bien, lo que es más común, ejerce algún tipo de libertad. Pues ¿qué significan la magnificencia de los ediles, los arcos de triunfo, los teatros, los juegos ofrecidos al pueblo y otras seiscientas cosas por las que los príncipes de las ciudades quisieron hacerse un gran nombre y lo consiguieron; y por eso se llamaron "populares", no porque fueran del pueblo sino porque le habían caído en gracia al pueblo? Y si pesamos estas cosas en la balanza de los estoicos, serán reprensibles (¿por qué ellos no las reprenden?); pero si las pesas en la de los populares, parecerán dignas de gloria. Y semejante a esto es lo que vemos que se hace en la actualidad en muchas ciudades, que se apacientan osos en público, como sucede en Berna, leones como en Florencia y Venecia, perros como hacían los reyes del otro lado del mar, águilas, como en la ciudad de Águilas, y otros animales por el estilo. Todas estas cosas las hicieron para ser famosos y, a mi juicio, valen para resaltar la magnificencia de los hombres. En cambio la diligencia pervertida de los estoicos llega a tal extremo, que no enumeran entre los hombres famosos ni a Filipo, ni a Pirro, ni a Alejandro, ni a Aníbal, ni a los demás generales que hicieron la guerra con la esperanza de la gloria; como si los historiadores hubieran escrito sobre estoicos y cínicos y no sobre reyes y generales. Y para referirnos un poco a los estudios literarios, pregunto: ¿qué pretendían los poetas con tantos sacrificios de día y de noche? Ciertamente la gloria, no la honestidad sino la gloria; y todos confiesan que se han esforzado para conseguirla. Y para sobresalir de los demás, Ovidio habla no sólo de sí mismo sino de todos los poetas:

> ¿Qué se pide a los dioses
> sino sólo la fama para los poetas?
> A este deseo dedicamos todos nuestros trabajos.
> Y después se enorgullece por haber alcanzado la gloria.
> Mi nombre es enaltecido en todo el orbe.[110]

Ahora el poeta se gloría de haber alcanzado la fama:

> Mi nombre resuena en todo el orbe.[111]

Pero ¿en qué libro escribió Ovidio estos versos sobre la gloria de los poetas? En el más licencioso de todos sus libros, titulado *Arte de mar,* para que comprendamos que con este libro y otros semejantes esperaba alcanzar la cumbre de la fama, tal como sucedió. Y, en realidad, ¿qué otra cosa es la fama sino la proclamación de las cosas extraordinarias, que se consuman cuando se añade la benevolencia de los que las elogian y de los que las escuchan? Y aunque puede conseguirse que se difunda más de un modo o de otro, sin embargo los que consiguen fama en grado menor tienen también su propia dignidad. Pues no sólo celebramos a los autores épicos; están también los líricos y elegíacos, como Calímaco, Alceo y Safo entre los griegos, Horacio, Tibulo y Propercio entre los romanos, quienes, aunque hablan de cosas un poco vergonzosas, son tenidos en gran aprecio. "No todos lo podemos todo". Es más, no todos lo queremos todo, ni a todos nos deleitan las mismas cosas. Como dijo Persio:

Cada uno tiene su querer,
y no se vive con un único deseo.[112]

Y Horacio:

En fin, no todos admiran ni aman las mismas cosas.[113]

Así pues, cada uno goce del placer que quiera, con tal de que no caiga en el vicio: a los que les gusta lo dulce que gocen con lo dulce, a los que lo ácido, con lo ácido, con tal de que siempre tengan en cuenta la salud. Por esto que he dicho debe entenderse qué pienso yo de los que por la fama caen en la infamia, como sabemos porque lo hemos leído, que fue el caso del "soldado fanfarrón".[114] De esta clase hay hoy muchos, como este nuestro Parquinio, poeta absurdo, que a su juicio es de voz tan armoniosa que sólo se pospone a Homero y sólo durante mil años. Si está presente, todos le ensalzan con grandes aplausos, pero cuando se retira del escenario se ríen de él a grandes carcajadas. Teniendo en cuenta esto, fácilmente admito que se puede llamar a una verdadera fama, a otra falsa, a una buena, a otra mala.

XII. No reduzco la gloria a los vivos, como hacen mis deliciosos estoicos, que la ubican sólo en los hechos y los dichos ilustres, pues se encuentra en los bienes de fortuna, por empezar por aquí, y en los bienes del ánimo y del cuerpo. Bienes de fortuna son la prosapia, los reinos, los principados y las magistraturas; bienes del ánimo, la memoria de Mitrídates, del ladrón Cineas y, para ser breve, el ingenio de los poetas, y de los demás escritores; bienes del cuerpo, la belleza o la fuerza de aquellos que he nombrado antes, y también de las mujeres, como Helena, Políxena y Friné, para que así aparezca claro que las Taidas, Crísidas, Báquidas y las demás sacerdotisas de la diosa Venus, si son bellas, no se las excluye de la dignidad de la gloria, cosa que sí ocurre con las barbas de los chivos, quise decir de los estoicos, que se esfuerzan en conseguir la gloria, aunque ellos lo nieguen, pero nunca pudieron conseguir que alguno de ellos fuera digno de la fama. Y esto les sucede con razón y con toda justicia. Pues ¿qué motivo tienes para que, si no haces nada por la fama, que es cosa del consenso del pueblo, prefieras buscarla entre muy pocos, o no buscarla en nadie antes que en la multitud? Como si pudieses estar solo sin la compañía de los hombres y hacerte famoso con el único testigo de la muda soledad. En esto los oradores han actuado excelentemente; entre ellos, cuanto más es uno aprobado por la multitud, tanto más es considerado en el número de los mejores oradores; y eso es lo que expresaron los rodios después de escuchar los discursos de Esquines primero y luego los de Demóstenes. Sin embargo, los estoicos no buscan la gloria de la muda soledad ni la de su conciencia; ahora bien, cuando no pueden conseguirla por el camino recto, la persiguen por caminos tortuosos. Tuberón, aquel ridículo estoico,[115] cuando, por otra parte, tenía buena reputación entre la gente, al verse señalado con el rechazo y hasta la ignominia, se retiró de la actividad pública; y cuando dio un banquete al pueblo romano con ocasión de la muerte de su tío (este era Africano el Joven), puso en lugar del triclinio unos pequeños lechos cartagineses y copas samias en lugar de las de costumbre, que eran de plata; según dijo Cicerón: "como si no honrara la muerte del Africano, hombre divino, sino como si el muerto fuese Diógenes el Cínico".

XIII. Añadamos ahora que la fama de la que estamos tratando es no sólo gozo para los oídos y, por así decirlo, busca un fruto poético, sino también algo más. Pues ¿por qué nos alegramos de ser considerados buenos o justos o hábiles? Es decir, que buscamos la autoridad y la fidelidad. ¿Y para qué? Para que los demás digan de nosotros: "es fuerte, es valiente, pongámoslo como general en nuestras guerras. En la administración es diligente, hábil, íntegro; ¿a quién si no a este encomendaremos con seguridad la de la república? Sobresale en prudencia y elocuencia: lo pretenderemos para nuestro partido, para que sea a la vez nuestra defensa y nuestro ornamento. A esto, a esto, digo, se dedican los ávidos de gloria. Y de esto se pueden aducir no muchos, sino infinitos ejemplos. Pero pongamos sólo uno, por cuanto es necesario. Cayo César buscaba la elocuencia y la popularidad como nadie. ¿Qué pretendía? ¿La honestidad para defender el derecho del pueblo romano? De ninguna manera (los hechos lo prueban), sino lo que consiguió, esto es, llegar a la suprema dignidad y al más alto poder. Y esto puede probarse también a la inversa. Nadie aborrece la infamia ni el deshonor porque tema la deshonestidad, sino para no ser el ludibrio de los demás, para no ser odiado, para no perder la confianza, para no ser sospechoso a todos, para, en fin, no poner en peligro su vida, como les sucedió a Marco Escauro y Publio Clodio (hay otros muchos semejantes a estos), los cuales, siendo uno un hombre ávido de riquezas, el otro un vicioso, sin embargo procuraban aparecer como honestos y moderados ciudadanos. Por eso dijo el muy sabio Quintiliano: "Nadie es tan malo que quiera parecerlo". De todos estos ejemplos se deduce que toda gloria tiene como fin el placer, como toda huida de la infamia pretende evitar el malestar del ánimo.

XIV. Pero tampoco paso por alto, excelentísimos varones, que esperáis que trate en este lugar lo que sobre la justicia puede ponerse en discusión y por mi parte estoy deseándolo, puesto que primero he disertado sobre la continencia y la modestia, después de la fortaleza, y le toca ahora a la justicia. Pues no hace falta que digamos muchas cosas de la prudencia, que de algún modo es servidora y precursora de las demás virtudes. Y en esta cuestión de la justicia, tengo que resolver una objeción muy importante; y tengo que rechazarla como los veteranos y los soldados de primera fila de un ejército. Si todas las cosas hay que medirlas por el beneficio que procuran, como son las riquezas, el poder y la gloria y la utilidad de todas las demás cosas, que es lo mismo que el placer, se seguirá (dicen los estoicos) que han de verse eliminadas las virtudes de la clemencia, de la beneficencia, la severidad, la gratitud, la santidad; y a la vez, como si fueran derruidos y derribados los claustros de la justicia, una vez abierta la puerta entrarán todos los crímenes en tropel. Y es que de aquí nacen todos los espolios, de aquí todos los fraudes, las traiciones, las injurias, las ofensas, las muertes por las que el género humano se entrega a su propia perdición. Pero esto es tan ajeno a nuestros criterios, que nadie hay tan salvaje y despojado de la condición de hombre que no quede nada de bueno en él y en el que no esté como sembrada la simiente de la virtud, de manera que haga algunas cosas no para provecho propio sino por honestidad y sin ninguna apariencia de utilidad. Aníbal, cruel y pérfido capitán, sepultó con honores militares a Flaminio y a Marcelo, que eran sus encarnizados enemigos y habían muerto en la batalla; buscó con gran interés a Paulo entre los cadáveres para darle sepultura; envió a su patria los huesos de Graco, después de haber inhumado sus cenizas con honras fúnebres; conservó muchas ciudades y castillos que había tomado por las armas y no las destruyó. Dionisio, también un tirano epítome de crímenes, no impuso a los siracusanos tantos tributos como habría podido imponerles y dio muestras de su humanidad en el asunto de los dos famosos pitagóricos.[116] Y aún más, si todo ha de tener como finalidad el ser útil, entonces ¿por qué no tendremos que alabar lo malo y censurar lo bueno? Y censurarlo tanto más cuanto más sostenido y adornado esté de todas las virtudes; como aquellos que no dudaron en hacerse un gran daño a sí mismos con tal de servir a la honestidad; como hizo Junio Bruto, que condenó a muerte a sus hijos que tramaban una conspiración; o Torcuato que mandó decapitar a su hijo adoptivo, de noble linaje, por una leve prevaricación; o Fabio o Curio, que rechazaron una gran cantidad de oro ofrecida en rescate por Pirro o por los samnitas; finalmente, por no hablar de los demás pueblos, el romano, que soportó terribles guerras no ya por sus socios y amigos, que es señal de fidelidad, sino también por los oprimidos y los que sufrían la injusticia, que es propio de la clemencia. Y hemos de decir que esto se hace en razón de la honestidad o bien, lo que nunca se podido deducir de lo dicho, por la deshonestidad. Pues no se encuentra nadie que no admita, ensalce y elogie a aquellos, lo que es más importante, a los que nunca ha visto, y sin embargo los tiene en la memoria por la caridad y la benevolencia; así como, por el contrario, recriminan con palabras y odian a aquellos vendedores de casas pestilentes, Pirro el siracusano y Tito Claudio Centimalo, de los que Cicerón habla con reproches, aunque ellos no hubiesen sido engañados en la compra. Y es que aman el brillo de la honestidad y detestan la bajeza de la deshonestidad; consideran digna de castigo la utilidad que no lleva consigo la justicia; ensalzan con los más altos elogios el daño que viene por una justa causa, como por ejemplo el socorro del indigente, aunque ellos nos lo echan en cara.

XV. Pero yo nunca negaría que hay virtudes y vicios; y las que ellos han enseñado son una muralla contra los vicios, como la fidelidad, la benignidad y virtudes de esta clase. Pero para mí no interpretan bien los que las refieren al fin de la honestidad. Por eso me atrevería a decir que aquellos que he nombrado no obraron honestamente, aunque tampoco deshonestamente, porque ni una ni otra cosa son nada. Y es que, como dije al tratar de la fortaleza, ¿qué es obrar rectamente, como el ser pródigo, bondadoso o generoso? Lo mismo que honesto. Pues ¿qué es, en último término, obrar honestamente? ¿Es lo mismo que obra virtuosamente? Pero ¿qué es la virtud? "Un bien", dirás, deseable no por otro sino por sí mismo, y laudable por su propia naturaleza. ¿Y qué es el bien? ¿Una sustancia, una acción o una cualidad? "Una acción". Pero ¿qué es una acción? "Una acción de virtud, de honestidad". Pero ignoro qué es la virtud ni la honestidad. Así que volvemos al lugar de donde venimos; de modo que Horacio puede argüir oportunamente: *No sirve de ejemplo el problema que se resuelve con otro problema.*[117]

¡Y con esto queda claro que honestidad es una palabra vacía y fútil, que nada resuelve ni nada prueba y por la que nada hay que hacer! Y nada hicieron por la honestidad aquellos que hemos nombrado. Por lo tanto, ¿qué motivo les indujo a obrar? Pudieron ser muchos, pero no pregunto ni averiguo cuáles fueron. Basta que la honestidad no sea nada para que carezca de razón de ser. Aunque con esto sería suficiente para mi defensa, sin embargo he de responder mucho más larga y abundantemente, y he de mostrar que aquellos que hemos mencionado antes no tenían ningún motivo de honestidad y sí de utilidad, a la que han de referirse todas las cosas. Así pues, para responder de manera general, en último término hemos de llamar "utilidad" a la que está más allá del daño o es, en realidad, mayor que el mismo. ¿Acaso es útil para los peces echarles cebo algunos días, para luego pescarlos más fácilmente? ¿O al cordero engordarle con abundante hierba, cuando más pronto esté cebado más pronto será degollado? Dirás que semejantes a estos son los que anteponen los pequeños bienes a los grandes; más aún, ni siquiera son tenidos por bienes los que traen a la espalda mayores males. Esto también lo hacéis vosotros cuando dais preceptos sobre la honestidad, ¿Puedes tú salvar a un hombre que está en peligro permaneciendo en tu lugar? Si prefirieras estar presente de acuerdo al compromiso, pecaste. Pero cumplir lo prometido es honesto. Incluso para que lo fuese hiciste lo deshonesto. No huir del combate ni abandonar su lugar en el ejército es propio de la fortaleza; permanecer cuando todos huyen, de locos. La generosidad es laudable; el no dejar nada para sí, una vergüenza. El sufrir uno o dos insultos es señal de que eres un hombre paciente; pero si nunca repeles y contienes la petulancia del que constantemente te provoca con malas palabras, caes en el vicio de la apatía. Quien entiende esto no obra tanto de acuerdo a vosotros como a nosotros, aunque en ambos casos sirve a la utilidad, pues antepone los daños menores a los mayores, e igualmente los bienes mayores a los menores. En aquellos personajes que cité antes, eso que decís que es más honesto está claro que es más útil. ¿Por qué, entonces, es mejor huir que quedarse, cuando los demás han huido? ¿Por qué no damos con largueza todos estos bienes o, como se dice, los dilapidamos, sin dejar nada para nosotros? ¿Por qué no ser siempre paciente aguantando los insultos antes que rechazar al que nos insulta? Pues porque es más útil para la vida o para tu patrimonio o para la fama. Así los bienes mayores, que son los más útiles, se anteponen a los menores, y los daños menores a los mayores. Pero es difícil determinar cuáles son los bienes mayores y los menores, sobre todo porque cambian con el tiempo, el lugar, la persona y otras circunstancias. Sin embargo, diré para que se entienda que lo primero es que carezcas de males, de peligros, de inquietudes, de trabajos; después, que seas amado, que es la fuente de todos los placeres. Y qué sea esto y qué importancia tenga lo saben todos y han sido escritos muchos libros sobre la amistad; y, por el contrario, todos afirman que vivir en el odio es algo muy parecido a la muerte. Y de acuerdo a esta regla juzgamos y hablamos de los buenos y los malos, porque saben o no saben obrar eligiendo entre ellas.

XVI. Para hablar primero de los malos, el tirano Dionisio sin alguna duda lo fue, no porque ocupara el reino (que eso es una cosa deseable y lo hace cualquiera), sino porque mientras robaba a los demás, mataba y no respetaba nada sagrado; y por último, al ser temido por todos necesariamente él temía a todos, como está escrito en aquella famosa sentencia: *Necesariamente teme a muchos aquel a quien muchos temen.*[118] Y esta inquietud, por no hablar de los peligros y trabajos, cuán molesta es, además de otros muchos, lo confesó Hierón, tirano de la misma isla, en un libro de Jenofonte.[119] ¿Por qué voy a preguntar a otros? El mismísimo Dionisio, no con palabras, como Hierón, sino con lo que más vale en todas partes, lo demostró con su propio ejemplo cuando quiso enseñar a un amigo qué es vivir la tiranía. Por consiguiente, he llamado malo a este hombre porque prefirió los banquetes lujosos, los espectáculos aparatosos y el abuso en el mando al amor a los ciudadanos, es decir, a la seguridad y el gozo de vivir. Y le habría sido mejor que hubiese sido, como dice Virgilio acerca de Galo, *o pastor del rebaño o el que hace el vino de las uvas madura,*.[120] antes que estar pensando siempre en la espada pendiente de una crin de caballo sobre su cabeza.[121] Al hijo de este escribió Platón: "Pero quiero que recuerdes que muchos poetas, cuando presentan a un tirano moribundo, le atribuyen estas palabras: ¡Oh miserable de mí, que me muero sin un amigo!". Lo mismo hay que decir de otros hombres de los que sabemos que se ha dicho de ellos que puesto que eran malos merecían a su vez el mal, porque trabajaban en su propio perjuicio. Me limitaré a poner un ejemplo sobre este asunto. Si uno ocultara a los hijos la herencia de su padre muerto y por eso cayera en sospecha de ellos o de otros, sería necio e injusto, pues no se preocupó ni de su vida ni de su buen nombre; y, si no surgiese ninguna sospecha, lo mismo estaría incurriendo en el vicio de preferir el dinero a la estima y afecto de los hombres. Por eso es imposible, salvo en el caso de hombres malvados acostumbrados a los crímenes, no alegrarse ante el bien ajeno y, lo que aún es más importante, de ser motivo de que otro se alegre, como es el rescatar a alguien de la pobreza, de un incendio, de un naufragio o del cautiverio. Así pues, hemos de acostumbrarnos a experiencias cotidianas del bien para aprender a gozar del bienestar de los hombres e intentar que nos amen. Y así será si nosotros antes les amamos y procuramos merecer su amor. Y si somos negligentes en esto, nunca tendremos una vida gozosa. Pero, para volver a Dionisio y a los hombres que laboran para su mal, esta clase de hombres, como ciegos, a veces abren los ojos, que habían tenido mucho tiempo cerrados, y recapacitan, como afirmáis también vosotros, pero no por la honestidad sino por la utilidad. Pues el mismo Dionisio con los pitagóricos a los que dio la libertad, y Aníbal al sepultar a los enemigos, querían alejar de sí la fama de crueles, es decir, reconciliarse con los hombres: el primero perdonando los tributos excesivos, y el segundo conservando las ciudades, los dos hacían méritos para su imperio.

XVII. Ahora voy a tratar de aquellos que vosotros llamáis buenos. Bruto, Torcuato y los demás; reflexionemos sobre las obras que hicieron. ¿Quién ignora que Bruto mató nada menos que a sus hijos en razón de la honestidad? ¿Cómo podrá llamarse bueno cuando suele llamarse malo un padre que no se esfuerza con el mayor cuidado en la salvación de sus hijos, incluso cuando son culpables? ¡Tanto más cuando él mismo los envió al suplicio por mor de las leyes! Pero diré también qué le indujo a hacerlo: tenía tan metido y enraizado en su pecho el odio hacia el rey Tarquinio, por el que durante mucho tiempo tuvo que actuar como un loco, que a los hijos, que querían rescatar al rey enemigo a costa incluso de ser expulsado y muerto su propio padre, los juzgó no como sus descendientes sino como hijos de Tarquinio; y se ensañó con ellos como con los hijos de un tirano y enemigo. Y esto también valió para que, como los demás desistiera de semejante intento, que era la única vía para conservar su imperio. Añade aquí la gloria, que antes separamos de la honestidad, la cual impulsó a Bruto a buscarla con avidez. Es bien sabido que ni Virgilio pudo callar cuando dijo sobre esto:

> Y, aunque padre, llamó a los hijos, que promovieron nuevas guerras
> a cumplir la pena por la hermosa libertad.
> Desgraciado. De cualquier manera que los descendientes interpreten este hecho.

Y añade:

> El amor a la patria y la inmensa ambición de gloria triunfarán.[122]

Pero no hay que tomar como amor a la patria el amor a la honestidad y a la libertad romana, sino el amor a su salvación y su honor en una patria libre. Pues ¿qué lugar puede tener vuestra honestidad, cuando por la inmensa ambición de gloria se mata a los hijos? Y esto vosotros mismos confesáis que es lo más deshonesto. El mismo Virgilio en realidad lo ha testificado tácitamente cuando llama desgraciado a Bruto.

XVIII. Lo mismo se puede decir de Torcuato, quien así como envidió la gloria verdadera y singular de su hijo, también ambicionó para sí una falsa y abominable gloria; mató a su hijo para demostrar al pueblo romano que, sobre todo, tenía disciplina militar. ¡Oh, padre insigne, digno de ser matado por sus propios hijos! Con justicia ningún joven romano le saldrá al encuentro cuando vuelva a la urbe. Virgilio lo dice así:

> Mira a Torcuato y su hacha
> ensangrentada.[123]

Sé que muchos interpretan de otra manera el episodio de Torcuato. Yo lo interpreto así.

XIX. Ahora bien, la respuesta de Fabricio y de Curio, de no querer gobernar por el oro sino sobre los que dominaban por el oro, manifiesta claramente que ambicionaban la gloria y el imperio. Permítaseme relatar otro hecho de Fabricio no menos digno de alabanza. Este, cuando un desertor de Pirro (que según se contaba, había sido médico del rey), le prometiera que envenenaría a su señor por una determinada recompensa, ni mucho menos consideró aceptable la propuesta y procuró que aquel hombre fuera devuelto al rey. ¿Y qué diré de este hecho, sino que los hombres magnánimos, como he demostrado hace poco que fue Fabricio, se avergüenzan y les fastidia el no vencer con magnanimidad? Si bien Aquiles, como atestigua Horacio en sus *Odas*, no pudo ser obligado a descender al interior del caballo, aunque así tuviese claro que Troya sería conquistada. Y el soldado Áyax habría preferido enfrentarse a la muerte antes que someterse a Circe y a Calipso, como sí hizo Ulises. Como dijo Marco Fabio Quintiliano: "Los más generosos pasan de largo de los caídos y no se rebajan a ofender a los humildes". Entendía Fabricio que sería un desprestigio vergonzoso (no sólo para sí mismo, sino también para el pueblo romano) el hacer la guerra no con el hierro sino con veneno, sobre todo contra aquel enemigo que él pensaba que ni siquiera daba un lugar al oro en la guerra, cuando dijo:

> ¡No pido oro para mí ni me pongáis un precio! Tú y yo no traficaremos con la guerra sino que combatiremos. No decidiremos sobre nuestras vidas con veneno sino con el hierro.[124]

Y tanto más que podía tener confianza, por tan gran beneficio, de cambiar al rey de un enemigo muy fuerte en amigo muy fuerte. Ciertamente había que temer que el desertor fuera enviado por parte del rey a explorar la disposición de los romanos; y quizá por eso no obtuvo su confianza, no fuera que exacerbara a los enemigos si consentía en dar muerte al monarca. Por lo cual, de cualquier modo que fueran las cosas, fue más provisor el enviar al desertor rechazando su proposición e informar a Pirro de su actitud. Y este hecho fue de la máxima utilidad, tanto por otras varias razones como por el hecho de que Pirro mandó liberar a los cautivos romanos a causa de la admiración de Fabricio.

XX. Esto tiene relación con el senado y el pueblo romano, de cuya justicia se ha dicho que muchas naciones preferían servir a este pueblo más que el mismo pueblo romano imperar sobre otros; una justicia que no cometía injusticia con ningún otro pueblo, por el contrario auxiliaba a muchos; de aquí que fuera elogiado con las máximas alabanzas y tuviera tanto poder sobre todas las naciones. Estas dos cosas consiguió aquella ciudad. Pues ningún pueblo en el orbe de la tierra se podía comparar con el pueblo romano, ni por la gloria de sus virtudes, ni por la extensión de sus dominios.

XXI. Acerca de los demás hombres que merecen el reconocimiento de otros, tened en cuenta esto que voy a decir. Si en los asuntos difíciles y de mucha importancia, como antes demostré, todos actúan motivados por una recompensa, será vergonzoso que rebajéis la honestidad a cosas tan pobres y abyectas. Dar auxilio a los pueblos que están en peligro, arrostrando perjuicios y peligros, como han hecho el pueblo y el senado romano, ¿no será acaso una acción honesta? ¿No lo será dar una moneda a un necesitado o indicar el camino correcto a uno que se ha perdido? Obraréis mejor y tendréis mayor honor para vuestra causa no recurriendo en absoluto a tal ayuda. Supón que te concedo esto. ¿Acaso no será vuestro bien, no será una honestidad común a los dioses y a los hombres, aquella justicia admirable para el Lucero de la mañana y el de la tarde? En mi opinión ciertamente este es un bien abyecto, entre otros, como el murciélago, más amigo del Lucero de la tarde que del de la mañana, es la más repugnante de todas las aves.[125] Así pues, casi me inclino por concederos que es honesto lo que decís. ¿Qué peligro hay en concederlo? No más que si no rechazara que el murciélago se cuenta entre los cuadrúpedos. Sin embargo, no quiero concederlo no sea que parezca que no puedo arrancar de vuestras manos estos argumentos en mi defensa. ¿Vosotros consideráis honesto todo lo que se hace siempre con misericordia? Si unos ladrones, después de asaltar la casa del paterfamilias y expoliarla, le cortan la yugular y dejan libre a la esposa después de haberla violado, ¿os parece que han obrado honestamente perdonando a la mujer? Si hubiesen querido obrar con honestidad y rectitud, habrían perdonado al varón y a la mujer no la habrían tocado ni habrían saqueado la casa. Pero perdonaron a la mujer por una compasión que nacía de su belleza y del placer del coito. Así también el pueblo romano, cuando Horacio iba a ser condenado a muerte, llevó a votación el caso, no porque fuera justo (pues Horacio merecía la muerte), sino porque era desgraciado y su ahorcamiento sería un espectáculo doloroso.[126] Por eso en causas graves y de pena de muerte, cuántas veces dejamos de lado el derecho, intentamos mover a misericordia a los jueces y les instamos a que no tengan en cuenta la justicia. Y los más importantes autores aceptaron la compasión no por virtud sino por afecto. Por esto me parece que se puede afirmar que la naturaleza nos ha otorgado la compasión común con los demás animales, como nos ha dado la ira, la esperanza, el odio, el dolor, el gozo, aunque no las virtudes. Pues ninguno de los demás seres vivos se dice que tenga continencia, justicia o fortaleza de ánimo. Y aunque no tengan virtudes, sin embargo muestran muchas veces vestigios no oscuros sino bien enraizados de compasión, sobre todo, en el tiempo de cuidar de sus crías, a las que defienden luchando hasta la muerte. Vemos que esto no lo hacen sólo con sus crías, sino que a veces los cachorros de la misma especie o incluso de otra son amamantados por una madre desconocida que le ofrece las ubres espontáneamente. La cigüeña alimenta a sus padres viejos como si fueran sus hijos. Los cerdos se ayudan mutuamente. Los elefantes también, con mucha más vehemencia. ¿Qué podemos decir de cómo se ayudan entre sí los brutos animales cuando, si creemos a los historiadores, una perra amantó al rey Ciro y, lo que es más admirable, una loba amamantó a los fundadores de la principal de las ciudades, que habían sido abandonados? Ejemplos de esta clase se cuentan también de animales domesticados. Ciertamente los perros defienden a sus amos ladrando o mordiendo, para que no sufran ningún daño. Pero ¿quién, por favor, sería tan humano que quisiera atribuir a los perros la virtud y la honestidad? Pues si alguien quiere atribuir la humanidad a las bestias, ¿no parecería que no es humano sino que ha dejado la condición de humano y se ha vestido de bestia? Si bien esto sí es verdad, que en nada se diferencia la clemencia de las bestias para con los hombres de la de los hombres para con las bestias. Por consiguiente, preguntarás, si la clemencia no se refiere a la honestidad, ¿se refiere al placer? En cuanto se hace presente es una recompensa, puesto que los que socorren a otros reciben placer. Así pues, para volver a las bestias, todos los que se prestaron a ser compasivos con aquellos a los que quieren son movidos por la inspiración de la naturaleza misma porque tuvieron miedo de recibir un disgusto por la pérdida de las personas queridas. Nosotros incluso lloramos al final de una tragedia, y en cambio reímos al final de una comedia. Pero el porqué ejercitamos la clemencia para los que nos son muy ajenos lo explica Quintiliano cuando dice: "Tiene nuestra mente algo sublime, elevado e impaciente de lo superior". Por eso a los de abajo, o a los que se rebajan a sí mismos, los elevamos de buena gana porque al hacerlo nosotros nos vemos superiores. Finalmente, mira qué lejos está de la justicia aquella famosa Silvia de Virgilio; escucha lo que hizo cuando vio un ciervo herido por una flecha:

> Primero Silvia golpeándose los brazos con las palmas de sus manos.
> Suplica como hermana a sus hermanos y clama a los rudos campesinos.[127]

Esto acerca de la compasión.

XXII. Pero mi pensamiento vuelve a aquellos hombres superiores que son alabados por su justicia, de los que no negaría que fueran en realidad justos. Y he de responder a los que pregunten por qué Bruto, Torcuato, Fabricio y los demás, incluso difuntos, son alabados por nosotros y hasta son amados, si acaso son motivados por la propia utilidad, por la que se mueven los mismos ladrones y piratas; insisto, ¿por qué a estos ladrones y piratas, cuando oímos hablar de ellos los maldecimos, mientras que se han promulgado leyes en honor de aquellos primeros y para ignominia de estos últimos? Y la respuesta no quiero que sea porque son admirados. Pues así como ellos gestionaron sus asuntos, no los de otros, también aquellos cuando los alababan no se alegran de lo que han hecho otros sino del provecho que ellos han obtenido. Y esto es igual en el caso contrario, cuando se recrimina algo a alguien. Sin embargo, quisiera que advirtieras que no amamos a los que han muerto ni los odiamos si no es de una manera imperfecta, pero los consideramos dignos de amor y odio. Pues ¿qué otra cosa es el amar y odiar sino el buscar y querer el bien o el mal para otro? Y esto no puede suceder en relación a los que han muerto, a no ser que pensemos que nuestro amor y nuestro odio les afectan, cuando en cambio la gloria no lo hace, como he demostrado. Por consiguiente, todo esto se refiere a los vivos y a aquellos vivos respecto de los cuales albergamos esperanza o temor. ¿Quién se preocupa y ni siquiera piensa en que algunas bárbaras gentes viven del robo, no guardan la fidelidad a la palabra dada, se unen legítimamente, como con los no parientes, los padres con sus hijos, los hermanos con hermanas, e incluso mantienen relaciones sexuales con las bestias? ¿O por el contrario viven púdicamente en el matrimonio a sabiendas y con fidelidad? Tú, Catón, a estas gentes, como dije antes, ni las odias ni las amas. Pero si oyes que los hombres ticinenses, que, no obstante están entre los primeros que son dignos de alabanza, han cometido pequeños hurtos, o latrocinios, o adulterios, entonces ¡cómo se va a exaltar tu ánimo y lo expresarás con palabras, invocando a las leyes, poniendo por testigos a los dioses y a los hombres, los llevarás ante el juez y proferirás aquel antiguo dicho: "Oh, tiempos, oh costumbres".[128] Y por el contrario, como las abejas de Quintiliano, alabarás a tus pocos fieles laboriosos para que creamos que un tercer Catón ha caído del cielo! ¿Por qué razón harías esto, Catón el Censor? ¿Por la honestidad, dirás? Créeme, no es así. ¿Por qué, entonces? No digo (aunque podría hacerlo) que es porque tienes muchas riquezas y una elegante esposa, sino porque sería doloroso para ti que esta ciudad, en la que reinas a tus anchas por tus preclaras virtudes, haya de precipitarse en los vicios internos, y tú pierdas algo de tu dignidad. No he querido decir nada de tu esposa porque es de mi familia y me quiere. Hablaré de otro a quien muchos de vosotros conocéis no tanto por él mismo sino por su esposa. Este es Paulo Merula, que vive junto al río Tecino. No hace falta que haga una descripción detallada, conocéis el sitio. No temo que lo que diga vayáis a contárselo a él. Conozco vuestra prudencia. Él habla conmigo con frecuencia para darnos noticias y por nuestra amistad; y mientras hablamos vienen de esta escuela escolares, algunos de ellos conocidos y familiares míos. Yo entonces aprovecho la ocasión para discutir sobre la castidad de las esposas, recuerdo a algunas honorables y renombradas matronas y no termino mi discurso antes de que a mi amigo le caigan las lágrimas como a un niño. ¿Por qué así? Porque se alegra de que su causa sea defendida No hay nadie en esta ciudad que tenga una mujer más hermosa ni la ame más celosamente, ni tenga tantos perros de caza vigilantes rodeando su casa. Y cuando se le dice algo acerca de los adúlteros, cosa que a veces hace alguno de sus socios, todo se descompone en cuerpo y ánimo, palidece, suda y apenas sin poder sostenerse en pie vuelve a su casa, pregunta a su mujer qué hace (a veces, temblando), averigua de dónde ha venido, a dónde ha ido, qué ha hecho, con quién y de qué ha hablado. ¿Qué más? Aquel día no sale de casa. Pero al día siguiente, ya repuesto de ánimo, le habla con tal violencia, se enfurece de tal modo y maldice a los adúlteros, que no diríamos que es un censor y represor de los vicios sino como un vengador de un homicidio doméstico ante los centunviros.[129] Así están las cosas: correspondemos con odio a los que nos hacen daño y a los que nos hacen bien con amor. Sucede que a los malos, si pueden hacernos frente los consideramos odiosos; si no pueden, quedamos satisfechos con sólo recriminarles por el odio contra los que cometen ofensas. Pero los cumplidores del deber, condescendientes, generosos, constantes, sobrios y esforzados, como fueron Bruto, Fabricio, Curio y otros, si creemos que nos son útiles les tenemos afecto; si no, nos contentaremos con elogiar el afecto de los que son obsequiosos con nosotros. De esto se puede deducir que cada uno se deja llevar y se alegra de sus propios beneficios, y se retrae y se atormenta con sus incomodidades. De aquí también que algunos odien a los hombres severos, serios, austeros, sobre todo a los magistrados. ¿Y por qué la virtud y las magistraturas son cosas odiosas? Esto no lo dirían ni siquiera los criminales; cuando ellos alguna vez reciben alguna injuria, llevan a los tribunales al que le ha hecho mal; pero es porque ellos mismos temen las penas pes son conscientes de sus malas acciones.

XXIII. Responderé ahora a lo referente a las leyes promulgadas para premiar a los buenos y castigar a los malos. ¿Acaso esto es otra cosa, pregunto, que tratar de lo útil y lo inútil, y nada en referencia a lo honesto? En efecto, los que promulgan las leyes, que son o los reyes o los hombres más poderosos de la ciudad, las establecen para no perder nada de la grandeza, la estabilidad y la tranquilidad de su poder (por no decir la gloria), invitando con premios a prestar servicios a la patria o disuadiendo con castigos de perjudicarla. Ahora bien, si uno incumple las leyes que han sido dadas para la utilidad del príncipe o del pueblo ¿es justo considerar que se ha cometido delito, no contra la utilidad, sino contra la honestidad? Pues no se llama ladrón al que roba las cosas sagradas, ni sacrílego al que roba las cosas privadas; ni al que expolia el erario público ladrón o sacrílego, sino defraudador. A no ser que digamos: el que se hace daño a sí mismo se lo hace inútilmente; si se lo hace a otro, decimos que lo hace contra la honestidad. Más bien en uno y otro caso se hace inútilmente. Pues ya lo he dicho antes: el que hace daño a otro peca, el que se lo hace a sí mismo lo hace inútilmente. Finalmente ¿qué hace el legislador? Por ejemplo, en el caso de que se perpetre un daño, ¿se venga el del perjudicado o el crimen del que perjudica? Sin duda, el daño del perjudicado; y no para que los hombres tengan la voluntad de no hacer daño sino que el legislador pide que no se inflija y advierte de que no se cometan malas acciones, no de que se tenga mala intención. Es decir procura la utilidad de los hombres, no la honestidad y las buenas costumbres. Y si alguien por miedo a estas penas se abstiene de cometer un crimen, no por eso se opone al legislador sino que lo acepta y obedece. Pero ¿este estado de ánimo hay que considerarlo como honesto? Vosotros lo negáis cuando decís: *Los malos odian el crimen por miedo al castigo.* Luego la parte de la ley que da motivo al miedo no nos retrae de los actos vergonzosos sino de nuestro daño. Del mismo modo, la otra parte que promete premios, como son coronas, estatuas, honores y cosas de esta clase, no nos invitan a la honestidad sino a la utilidad. Aquí quizá preguntáis por qué omito aquel otro verso unido con el que he dicho: "Los buenos evitaron pecar por amor a la virtud".[130] Pero yo lo uniré de buen grado y lo referiré a la ley como hice con el anterior, al que, para que se entienda mejor, lo expondré más ampliamente: "Los buenos odian el pecado por amor a la utilidad". Tenéis estos dos versos como hechos en honor a las leyes, aludiendo uno a los castigos, otro a los premios. Pero veo que habéis de gritar que yo os interpreto maliciosamente tomando amor de la virtud por amor de la utilidad y no de la honestidad; que Horacio pensaba de otra manera cuando escribió estos versos. Cuando decís estas cosas, está claro que estáis lejos de la defensa de la ley. Por eso es necesario que me concedáis que las leyes pretenden no la honestidad sino la utilidad del pueblo. ¿Qué responderé, pues, a vuestro verso repetido desde el centro de la filosofía? Cierto, como suelen hacer los oradores, "es suficiente negar con palabras lo que con palabras se afirma". Traedme y ponedme delante a aquellos que podemos afirmar que han abrazado sinceramente el nombre de honestidad. Hemos enumerado a muchísimos y todos ellos hombres muy eminentes, que cuanto más deseosos parecían del bien ajeno, tanto más se preocupaban de sus cosas sin tener en cuenta en absoluto el bien de los demás.

XXIV. Aunque decís que no se ha encontrado ningún amante de la honestidad, nosotros, sin embargo, debemos esforzarnos en serlo, como hicieron muchos de nuestros antepasados, que al parecerles que no habían encontrado ningún sabio, hicieron todo los que estaba en su mano para que los hubiera. Sería un buen razonamiento si nos estuvieses instruyendo en el aprendizaje de las artes, pero es rechazable en este lugar. Y dado que afirmáis que los antiguos se esforzaron en que hubiera sabios mas no pudieron conseguirlo y de ello estuvieron muy lejos, ¿acaso con este ejemplo nos dais esperanza de que nosotros podamos llegar a ser sabios. o quizá pretendéis infundirnos el temor de intentar lo que es absolutamente imposible? ¿Por qué no va a ser suficiente que vivamos como vivieron aquellos que están todavía en la cumbre de los honores? ¿Qué clase de modestia es esta de buscar algo más allá? Además, en las demás artes, que los antepasados pretendieron dominar, casi siempre consiguieron algo. Pero ahora, cuando nunca nadie evidentemente ni siquiera ha obrado honestamente, no hay por qué aconsejar que hay que conseguir la honestidad, cuando comprendes que los antiguos o no pudieron o no quisieron conseguirla. Aunque, ¿qué estoy diciendo? Ya está probado que la honestidad es una cosa vana e imaginaria.

XXV. Ahora bien, pretendéis que estemos satisfechos con que todos se muevan a obrar rectamente por amor a la utilidad. Y no os negamos que haya muchos que rechazaron los actos ilícitos en honor de la honestidad no sea que, por otra parte, todo esté promiscuo y confuso; y los buenos, que no son apenas contenidos por el miedo al castigo parezca que han de ser contados entre los malos, que sí lo son por este miedo. Pero vosotros realmente no conseguís nada cuando pretendéis una cosa sin la otra, que van juntas y son inseparables. ¿Cómo puede ser que el que huye de lo ilícito por la honestidad, busque a veces lo lícito por la misma razón? Y no tengáis miedo de ser contados entre los malos. Como dice Demóstenes: "Les cohíbe de los actos vergonzosos el miedo servil de los tormentos, de la tortura y de la muerte";[131] pero a vosotros, en cambio, os contiene un miedo generoso, por así decirlo, de no perder la benevolencia, no ser despojados de la gloria ni privados de la autoridad.

XXVI. Pero esto no lo aceptáis, lo rechazáis, sois recalcitrantes. En efecto, como no podéis reproducir ningún ejemplo de la historia os refugiáis en las fábulas y de tal manera urdís los propios testimonios, libres de cualquier impunidad, y aducís entre los primeros aquel Giges platónico.[132] Con todo derecho yo habría podido burlarme de vosotros, puesto que he hecho lo suficiente para rechazar los testimonios que pudieran ser nocivos a mi causa. En realidad estos oscurecidos testigos y máscaras de hombres, no hombres, deben mover a risa, no a expectación. Sin embargo tengo por cierto que estoy dispuesto a cualquier confrontación a la que me inciten mis adversarios. Por lo cual, para responder a la fábula aquella de Giges, es necesario primero que expongamos, como se hace en los discursos, el asunto mismo, para que después podamos argumentar. Me valdré, pues, no de las palabras de Platón, sino de las de Cicerón:

> Por esto Platón introduce a aquel famoso Giges que, al haberse abierto la tierra por efecto de unas grandes lluvias, bajó a aquella famosa sima y encontró, como relatan los cuentos, un caballo de bronce que tenía puertas en los costados. Tras abrirlas vio el cuerpo de un hombre muerto, de proporciones nunca vistas, y un anillo de oro en su dedo; quitándoselo, se lo puso él mismo –era pastor del rey– y se volvió a la reunión de pastores. Allí nadie le veía cuando giraba el engaste del anillo hacia su palma, y se le volvía a ver cuando ponía el anillo en su posición. Así pues, aprovechándose de esta ventaja del anillo cometió adulterio con la reina y, con ayuda de esta, asesinó al rey su señor y eliminó a los que pensaba que podían oponérsele, sin que en ninguno de estos crímenes nadie pudiera verlo. Así se convirtió inopinadamente en rey de Lidia gracias al anillo. A decir verdad, si este mismo anillo lo tuviera un sabio pensaría que no tiene ningún permiso más para cometer males que si no lo tuviera: pues los varones buenos no buscan intrigas, sino lo honorable.[133]

Esta es la enseñanza de de este anillo y de este ejemplo: si nadie ha de saberlo, si nadie ha de sospecharlo siquiera, cuando hiciereis algo motivados por las riquezas, por el poder, el dominio, la lujuria, si ha de quedar siempre oculto para los dioses y los hombres, ¿lo harías? Esto es lo que dice Cicerón. Pero a mí, antes de pronunciarme sobre este asunto, me apetece demostrar que el autor de esta fábula no supo inventar bien y que su ficción no es verosímil ni tiene consistencia de su parte. No porque yo quiera en este momento discutir acerca de la razón de la ficción, sino porque si queremos seguir las palabras de Platón toda esta fábula no tiene sentido. Pues ¿quien puede estar convencido de que Giges ocultó estos hechos a los dioses y los hombres? ¿Acaso aquel anillo podría tener grandes cualidades, o Giges podría esperar que evitaría los ojos de los dioses, de los que la mayor parte de los hombres (necios ciertamente, sin embargo muchísimos) opinan, o que pueden darnos satisfacción, o que nos encolerizan? De aquí dice Virgilio de los troyanos: "Pero esperad que los dioses recuerden vuestros buenos hechos y los nefandos".[134]

Catón, lo que manifestaste sentir cuando atribuías a la naturaleza las guerras, los naufragios, las enfermedades, a mí me parece que lo sacaste no de una escuela de filósofos sino del templo de Numa Pompilio. ¿Y cómo se podrán mantener ocultas esas cosas a los dioses cuando veo que no han podido ocultarse ni siquiera a los hombres? Esto es lo que pensó Platón. Además de que los hombres, que conocían antes a aquel pastor y ahora lo veían en el trono del rey muerto, no era justo que estuvieran tan embotados que no comprendieran que no podía haber ascendido a aquella dignidad regia si no era por medio del crimen; sobre todo porque la muerte del rey y de los demás no podía ser obra de nadie sino del nuevo rey. Ciertamente el caso de aquel maravilloso y mágico anillo no estaba oculto, pues los pastores, a cuya reunión asistió Giges, tenían noticia de él. ¿Cómo, si no, podría haber conocido la virtud del anillo, si no se lo hubieran dicho sus compañeros, que se habían dado cuenta el hecho maravilloso? A no ser que digas que no le enseñó el anillo a los pastores. Así te respondo: lleva en el dedo un anillo de oro, que no había llevado nunca, y este además es de un tamaño inusual, y una y otra vez le da vueltas con la otra mano y cuenta el hecho casi milagroso a la gente, y guarda silencio acerca del anillo que, pienso yo, todos podían ver. Admitamos que guardaba silencio; pero el anillo mismo habla. Concedamos que él solo comprenda de dónde procede el hecho maravilloso; sin embargo esto era suficiente para que los demás comprendieran que Giges, no sé por qué razón, podía estar entre la gente y no ser visto por nadie; y la voz se corrió por toda aquella región como de un hecho portentoso y pudo llegar a los oídos del rey. Y esto no lo pudo prohibir Giges, que todavía no era rey; y si lo hubiese prohibido las mismas aves habrían difundido cantando por los aires esta famosa noticia; y las cañas convertidas en flautas, como ocurrió en el caso de Midas,[135] por sí solas, llevaran en su armónico sonido este hecho tan novedoso. ¿Por qué digo esto? Porque era necesario que aquel hombre reinara odiado lo más posible por todos, porque al que veían convertido desde el más sucio oficio a la regia grandeza, a la que había llegado por el adulterio con la reina, por la muerte del rey y de loa nobles; y tendrían miedo de que entrara furtivamente a sus mujeres y sus bienes; y sospecharían de que, como el demonio de Sócrates, pudiera meterse en todos sus hechos y dichos; y, finalmente, temerían ser matados por sorpresa por medio del veneno o de la espada, o por cualquier otro género de muerte. Y, siendo así las cosas, ¿qué clase de vida hemos de pensar que era la de Giges, al que nadie amaba, al que todos temían, que continuamente había de esperar ser vengado por los dioses o los hombres? Para él habría sido mucho mejor que nunca hubiera encontrado aquel anillo ni hubiese ido a la reunión de los pastores, ni del campo a la ciudad y al palacio real. Por consiguiente ¿qué tiene que ver esto con lo que dijo Platón? Es decir, que, si me preguntas, tengo que responder si apruebo lo que hizo Giges. No lo apruebo. ¿Luego antepones la honestidad al reino? Yo he antepuesto la vida pastoril, es decir, el placer de la prístina seguridad a las zozobras del reino. Por eso pienso que Giges ha merecido mal de sí mismo. Entonces es necesario que Platón se calle y devuelva su fábula a casa y la esconda porque no es vendible y ha sido mal elaborada, que la retoque o más bien que la vuelva a escribir. Pero irá para largo mientras Platón redondea y retoca su fábula y la vuelve a publicar, si acaso sabe corregirla y si corregida no le da vergüenza publicarla de nuevo. Por tanto demos a la fábula el sentido que Platón quiso pero no pudo darle, de modo que aquel anillo derramara oscuridad no solo en los oídos sino en todas las mentes de los hombres; y estos, o bien no lo conocían claramente, o bien si lo conocían no podían odiar al rey. Digamos también que los ojos de los dioses tenían connivencia con los hechos de Giges; finalmente, que el mismo Giges no temía ni a los dioses ni a los hombres. Aunque el que teme a los dioses no honra a la honestidad más que el que viola las leyes por temor a los suplicios; y el que no teme a los hombres claramente no es hombre.

Concedamos que todas estas cosas son como hemos dicho. ¿Acaso es digno de ser imitado este hecho de Giges, que cometiera adulterio con la reina y que se quitara de en medio al rey y a los demás? Ciertamente de los dos hechos alabo uno: el primero; el segundo, no. Pues para decir lo que pienso, admitiría el adulterio con la reina, con tal de que se dieran las condiciones de momento y manera; en cuanto al rey, mis costumbres y mi manera de ser no soportarían poder darle muerte. En cuanto se refiere al adulterio, te corresponde a ti, Catón, preguntarte qué harías tú en este caso. ¿Considerarías adecuado a tu religiosidad que cometieras adulterio con la reina Drusila (sé que has visto a esta mujer), que es en verdad perfecta en edad y belleza?[136] En absoluto, en absoluto, dirás. Pues, además de ir contra la honestidad, supone destrozar el matrimonio ajeno y eso está prohibido por la ley. Pero yo, mi querido Catón, afirmo que tú temes tus leyes, pero en cuanto a manchar el matrimonio, a no ser que seas eunuco, no lo afirmo. Sin embargo no hay por qué temer las leyes, que no condenan al suplicio sino a los convictos y confesos, ni condenan el adulterio por la infamia sino para que no susciten enfrentamientos, guerras y matanzas. Pero nada de esto se da: el marido no lo sabrá y los demás lo ignorarán, la mujer se alegrará y tú te complacerás. Por consiguiente, si de lo que haces no ha de surgir ninguna disensión, ninguna infamia, ningún inconveniente, ¿consideras tan inhumano y bárbaro al legislador que censure a la vez tus goces y los de la reina? Créeme, si te dirigieras y preguntaras qué piensan a Solón, a Foroneo, a Julio o a cualquier otro de los que han promulgado leyes sobre el adulterio, responderán con la verdad: "Catón, claramente mi ley no se refiere a ti; tienes tanta suerte como para que no te afecte. Anda, vete y goza de tan gran bien, aun siendo yo el autor de la ley". Me quedo corto. Cualquiera te suplicaría con sumo interés que le concedieras ponerse ese mágico anillo al menos por algunos días para poder el también llegar a sus reinas. Y tú, Catón, no disimules poniendo cara de censor; si te conozco un poco, de haber conseguido ese anillo superarías al lujurioso Júpiter en robos, es decir, en adulterios furtivos. Hemos dicho más que suficiente de temas venéreos, donde proseguíamos el tema de la continencia. Volvamos a la justicia, de la que se trata en este hecho; y hay que preguntarse si Giges brindó un buen ejemplo eliminando al rey y a los demás a los que consideraba un obstáculo. He dicho que yo lo rechazo y lo desapruebo, pero en cuanto que el rey y los demás que fueron muertos no merecían la muerte. ¿Acaso no es bueno matar a un tirano y a sus secuaces, y esto ser gratificante para la patria, sobre todo si tú mismo te apoderas del reino? Además, esto será lícito cuantas veces alguien piense mal de ti o sea tu enemigo y sea imposible reconciliarse con él. Nos está permitido matar a esta clase de hombres porque de lo contrario no podríamos vivir seguros. Y si no hubiera nada de esto y el rey fuera querido por su pueblo y la nobleza le fuera adicta y estuviera de acuerdo con él, ¿tú tienes intenciones tan sanguinarias y estás tan lejos de todo sentido de humanidad que te atrevas a poner las manos sobre el mejor de los príncipes y te alegres más con el luto que con la alegría de todos? No sin razón, ya antes habrás sido considerado como un sicario y un carnicero. Busca a otros, que son muchísimos los tiranos a los que has de matar, toma su reino para ti y reinarás con seguridad y muchísimo amor del pueblo. Tienes un campo abierto y ancho a las riquezas, la benevolencia, la gloria. Hércules, el mismo por el que he jurado, no lanzará su dardo contra el género humano: no en vano los hombres, que no olvidan sus beneficios, lo han colocado en el número de los dioses. Obra de modo que los buenos confíen en ti, los malos te teman, que seas aplaudido a dondequiera que vayas, y hasta seas recibido en triunfo, y después de muerto seas llevado por el destino a los dioses, si es lo que deseas. ¿Por qué no te arrojas, furioso como un demente, contra estas angustias que te atormentan, donde hay que temer a los herederos y familiares de los muertos, a no ser que quieras matarlos a todos; donde no tengas conocidos ni amigos, a no ser que quieras meter en el senado a los hombres pastores y quieras ponerlos al frente de todos, aunque haya que temer tu crueldad y malevolencia; donde te urgirán de noche y de día las preocupaciones del reino a ti, rudo, ignorante y no acostumbrado a dedicarte a cosas tan elevadas? Por estas razones, Giges, te condeno, como ya he dicho, no por deshonestidad sino por imprudencia e injusticia.

XXVII. Añadamos algo sobre asuntos de menos importancia, que se deducen de lo anterior. Supongamos que has encontrado tiradas en el suelo unas monedas de un viandante; devuélvelas, a no ser que sea un malhechor y un perdido, aunque hay que tener cuidado en no ofender a los malvados, no sea que eso esté a un paso de ofender a los buenos. Y las restituirás, no porque sea honesto restituir, sino porque te alegras del bien y del gozo de aquel hombre; y, además, por su benevolencia y la de los demás, para ganarte su confianza. Pero aquí hay que tener prudencia para no hacer esto aparte y a escondidas de manera que no llegue la noticia a la gente de que lo haces por la utilidad, no por la honestidad, como he dicho ya muchas veces. Por tanto, los motivos deben ser que no hagas daño a nadie. Pero cuánto más dignos y apropiados son los míos para no hacer mal a nadie ni a mí mismo, aunque obro en razón de mi utilidad; pero de tal manera quiero ser útil a los demás, que así soy también útil a mí mismo. Por eso, si no hubiera devuelto el dinero al viandante, obraría contra mi propia reputación. Esto es verdad, de manera que si necesitase el dinero para salvaguardar mi vida, no debería devolverlo. Y en esto también vosotros estáis de acuerdo. Y lo mismo, si no pudiésemos vivir de otra manera, sin excusa podríamos robar para comer. Y con tanta fortaleza como prudencia y rectitud Rómulo forzó el matrimonio con las mujeres de las ciudades vecinas al no poder conseguirlas con sus ruegos.[137] Puedes también defraudar engañar o enredar a alguien para conseguir alguna ganancia; pero hazlo con habilidad y astucia, de manera que no parezca después de hacerlo que tenías la voluntad sino sólo la posibilidad de engañar. Además, me inclino a tener un amigo muy querido antes que tener cosa de valor; a este, aunque lo pudieras defraudar impunemente, no querrías hacerlo, bien por tu benevolencia, o por sus merecimientos, o por ambas razones; y, si el asunto fuera de mayor importancia y peso, tampoco pensarías en hacerlo; que tú sólo quieres dirigir tu buena disposición y tus buenas intenciones hacia él. Esto tú lo contarás alguna vez con parquedad, pero él lo divulgará a cada paso. Es difícil decir cuánto bien hacen estas buenas acciones entre los mortales y cuánto beneficio generan para ti. Y los que ignoran estas razones y por su avaricia defraudan, engañan y se burlan de los demás, resultan malos e injustos hasta consigo mismos, porque no reciben el fruto del amor de los demás y con frecuencia se crean perjuicios y peligro para sí mismos. Es superfluo aducir ejemplos de esto, porque está tan claro que lo ven hasta los ciegos. Nosotros disertaremos de cosas más importantes para no anteponer los bienes menores a los mayores por falta de reflexión. Esto parece que lo entendió bien, como todo lo demás, Africano el Mayor.[138] Cuando había conquistado Cartago en Hispania, y entre los rehenes entregados a los cartagineses encontrara una joven virgen de noble cuna y dotada de una belleza extraordinaria, la devolvió al hombre con el que había sido desposada. Y para no parecer que era continente a cambio de un rescate, sino para ganarse la amistad de los hispanos, añadió a la dote de la joven el oro que habían traído los que habían venido a rescatarla. Así doblegando los ánimos de los celtíberos con esta doble virtud, primero de continencia, luego de generosidad, aumentó su buena fama y también engrandeció la república con su poderío. Si Africano se hubiese dejado llevar por la lujuria habría exasperado la ferocidad de sus enemigos y a la vez habría sido el blanco del mayor de los odios por parte de ellos. En este vicio cayó antes Jerjes,[139] además de otros muchos. Este, a la vez que quería difundir su fama y su imperio, buscaba por todas partes placeres, que son enemigos de la guerra, y proponía un premio al que encontrara una nueva forma de placer. Y con esto no sólo arruinó todo su poderío sino que su famoso nombre se hizo temible para todas las naciones y perdió la posibilidad de gozar de todos los demás placeres. Con razón a veces atacamos a los hombres voluptuosos, los despreciamos y los odiamos.

XXVIII. Creo que ya he dicho lo suficiente en cuanto a la causa del placer. Sin embargo, me parece percibir que los enemigos se han refugiado en el campamento como vencidos en batalla y guerra justa y se han puesto en fuga; y luego vociferan desde la empalizada y lanzan insultos a los vencedores de este tenor: que suya es la vida contemplativa, suya la seguridad. Que estos bienes pertenecen sólo a la honestidad y ellos los posen y que son bienes comunes con los dioses inmortales. Que nosotros en cambio perseguimos un vil placer, lleno a rebosar de infamia, de fastidio, repugnancia y arrepentimiento. Derrotemos, pues, a estos contumaces enemigos y los arrojemos de su propio campamento, que ellos llaman a los dos secretos bienes del ánimo. Veamos primero la contemplación sobre la que ya ha explicado algo Catón. Tu Aristóteles consideró que había que aspirar a estos tres bienes, pues habló de tal manera que, para usar las palabras de nuestro cercano Leonardo Aretino,[140] que hace poco tradujo su *Ética* al latín, en verdad esplendida y claramente al latín: "Pretendemos todo honor, todo placer y todo nombre de virtud, bien sea por sí mismos, bien por la felicidad". Y esto lo había afirmado antes él mismo con otras palabras, describiendo una vida placentera, civilizada y contemplativa, siguiendo a Platón que en la *República* puso tres fines: la ciencia, los honores y el lucro[141] (que tomó de aquella ficción de Homero de las tres diosas: Juno, Minerva y Venus). Pero esto aquí no viene al caso. Y esto no lo hizo ni sabía ni elegantemente al decir que esas tres cosas son deseables o por sí mismas o por la felicidad, como si la felicidad fuese algo diferente de esas tres cosas. Pues si añadimos "por la felicidad" añadamos "por la beatitud" y "por la consecución de todos los bienes", y todo lo que es de tal clase. Y si esto no es aceptable, no propongamos fines superfluos. ¿Por qué vamos a añadir a esos tres primeros un cuarto, que no es otra cosa que aquellos tres primeros? Y no puedes responder que Aristóteles entiende que hay que esperar estas cosas por sí mismas de manera especial pero por la felicidad de manera general. Pues si ellas son especies de un género no hay que desear el género por sí mismo, puesto que no es nada, como el árbol que por sí mismo sólo es una palabra pero consta de especies e individuos, como el laurel o el olivo, este laurel, este olivo. Así, la virtud no es alabada por el género sino por sus especies por las que se constituye la virtud, como son la justicia, la fortaleza o la modestia. Pero si cada parte no puede nada sin el todo, como el pie, la mano, el ojo, cada uno no pueden nada sin el cuerpo; luego no hay que mirar a las partes sino al todo. Lo mismo aquellos bienes son deseables no por sí mismos, sino por la felicidad. Y de este asunto hasta aquí.

Demostraremos que de estos tres fines establecidos por Aristóteles dos, el del placer y el civil u honorífico, que de alguna manera hace referencia a la gloria, no se oponen entre sí pues el segundo es una especie del primero. Ahora lo siguiente es que también demuestre que el tercero viene a parar al placer, para que quede claro que en el mismo placer que perseguimos está la verdadera y perfecta felicidad y aquel bien del que él habla, al que tienden todas las cosas. Aristóteles, por consiguiente, eleva la contemplación a lo más alto de la gloria. Y como en muchos lugares no disimula que en esta vida y en la vida civil se da el placer y, para decirlo más claramente, que esta vida es deseable porque produce placer en nuestro ánimo, podría enseguida dejar de esta cuestión. Pues tengo constancia de que entre nosotros es laudable algún género de placer. Y esto lo había dicho ya antes Platón, admitiendo que hay dos placeres, uno deseable, otro rechazable.[143] Y no estoy en desacuerdo con él. Aunque, como he demostrado antes, todo placer es bueno y en los libros de *República* llama placeres a esos tres fines de los que hablado antes. Y también Aristóteles habla de dos placeres, uno en los sentidos y otro en la mente. Pero yo no entiendo por qué siendo uno y el mismo nombre hacemos dos cosas diversas. Y tanto más cuanto todo placer es sentido no tanto por el cuerpo como por el ánimo que modera al cuerpo; y opino que esto es lo que piensa Epicuro. En fin, ¿alguien duda de que no sólo los placeres del cuerpo se generan con la ayuda del ánimo, sino también los del ánimo con la ayuda del cuerpo? ¿Acaso no es casi corpóreo lo que concebimos en la mente, esto es, de acuerdo a aquello que hemos visto, hemos oído o hemos percibido de alguna manera?

Pero expliquemos ahora qué es propiamente la contemplación y concretamente según Pitágoras, el príncipe de los filósofos. Él dijo que los que, teniendo por nada todo lo demás, miran las cosas de la naturaleza con gran atención, son semejantes a los que van a un mercado que ha sido organizado con una gran competición de juegos famosos en toda Grecia, no para ejercitar sus cuerpos y conseguir la fama y el premio de la corona del triunfador, no para comprar y vender sino, y esto es lo más espontáneo y natural, para ver y observar con atención lo que allí pasa.[144] Comparó el placer de ver los juegos con la contemplación filosófica, como si estas dos cosas en nada se diferenciaran. Pitágoras, contempló las cualidades de los hombres, sus ingenios, sus voluntades, sus deseos, sus afectos, sus cuerpos, sus hábitos, sus fuerzas, sus actos. ¿Qué otra cosa puedo decir? Que también contemplaba el mercado y la suntuosidad de los juegos. Y yo, también amante de los placeres, he ido al mercado para contemplar estas cosas. Es una delicia el contemplar la belleza de todo esto. Pero tú admiras ciertas cosas, dudas, preguntas. Y yo también lo hago; y también las mujercillas y los niños sentados en el teatro, asistiendo a los espectáculos y a los juegos se admiran, dudan, preguntan. Dejad, pues, dejad de exaltar con magníficas palabras esta contemplación. De la misma manera que esos muchachos y muchachas miran las tiendas puestas alrededor del foro y las bellas labores de los plateros, las pinturas antiguas y las estatuas decorativas, lo admiran todo y comparan unas cosas con otras, los filósofos contemplan no digo ya el mercado sino el cielo, la tierra y los mares. Pero tu recibes mayor placer de lo que descubres en el cielo que yo de las cosas bellas del foro. Porque, en realidad, tú entiendes y te deleitas en algo mucho más importante. Y yo también tengo mayor placer al mirar las dos estatuas de Fidias y Praxíteles que uno de aquellos muchachos, porque comprendo y distingo el talento de los dos artistas, cosa que ignora un niño. Aunque no es mayor tu placer cuando miras el cielo que el mío cuando veo un rostro bello. A no ser que tú, si contemplas la tierra, el cielo y el mar encuentres algo más sutil, y esperes por eso algunos pequeños elogios y por esa esperanza te emociones más. Pero escuchemos los elogios de Aristóteles a la contemplación. Dice que lo más importante en la actitud contemplativa es que en ella se da la mayor felicidad porque vemos que en ella los dioses son felices y bienaventurados y esa felicidad de los dioses es la misma contemplación.[145] Y en esto yo admiro muchísimo el poder de persuasión de tan importante personaje. Aunque no atribuyas la acción a los dioses, sin embargo él les atribuye la contemplación. Y no otra cosa entiende por contemplar sino el progreso del conocimiento al que llamamos bien sea comentario o bien investigación, cosas de los hombres no de los dioses. De aquí que las artes han sido llevadas a la suma perfección por contemplación intensa y profunda de los hombres. Pues nadie contempla sino por el don de aprender lo que desconoce. Pero decir que los dioses son ignorantes y que aprenden todos los días es una blasfemia. Y pienso que es reprensible pensar que los dioses al contemplar obran con vehemencia, pues en nada los dioses actúan con vehemencia. Aristóteles, ¿los dioses nunca avanzan ni, como suele decirse, se salen de sus huellas? ¿Cómo vamos a pensar que no son más dioses que troncos, o que vegetan más que duermen? Si es que un sueño puede ser tan largo como el que se cuenta de Endimión, que está durmiendo desde hace muchos siglos.[146] ¿Y tampoco los dioses se miran, se escuchan ni hablan nada entre ellos? ¿No manifiestan tampoco ninguna señal de amor ni de ayuda mutua? Indigna es esta opinión para un cíclope, no digamos para un filósofo, sobre todo cuando este dice que el hombre es un animal político, con lo que nos está exhortando a imitar la vida de los dioses. Es decir Aristóteles, nos aconsejas que no tengamos ninguna relación con los hombres. ¿Crees que así ellos podrán, ya no vivir, ni siquiera nacer? Los dioses pueden estar solos porque, como tú quieres, ni necesitan de comida ni nacen, en cambio los hombres no pueden porque necesitan comer y se engendran por la unión de dos. Según mi opinión, si se me permitiera elegir entre las dos concepciones de los dioses, preferiría tener unos dioses que actúan más que contemplan,[147] primero para que celebren entre ellos reuniones y encuentros, que custodiaran ciertas leyes y ejercieran ciertos cargos de la ciudad. Después, en relación con los hombres, que se dedicaran a generar y alimentar las semillas para que produzcan alimentos para los humanos y siempre estén tramando algo nuevo para los hombres. Ya que no pueden contemplar cosas nuevas pues lo conocen todo, las harían todos los días, con tal de que hicieran las cosas que vemos que se renuevan constantemente. Yo, por mi parte, ni busco en absoluto si es así o no es así, ni lo pretendo. Ellos verán. Sin embargo creería que gozan de sus placeres, como atestigua Panfilio, personaje de Terencio cuando dice: "Por eso considero sempiterna la vida de los dioses, que tienen sus propios placeres".[147] Pero si insistes en que te explique de qué clase de placeres gozan los dioses, a su vez yo pediré a Aristóteles que me enseñe primero de qué sustancia están hechos esos placeres. Y si me dijera que están hechos de sustancia corpórea, entonces yo tendría la respuesta a punto: que están contentos no sólo con la contemplación, sino que también se dedican a hacer cosas. Y si dijera que son de materia incorpórea, de nuevo tendría que preguntarle de qué clase son, si son como los placeres de nuestro ánimo, sin relación al cuerpo. ¿Cómo sería posible, si nuestro mismo ánimo no podría ni obrar ni estar satisfecho si no estuviera unido con los miembros del cuerpo? Sin embargo, es de lo más necio que, cuando no podemos llegar a conocer con nuestro ingenio la figura de los dioses y su modo de vida ni tampoco su sustancia, nos atrevamos a hablar de cómo administran su vida. Es lo mismo que si uno que sabe que un elefante y una hormiga son animales, ignorando de qué clase son y qué cualidades tienen, quisiera deducir de ello cómo actúan en sus vidas. Los poetas, por Hércules, han sabido atribuir mejor a los dioses los miembros del cuerpo y las acciones.

¿Qué diré ahora? Pues tengo que decir que si los dioses se dedican sin interrupción a su actividad contemplativa en algún momento se tienen que cansar. No cabe, dirás, el cansancio en los dioses. Entiendes, por eso, que trasladas de modo inadecuado a los dioses los comportamientos humanos. Pues no porque sepas que la vida de los dioses consiste en la contemplación, por eso has de poner el sumo bien en la contemplación de las cosas humanas; sino, por el contrario, porque parece que la contemplación es el bien sumo en las cosas humanas. Por eso, cuando has querido hacerla común con los dioses, lo hiciste para dar autoridad a tu opinión y a tu vida. Por lo cual. da lo mismo que atribuyas absolutamente a los dioses nuestra contemplación o que no se la atribuyas. En fin, concedamos ahora que los dioses nunca se sacien de la contemplación y siempre permanezcan en este placer. ¿Nosotros por eso nunca nos cansaremos y lo haremos siempre con placer? Yo hablo de mi experiencia. Estoy tan cansado de mis innumerables estudios, tan agotado, tan macerado que casi estoy enfermo tanto de ánimo como de cuerpo. Y me callo que a veces no podemos comprender alguno, a pesar del trabajo pertinaz, o no lo podemos hacer, como recuerda Quintiliano de Julio Floro, que en un discurso que preparaba para pronunciarlo en un juicio, no encontró el exordio durante tres días.[149] ¿Quién, pregunto, se dedicará a esta ciencia de las letras atraído por la dulzura de la contemplación? Yo cuando, ya mayor, comencé a estudiar las letras griegas, aunque más suaves para nosotros, me fatigaba de tal manera en los primeros rudimentos de la gramática griega que desesperaba de poder seguir aprendiendo. ¿Quién desea estudiar la dialéctica, confusa y horrible, quién la medicina, quién el derecho civil, tu especialidad, de cuya lectura se puede sacar poco o nada de placer y sólo el provecho de aprender? Pero resumiré brevemente: como la acción de las virtudes, la contemplación es laboriosa, aunque aquel famoso Catón, según Lucano, no soportó menores trabajos tanto con la mente como con los miembros del cuerpo cuando recorrió a pie la Libia desierta, como dice en el libro IX. En el II dice también:

> Encontré a aquel hombre con un desasosiego que lo traía desvelado, dándole vueltas a los destinos de los hombres y los acontecimientos de la ciudad, temiendo por todos y seguro de sí mismo.[150]

He aquí una gozosa contemplación y una perfecta felicidad. ¿Qué suplicio o muerte no es superada por esta felicidad? Por eso, cuando muchos se entregaban a la virtud, aseguraban que era suficiente para vivir bien, pero negaban que lo fuera para vivir felizmente. Y tú tampoco, Aristóteles, sentiste esto tan profundamente como para querer dedicarle tus estudios. Me atrevería a jurar por todos los dioses y diosas que, a no ser que te hubieras propuesto el premio de la gloria, nunca habría envejecido dedicando tanto tiempo a tantos libros tuyos, ciertamente admirables. No querías parecer ávido de gloria sino amante del estudio, aunque amaras el estudio no por sí mismo sino sobre todo por la gloria. Cicerón lo dijo más sinceramente cuando habló no como filósofo sino como orador. Pues dice entonces de sí mismo: "Pues ninguna virtud pretende otra recompensa por los trabajos y peligros que esta de la alabanza y la gloria. Y si las quitamos, ¿para qué vamos a ejercitarnos en tan pesados trabajos en tan corto curso de nuestra vida?".[151] Y ahora sobre los filósofos: "Los mismos filósofos, incluso en los libelos que escriben sobre el desprecio de la gloria, los firman con su nombre. Quieren hablar de sí mismos y ser citados por su nombre en los mismos libros en que desprecian el predicamento y la celebridad".[152] ¿Te atreves, Aristóteles, a disimular esto no sólo cundo se refiere a los demás, como he dicho antes de Platón, sino también cuando se trata de ti mismo? ¿Acaso no estuviste ávido de gloria sino que también la pretendiste? Y esto queda claro en muchos textos y sobre todo en el hecho de que, como te dieras cuenta de que Teodecto era elogiado por los libros de *Arte retórica*, que le habías donado, atestiguaste públicamente, en otra obra, que habían sido escritos por ti, despojando así a tu discípulo del regalo y del honor con una gran injuria. Y por tanto si fuiste ambicioso de la gloria, como realmente lo fuiste, por eso dijiste que la contemplación, es decir tus estudios, son el sumo bien, y por lo mismo la felicidad; y por eso también la vida de los dioses, a la que te encomendarías como hombre sabio, como hombre feliz, como un dios. Pero yo te he demostrado que no has sido un dios porque los dioses no se contentan con lo que tú has hecho; ni feliz porque has torcido tu ingenio durante toda tu vida, ni sabio pues proferiste ofensas a tus amigos. Pero soy necio al tratar de argumentar a Aristóteles como si él mismo no hubiera confesado al final de su vida que había pensado equivocadamente en una vida superior. Pues, como no pudiese llegar a conocer la naturaleza de Euripo, se lanzó contra él y escribió su epitafio: "Ya que Aristóteles no pudo alcanzar a Epicuro, Epicuro alcanzó a Aristóteles", con lo que da testimonio de que no se encuentra en la vida feliz la contemplación sino la angustia y la muerte. Por consiguiente en lugar de ser feliz, llegó a ser desgraciado en lugar de amante parricida, en lugar de sabio demente, en realidad más demente que Empédocles que se arrojó al fuego del Etna para hacerse famoso; más demente que Teofrasto, que por el deseo de inmortalidad, después de leer el libro de Platón, se arrojó desde la muralla. Ojalá que los que siguen la doctrina de Aristóteles le sigan también en el modo de morir. Y son infinitas las pruebas que se pueden aducir en este asunto, pero hay que atenerse a la brevedad, cosa que hemos hecho en cuanto ha sido posible. Pero ahora estoy contento tanto por el testimonio de Aristóteles como por el de Virgilio, que en aquellos mismos versos que tú, Catón, recitaste sobre las cuestiones naturales, enseña con claridad que no otra cosa desea sino el placer. Pues donde decía: "Oh, afortunados los campesinos si conocen sus bienes".[153] Y, como claramente concedes, lo demás que dijo sobre el placer. Y cuando poco después escribe: "Pero a mí me son dulces las musas más que todas las cosas".[154] Y lo que sigue, ¿qué otra cosa quiso decir sino que prefería esta felicidad física o al menos la de los campesinos, cuando dice:

> Si no pudiera llegar a estos lugares de la naturaleza
> la sangre se me quedaría fría en torno al corazón,
> Sean mi placer los campos que riegan las corrientes de los arroyos en los valles.[155]

y después lo demás? En esto es muy importante señalar que Virgilio declaró que era una cosa difícil y laboriosa la contemplación, la cual él deseaba, y que incluso podía ser percibida con dificultad por un hombre de singular ingenio. Y en esto no hay ninguna ofensa, pues se puede ver que muchos que escribieron de la ciencia física, en muchas cosas estaban deslumbrados. Me abstengo de nombrarlos, no sea quizá que parezca que les reprendo de buena gana, cosa de la que estoy muy lejos. Yo no me rebajo fácilmente a la refutación de los demás; ahora bien, adonde fuere necesario rebajarse, hay que alabar sin duda que peleemos con valentía. Pero vayamos al grano. Virgilio concluye aquellos versos sobre la contemplación de la naturaleza física conectándola con la vida de los agricultores, cuando dice:

¡Dichoso aquél que llegó a conocer las causas de las cosas y puso bajo sus pies los temores todos, la creencia en un destino inexorable y el estrepitoso ruido del Aqueronte avaro! ¡Pero también dichoso el que supo de los dioses de los campos, y de Pan y del viejo Silvano y de las hermanas Ninfas! A ese tal, ni las fasces concedidas por el pueblo, ni la púrpura de los reyes le hicieron doblegarse, ni la discordia que subleva a los hermanos sin fe; o el dacio, que desciende desde el Istro conjurado, ni los negocios de Roma, ni los reinos destinados a perecer; ése no se dolió, compasivo, del pobre, ni envidió al que tiene.[156]

Y habiendo proseguido este texto con muchos versos, se explayó poniendo ejemplos y aportando diversos testimonios:

Esta vida practicaron en otro tiempo los antiguos sabinos; esta, Remo y su hermano; así ciertamente se engrandeció la fuerte Etruria y Roma se convirtió en la maravilla del mundo y en única muralla abrazó siete colinas. Y aun muchos años antes de reinar el rey dicteo y antes de que una estirpe impía se alimentase de novillos sacrificados.[157]

Por tanto, Catón, he expuesto estas cosas para que comprendas que no debiste reprochar nada menos que las costumbres de los agricultores, a los que has tachado de crueles y feroces. De ellos en los versos anteriores hay esta cláusula: "Por ellos la más alta Justicia dejó allí sus huellas cuando se retiró de la tierra".[158]

Finalmente, tú defines el sumo y único bien como honestidad; y, a su vez, la misma honestidad la defines como las cuatro virtudes y sus acciones. Pues ninguna virtud es conocimiento sino acción de la virtud conocida, como atestigua Cicerón: "toda alabanza de la virtud se basa en la acción",[159] y esto lo aprueban casi todos los autores; pero de estas virtudes no hablan ni Aristóteles ni Virgilio, cuando cada uno por sí mismo elucubran sobre la contemplación. Y de este modo el bien de la vida contemplativa se refiere no a la honestidad sino al placer, como antes he recordado también acerca de las artes, las ciencias y las disciplinas.

XXIX. Por lo cual, me parece de menos importancia para mí el dejar a un lado la otra parte que llaman los estoicos la "tranquilidad de la mente", que pretenden sea como una corona de la mente honesta. Y no veo por qué no pueda referirse al fin que hemos establecido. Pues lo mismo que la contemplación trae el gozo al ánimo, la tranquilidad y la seguridad impiden que solapadamente se cuele alguna perturbación o molestia, como si abriera la puerta al gozo; y también mantiene el gozo conseguido. Y no me engaña el que muchos suelan exhibir este texto y cuántas veces repiten que no hay nada más preocupado, nada más angustiado ni más infeliz que la mente. Se enumeran muchos y se ha contado su vida extensamente: Falaris, Dionisio y otros semejantes a estos. Y añado un breve razonamiento que de ningún modo rechazará los anteriores para no parecer que lo contradigo todo y siempre. Por tanto, no niego que nada hay más infeliz que una mente perversa, lo concedo y lo proclamo, con tal de que entendamos que no hay nada más vacío de todo placer. Pues no hay que aceptar esa mente perversa porque no sea honesta: negamos que la honestidad sea algo, pero no negamos la mente perversa, como he atestiguado antes, donde admitía la prudencia, la justicia y las demás virtudes, Por lo cual, no hay por qué esperar que ahora, por el contrario, apruebe los vicios; más bien los desapruebo y los condeno. Y estos vicios hay que evitarlos, pues no permiten que la mente se serene, ya que la mente tiene que soportar cierto malestar con el recuerdo de las cosas que ha hecho. Eso le pasó a Lucio Sila, cuya mente y ánimo siempre andaban entre los cadáveres de los ciudadanos degollados, de manera que no podía conciliar el sueño. Y aunque no se arrepentía de que los hubiese mandado matar, sin embargo hacía su vida tan amarga que no podía apartar la imagen miserable de los muertos; y esta perturbación de la mente fue la causa incluso de su muerte. Pues, enfurecido su ánimo con innumerables crueldades, mientras se indignaba y se enfurecía con impotencia y desasosiego contra el príncipe de los de Puzzeoli porque no le pagaba un dinero que le había prometido; y así encolerizado, había mandado matar a otros y por la misma cólera, como un veneno, fue asesinado. Nada puede decirse más horrible y execrable que este género de muerte a la que no alcanza la compasión, que suele acompañar a los difuntos incluso a los criminales. Por consiguiente, hay que abstenerse de los vicios ya sea por los motivos que he indicado antes, ya sea para no perder los placeres que nacen de la serenidad de la mente. Mantengámonos lejos de esos vicios y gocemos siempre de la tranquilidad de ánimo. Pues los que no son de ánimo tranquilo son siempre desgraciados, como los ladrones, los sicarios, los jugadores y los tiranos; los que se deshonraron a sí mismos y son conocidos entre los hombres por su infamia; los que ambicionan acumular riquezas y luego no saben qué hacer con las conseguidas, y aumentadas y guardadas durante mucho tiempo y, al fin, expoliados, se afligen; me refiero sobre todo a aquellos que siendo de edad avanzada o bien estando afectados por alguna enfermedad, no tienen nada guardado ni en su arca ni en la amistad; tales son los estoicos, o más bien así serían si llevaran una vida de acuerdo a sus enseñanzas. Y si algunos no se creen demasiado que los estoicos hablan de una manera y viven de otra, miren a Catón para que se avergüence de sus contradicciones y vanas palabras; mientras aprueban con las palabras lo que no hacen, están desaprobando lo que hacen. Pero aquellos más rígidos que probaban con palabras la dureza de su discurso fueron, como digo ahora, los que no reservaron nada para sí ni en sí mismos ni en los otros. Y en cuanto a que yo pueda descubrir el origen de la honestidad, me parece que no la han ejercitado con deliberación sino por inercia. Y así pienso y establezco que han sido y lo son ahora también unos hombres que se dejan llevar por la negligencia y la pereza, y por la dejadez en procurarse las cosas necesarias para vivir; y así eligieron esta vida inculta y horrible. Por lo demás, como todo eso se convirtiera en vicio para la gente, idearon una defensa de sus torpes acciones lo más contumaz que pueda pensarse, de tal manera que hay algunos que prefieren defender su torpe comportamiento antes que abandonarlo; e introdujeron un nuevo dogma tan aberrante para el sentido común cuanto su vida se había apartado de las costumbres comunes. Y así sucedió que ellos fueran despreciados por todos y a su vez todos, conociendo su doctrina, los despreciaron. Como acostumbran a hacer ciertos simios que cuando los niños se ríen de sus obscenidades ellos a su vez se ríen de ellos. Y por consiguiente, a los que consideramos nuestros simios, es decir, a los estoicos, ¿qué confusiones, qué tormentos crees que han de soportar y sufrir, cuando se den cuenta de que son tomados por monos? Y encima se jactan de que son muy felices esos que no tienen nada más infeliz. Pues ¿cómo puede ser feliz quien se apacienta del viento, por no decir el que está aplastado por todos los males? Y esto lo comprendió un poco tarde aquel famoso Diógenes quien, me atrevería a jurar, por el tedio de la vida se puso las manos encima. ¡Qué espectáculo dio con su muerte tanto por sus palabras como por sus hechos! Se cortaba la yugular y decía que no estaba dándose la muerte sino que se producía una fiebre.

Ahora apelo a vosotros, los que marcháis a Olimpia a ver los juegos. ¿Para qué os apresuráis? Deteneos, no avancéis. Tenéis en este lugar con menos trabajo y menos camino mayor espectáculo que los juegos. Mirad, mirad a Diógenes, un especimen de los estoicos y de los cínicos, que ejercita la lucha de gladiadores en sí mismo; pelea a la vez por la vida y por la muerte y no quiere vivir ni morir, y quiere vivir y morir. Hace de médico de sí mismo en cuanto quiere vivir, se da la muerte en cuanto no quiere vivir. Tiene fiebre en su ánimo y cura su cuerpo. Y lo que no voy a pasar por alto, enemigo de Aristipo, adversario del placer, marchaba a los juegos por tan largo camino, con tanta avidez, con pies tan rápidos, viejo, enfermo, pobre, preparado para morir y para matar. Por consiguiente, existió como matado y como matador, de modo que no se ha visto nunca espectáculo como este en la arena. ¡Oh, salida digna de la vida que has llevado! ¡Oh, también, aquella voz llena de sabiduría en el último suspiro! "Amigos, dijo, después de muerto dejadme insepulto". Pues no quiso como hombre civilizado y santo, que siempre vivió de acuerdo a las leyes, defraudar la ley que manda dejar insepulto a quien antes no hubiera llevado al senado la causa de su muerte. ¿Creéis que me estoy burlando? Alabo el dicho de Diógenes y digo que nada fue nunca mejor dicho por él. Pues ¿qué daño hace el carecer de sepultura, cosa que temen muchos no imbuidos en la sabiduría de los estoicos? Y esto lo prueba también Virgilio cuando dice: "Es fácilmente soportable el carecer de sepultura".

Pero veo, Catón, que te irritas como si estuviera burlándome de ti y sorprendido de por qué hago esto, cuando sabemos que Diógenes y otros muchos hombres semejantes han tenido algunos estudiosos de su vida. Pero estos tuvieron motivo para ello en el hecho de que para ellos eran una sorpresa y un placer la novedad de sus vidas, igual que ciertos grandes hombres tienen aprecio a los simios y a los seres monstruosos por el hecho de ser ridículos, y no sólo bestias, sino también hombres extravagantes o dementes.

Así pues, en verdad no me admira que se diga que los estoicos y los cínicos son visitados, honrados y regalados por ciertos hombres, que hemos dicho. Yo, que el dios de la buena fe me ayude, si existiese ahora un Diógenes o un Anacarsis lo visitaría, lo frecuentaría, lo regalaría, y esto, sin duda, aumentaría mi placer hasta saturarme. Y no negaré –pues no está en mis planes falsear la verdad–, que había en ellos ciertas cualidades que estaban llamadas a dar frutos, ya que eran agudos, ingeniosos y experimentados de modo que se pudiera hallar en ellos algunas cosas bien dichas o bien hechas. Por eso alabo algunas de sus cualidades, como las han alabado algunos otros; pero desapruebo su rigor y aspereza tanto de discurso como de vida; y digo que ese rigor excesivo está tan lejos de la corrección de los vicios y de un gran amor a la virtud que yo creo que más bien han caído en excesivo amor a los vicios; no sólo en los vicios de la indolencia y la inercia, como dije antes, sino también en la avaricia, la gula, en los vicios del vientre y de lo que está más abajo del vientre. El camino más fácil para conseguir lo que quieres es fingir que estás lejos de los vicios. Más fácilmente somos engañados por aquellos de los que nada sospechamos. Se suele tomar una ciudad por la parte más desprovista de defensas. Así, aquellos filósofos no sólo fueron amantes de la deshonestidad sino traidores a los hombres, incluso a los propios amigos. Y no pienses que digo esto sin autoridad; tengo autores con testimonios abundantes, pero traeré aquí a Quintiliano, no como testigo sino como un oráculo terrestre, que dice:

> Entre los que antiguamente hicieron profesión de sabios, muchos no solamente dieron buenos preceptos, sino que vivieron conforme a lo que enseñaron; mas en nuestros días, bajo la capa de este nombre de sabios, se encubrieron vicios muy enormes en la mayor parte de los profesores; porque no procuraban ser tenidos

por filósofos por la virtud y letras, sino que con el velo de un semblante tétrico y vestido diferente de los demás, encubrían sus costumbres muy estragadas.[161]

No quiero recordar aquí los actos perversos de los filósofos, que son tantos que necesitaría mucho tiempo para contarlos, y tan grandes que no sé si alguien les habrá superado en vida depravada, exceptuando siempre a los epicúreos, hombres sencillos, abiertos, que no ponen asechanzas a nadie, sólo dispuestos a gozar de los placeres que se les ofrecen.

Baste esto que he dicho sobre la tranquilidad de ánimo de los adversarios. Epicuro, en cambio, cuánto mejor dijo sobre este asunto sólo una cosa pero suficiente: que consideraría feliz el día de su muerte por la memoria de la vida precedente, porque consideraba que la había pasado bien y felizmente. No como Dido en el relato de Virgilio, ni César en el de Lucano. Estos esperaban la gloria de sus gestas, que nada han de conceder a los muertos, como dice el viejo aquel con las palabras de Quintiliano: "Por eso confieso que algún consuelo tuve cuando mi hijo ya estaba muriendo porque vivió infeliz, como quiso, porque su breve vida fue alegre y feliz". Este consuelo es más sincero que la gloria, pues no puede cambiarse y la gloria sí. Y hay algunos que se chancean de nuestra tranquilidad de conciencia, de nuestra seguridad, como si tuviéramos continuamente las llamas de la Furias clavadas en nuestro rostro y nuestros ojos, al modo de Orestes; cuando, por el contrario, ven tan sereno el pecho del hombre que da las gracias por la vida pasada y mira los acontecimientos venideros con ojos serenos y plácidos y no espera la muerte con odio sino como las tinieblas de la noche después del ocaso del sol. Esto está bien, esto es vivir felizmente, esto es bueno, es, digo, morir bien y felizmente.

XXX. Las miradas de fuego de las Furias me traen a la memoria que he de preguntarme si estas han de temerse también después de que el cuerpo se ha separado de los sentidos; y, de nuevo, si hemos de desear los Campos Elíseos, el lugar de los bienaventurados. Yo sé con toda certeza que Catón considera todas estas cosas como una fabulación, puesto que sabe que los dioses no dañan ni se encolerizan con los vivos ni con los muertos; y lo hace con tanta más facilidad al ver que el Elíseo es celebrado con gran placer con juegos, coros, música, banquetes y demás diversiones. Y si los Campos Elíseos existen han de considerarse nuestro futuro, donde pasemos una vida semejante a la de los dioses y los bienaventurados. ¡Oh, excesiva fuerza de la verdad! Aquellos sapientísimos varones no encontraron otro bien, sea en los lugares profundos, sea en los superiores, que el placer. Y no se avergüenzan de reprocharnos a los que pretendemos aquello por lo que se llaman bienaventurados los que lo poseen. Pero tú dirás que hablar de las almas como si fueran cuerpos es algo semejante a los cuentos de las viejas. Y en esto ciertamente no disiento, pues queda claro que lo mismo que no hay premios para los difuntos tampoco hay suplicios. Y esto es lo que pensaba Cicerón al principio de las *Tusculanas,* cuando dijo a uno: "Dime, por favor, ¿a ti te aterrorizan el Cerbero de tres cabezas, la travesía de la laguna por Aqueronte y todas esas cosas?". Y le hace responder: "¿Qué, acaso crees que estoy delirando para que crea esas cosas?". Y poco después pone en boca del mismo: "¿Vale la pena demostrar que estas cosas son imaginaciones de los poetas y pintores? Los libros de los filósofos están llenos de discusiones sobre estos temas. Ciertamente de modo inadecuado. ¿Quién es tan insensato que le conmuevan estas cosas? Si, pues, en los infiernos no soy desgraciado, no hay nadie en los infiernos. Así en verdad lo pienso yo".[162] Y luego Cicerón, en una causa pública en el discurso en defensa de Cluencio, dice esto:

> ¿Qué mal le hizo la muerte? A no ser que nos dejemos llevar por patrañas y fábulas pensando que él en los infiernos está sufriendo los suplicios de los impíos, que ha encontrado allí más enemigos de los que dejó aquí y que las Furias vengadoras de su suegra, de sus mujeres; de su hermano y de sus hijos, lo han precipitado al lugar perdurable de los criminales. Pero, si todo eso son mentiras –como todo el mundo sabe–, ¿qué otra cosa, en resumidas cuentas, le ha arrebatado la muerte si no es el sentir el dolor?[163]

Estas son las palabras de Cicerón y su opinión.

XXXI. Acaso me pides que hable de la opinión de Pitágoras y de Platón acerca del paso inmediato de las almas de un cuerpo a otro cuerpo, que Virgilio imaginó en estos versos: "De nuevo comienzan a querer retornar a los cuerpos".[164] Pero esto ni Porfirio ni Apuleyo, dos de los más importantes platónicos, han confiado en poder defender esta doctrina contra los filósofos opositores. Y poco después Macrobio, platónico también y el más grande, haciendo suyas muchas opiniones de Platón y muchas también de Plotino, habla titubeando con tanta inquietud, acerca de este asunto que parece que anda sobre espinos y sin asentar los pies. También Marco Terencio Varrón había discutido antes mucho sobre esta doctrina, como en sueños y vaticinando sobre la muerte al modo de Tiresias, como dijo Horacio: "Lo que diga será verdad o no".[165]

Y por esto bien puede probarse que fue aberrante esa opinión porque Pitágoras, el inventor más que de esta teoría de esta locura, de la que intentó persuadir a otros y ni siquiera se persuadió a sí mismo, pues era consciente de su mentira cuando decía que recordaba que en la guerra de Troya existió Euforbo y que la lanza con la que fue herido la vio clavada en un templo (cuando en Troya quizá no fue matado ningún verdadero Euforbo, sino inventado por un poeta). Después fue Pirrandro, después Talidemán, después, para conquistarse la benevolencia de todas las mujeres, fue Alcón, una mujer ciertamente hermosa pero meretriz. ¿Por qué extraño destino este beneficio de la memoria le tocó en suerte sólo a Pitágoras? ¡Oh, desgraciado abogado defensor que en una causa en la que hay que probar con testigos no encuentre ninguno sino a sí mismo, como si se pudiese ser juez de la causa y a la vez testigo! Pero le era suficiente actuar sin testigos, pues tenía a quienes le creían. Pero a mí, que no lo creo, ¿cómo me lo probarás? Como dije, ni él mismo se lo creía, pues sabía que nada recordaba de cuánto había sucedido antes de nacer. Por esta mentira sabemos que fue un hombre frívolo y, como no tenía nada cierto y claro, se complacía en repetir grandes novedades maravillosas. Imitándole Platón, como he dicho, lleva las almas a las estrellas con las cuales promete que los buenos y sabios vivirán unidos. Puede ser que no le gustara el Elíseo. ¡Vaya premio, por Hércules, si fuese verdad! No quisiera yo ser un sabio girando eternamente con los astros con esa inenarrable celeridad y velocidad vertiginosa del cielo. Al fin Platón promete a sus seguidores el mismo suplicio que se dice tuvo Ixión en los infiernos.[166] Tengan para sí estos bienes; yo ni los envidio, ni los deseo; y pienso que hay que alejarse del hombre que enseña no sólo tonterías en lugar de sabiduría, sino que prometa el castigo en lugar del premio. Pero, para que no temamos aquellos giros vertiginosos, creo que Platón dijo que las estrellas tienen alma para que nosotros esperemos también vivir con ellas; pero es algo demencial tanto decirlo como creerlo. Las estrellas no tienen más almas que nuestros fuegos. De esta opinión están muy lejos los estoicos, que siempre se adhieren a las opiniones más descabelladas, pues no niegan en absoluto la muerte del alma: piensan que tienen un origen tal como dice Séneca, para emplear sus mismas palabras:

> si es cierto aquello con lo que precisamente se demuestra que los hombres son de espíritu divino, que unos trozos de los astros, algo así como chispas, saltaron a la tierra y se asentaron en un alojamiento ajeno.[167]

¿Y qué es pertinente decir de Panfilio, al que el mismo Platón recuerda y presenta diciéndonos cuál sea el estado de las almas, cuando no sólo los epicúreos ridiculizan su fabulilla sino que los mismos platónicos se avergüenzan de ella? Cicerón, sin embargo, en el libro VI de la *República,* quiso que induciendo a Africano un sueño, subiese al cielo y viese y oyese los premios que allí estaban preparados para los buenos. Pero él mismo, tan gran orador, podría ver si los sueños tuvieron nunca algún lugar en los testimonios de los juicios; aunque ni siquiera fueron verdaderos aquellos sueños. Por lo tanto, si ni el mismo Cicerón creyó al Panfilio de Platón, ni los mismos platónicos creyeron a su Escipión, él no puede dar fe del sueño de su Escipión, a pesar del comentario que se inventa; como Homero y Virgilio no esperaron nunca ver los Campos Elíseos, que ellos se imaginaron. Mi Epicuro, por el contrario, prefiere admitir que después que se disuelve, no queda nada del viviente. Llama viviente son tanto al león, al lobo, al perro y a los demás seres que respiran. Y eso mismo me parece a mí. Ellos comen y nosotros también, ellos beben y nosotros también bebemos, ellos duermen y nosotros también dormimos. Engendran, conciben, paren y crían igual que nosotros. Poseen cierta parte de nuestra razón y nuestra memoria, unos más que otros; y nosotros algo más que ellos. Somos casi iguales en todo. Finalmente ellos mueren y nosotros también morimos. Ellos totalmente y nosotros también totalmente. Pero cuándo saldremos de la vida lo sabremos entonces, o mejor, no lo sabremos. Pero ahora sirvamos al placer, que sabemos que es el único bien en las cosas humanas. Y si nos prometieran una y otra vez los Campos Elíseos consideraría necio dejar las cosas ciertas por las inciertas, sobre todo cuando son de la misma condición. Pero cuando afirman que no hay ningún bien corporal para los muertos, ¿para qué les vamos a escuchar? Cuando nos prohíben aquellos placeres del cuerpo, sobre todo cuando por este placer corpóreo se dé un paso hacia aquellos otros placeres futuros del Elíseo, si creemos a los poetas. Por consiguiente, no dejemos escapar estos bienes del cuerpo mientras es posible (¡ojalá durasen más tiempo!), que nunca pueden recuperarse en otra vida. Y gocémoslos con satisfacción cuanto podamos (que podemos mucho) con los ojos, con los oídos, con el paladar, con las manos y con los demás miembros del cuerpo. Espero que así lo hagáis sin necesidad de nuestro consejo.

XXXII. Ya en la última parte y, por decirlo así, en el epílogo tenemos que hablar de las alabanzas a los placeres. Es grato al que divisa ya el puerto tras una larga navegación cantar a pleno pulmón. Si alguien pregunta alguna otra cosa, aquí la tiene. Pues no sólo las leyes, de las que hemos discutido antes, han sido inventadas para la utilidad, que genera placer, sino también las ciudades y los pueblos. En lo que se refiere a los gobernantes, nunca ha sido elegido uno sino con la esperanza de los hombres de que les trajera un gran bienestar. Para qué voy a recordar las innumerables artes, además de las que se llaman liberales, de aquellas que se relacionan con las necesidades de la vida ordinaria, o bien con la elegancia y ornato de la vida, como es la agricultura (pues en realidad es un arte, como atestigua Varrón) o la arquitectura, la pintura, la navegación, la confección de tejidos, el tallado de imágenes y la aplicación de la púrpura. ¿Alguna de esas artes acaso hace pensar en la honestidad? ¿O las artes liberales? ¿Los números, la medida, el virtuosismo del canto conforman la honestidad? ¿Qué diremos de la medicina, pues los que la practican no buscan otra cosa que la salud de los demás y su propio lucro, aunque también son médicos para sí mismos? Añadiremos también la dignidad de la que pueden jactarse con motivo los juristas. En cuanto a los poetas, como dice Horacio: "O quieren ser útiles o deleitar". Esto, en relación a los demás; en cuanto a sí mismos, la gloria. Son parecidos a estos los historiadores, si bien a unos y otros les llega alguna ganancia. La oratoria, que se llama la reina de todas las cosas, tiene tres clases de discurso: dos de ellos, enseñar y conmover, ya veis a qué nos estamos refiriendo; el tercero, que es deleitar, complace por su mismo nombre, sea de Aristipo o de Crisipo.

Por otro lado, ¿cuál es la razón de ser de la amistad? ¿Acaso es buscada y tan alabada por todos los siglos y en todas las naciones por otra cosa si no por las ventajas que se pueden obtener en el desempeño de los deberes, como el dar y recibir las cosas necesarias en las situaciones comunes, o por la satisfacción al hablar, al escuchar o al hacer juntos las demás cosas? Y en cuanto a los señores y los siervos, no hay duda: la única razón del vínculo que existe entre ellos son las ventajas mutuas. ¿Qué diré de los maestros y los discípulos? Los que enseñan no pueden querer a sus discípulos sino en cuanto de ellos esperan conseguir la paga o que alcancen alguna fama. Y los discípulos tampoco suelen ser "piadosos" con ellos, si encontraron en lugar de hombres eruditos, presuntuosos, en lugar de maestros afables, malhumorados; de estas dos clases de hombres una hace referencia a la utilidad, la otra al placer.

Pasemos a aquello más allá de lo que no hay nada. ¿Qué vínculo hay entre padres e hijos, si no es el de la utilidad y el placer? Si bien del amor de los hijos para con sus padres habla así aquel piadoso hijo en palabras de Virgilio:

> Y me acoge después
> el puerto y la infausta rivera de Drépano.
> Y allí, tras de sufrir los embates de tantas tempestades,
> pierdo a mi padre Anquises, ¡ay
> consuelo de todas mis angustias e infortunios. Allí me dejas solo
> en mis fatigas tú, el mejor de los padres, arrancado,
> ¡ay!, en vano de tan grandes peligros.[169]

Aquí Eneas se lamenta de su propio infortunio. Sobre el amor de los padres a los hijos, hablaremos entre nosotros de dos reyes, uno de gran humanidad, el otro de gran crueldad, Evandro y Mecencio. Entre los griegos mencionaré también a dos reyes, padres de los dos Áyax, a los que vemos que lloraron únicamente la pérdida del objeto de su amor por la muerte de sus hijos; como mucho menos hay que poner en duda el amor entre el marido y su esposa, o el de hermanos y hermanas. Sin embargo, el matrimonio y la unión de un hombre y una mujer parece nacido del mismo útero del placer. Así pues, si hay que hacer algo piadoso y benignamente por nuestros padres, hermanos, familiares y por los demás hombres, doy un consejo: no lo atribuyamos a la honestidad, como piensan algunos, sino que intentamos mover el afecto, esto es, que aquello que uno hace le sea placentero; o dicho de otro modo les enseñamos lo que nos parecía que menos recordaban, menos sentían, menos entendían. ¡Oh, dioses inmortales! Tampoco me es ilícito guardar silencio acerca de vosotros. Pongo por testigo vuestra fidelidad: ¿acaso alguien alguna vez os suplicó que le gratificarais con la honestidad, o aceptó o incluso hizo votos para conseguirla, o con esta esperanza acudió a vuestros templos, o los adornó, o los construyó? En cuanto a mí, tengo por cierto que no os he pedido cosa semejante. ¿Tal vez Catón lo haya pedido alguna vez? No opino, pues no a vosotros sino a sí mismo atribuye la sabiduría que ha conseguido. Dejaré de hablar de nosotros dos; veamos acerca de los demás. Uno pide la salud, oro, riquezas; otro, hijos; otro, una larga vida; otro, la victoria, o librarse del peligro, o el imperio. Por eso los dioses, que pueden conceder estas cosas, reciben honores: Esculapio, Juno, Fortuna, Marte, Júpiter. En cambio las divinidades de la honestidad no sólo ninguna es celebrada sino que ni siquiera sabemos que la haya. ¿Qué diré de los juegos apolíneos, los circenses, los florales, los lupercales? De ellos podemos argumentar que son gratos a los dioses y deben ser bien recibidos por los hombres, como son las aguas termales de Bayas, los baños, los sacrificios expiatorios, el lanzamiento de discos, juegos de ruedas, de círculos y semicírculos. ¿Qué diremos de los augurios, los auspicios, las adivinaciones y cosas semejantes, que han sido inventados por los hombres o manifestados por la divinidad para este fin, sino que buscan la conservación de la vida, del poder o de los bienes? ¿Qué diré del juramento, que tiene la mayor consideración de todos los testimonios, al que los soldados son obligados, por el que se cumplen las promesas, por el que se guardan los pactos?¿No ha sido instituido con el fin de que, si no lo cumplimos, temamos a los dioses irritados? Y si estos no se irritan, no hay ninguna razón para el juramento. ¿Qué diremos de la maldición, de la imprecación, del conjuro, que empleamos con frecuencia en las relaciones con los demás? ¿Y qué puedo decir de los hombres, tan dados a equivocarse? Sin duda nunca ninguno de los dioses, cuando consultas tantos oráculos, ha mencionado la honestidad. Se puede aprender con el ejemplo tan expresivo y valioso de Apolo Pitio, que aconsejó a los lacedemonios que se apartaran de la avaricia, porque por ningún otro vicio había de perecer la ciudad de Esparta. Por consiguiente, veis que la avaricia es mala porque es perniciosa para los avaros y la liberalidad es buena porque origina y lleva consigo bienestar en los asuntos privados y en los públicos, hasta el punto de que los mismos que admiran la honestidad no la ponen en duda, al igual que admiran al ave Fénix. Y cuando estos confiesan que la liberalidad forma parte también del cuidado de la vida y admiten la posibilidad de que los hombres posean las cosas útiles, como las riquezas y la abundancia de todo en general, ¿qué otra cosa es, sino que se ven impulsados, por la fuerza de la verdad, a colocar la utilidad junto a la honestidad? Aunque se apropiaron de lo que no era suyo diciendo que lo útil nace de lo honesto, al tiempo que el nombre de los deberes que es propio de la otra parte hicieron partícipe también a la nuestra. En esto hay que advertir que no sólo no hay que anteponer sus deberes a los nuestros sino que es absolutamente vana la cuestión entre lo honesto y lo útil, con la que se atormentaron tanto los filósofos; pues no sólo es preferible la utilidad, sino que hemos de enseñar que la honestidad no es nada. Y no está muy lejos de mi opinión aquel famoso académico, Carnéades, quien impunemente, sin temor ni a los estoicos ni a los peripatéticos, disertaba a favor de la justicia y contra la justicia, es decir decía lo mismo a favor de lo útil y a favor de lo honesto.[170] Porque era académico se atenía a la ley de no descubrir su opinión, sino que hablaba en pro y en contra de una y la contraria. Si hubiera hablado según la costumbre de los demás y hubiese podido afirmar cuál de las dos era más verdadera, no hay duda de que se habría decantado por la utilidad, pues su ingenio se enardecía contra los estoicos al considerarlos enemigos acérrimos.

XXXIII. ¿Por qué, finalmente, no intentamos también reconciliarnos con nuestros adversarios, no sea que parezca que hemos declarado una guerra eterna a la honestidad? Hay que tener piedad y misericordia con los vencidos y resulta más agradable reinar sobre hombres que se sienten libres que sobre los que obedecen a la fuerza. Atribuyamos esto a los más insignes varones, entre los que volvemos a contar a nuestros amigos estoicos para que no parezca que ha sido eliminado y ha desaparecido totalmente su nombre, el cual, por otra parte, muy insignes autores elevaron a los cielos. Por tanto decimos que lo honesto es en cuanto al género lo que las virtudes en cuanto a la especie; y estas virtudes tienen como fin la utilidad. Por consiguiente, obran con honestidad los que anteponen los mayores beneficios a los menores y las menores molestias a las mayores (para lo cual es necesario conocer los mayores beneficios y las menores molestias); y obran deshonestamente los que hacen lo contrario.

XXXIV. Pero, para volver a vosotros, insignes jueces, si no sólo la utilidad sino también el placer han sido elogiados por el consenso de los hombres y por el juicio de los dioses, ¿puede haber alguna razón por la que no procuremos también nosotros gozar del placer? Por eso os suplico e imploro que a mí al menos no me neguéis el placer de gozar en el día de hoy, puesto que cenaréis en mi casa; o que no me deis ocasión de avergonzarme, lo que depende de vuestra benignidad. Yo que, si no consiguiera corregirme en el banquete de hoy del vicio de la locuacidad con el que he ensordecido vuestros oídos, no me atreveré nunca más a dirigiros un discurso sin ruborizarme. ¿Qué diré, si yo he sido tan amable con mis adversarios hasta llegar a concederles que no hay nada mejor que la honestidad, cuánto más corresponde a vuestra bondad no ser desconsiderados con un hombre tan amigo vuestro como yo en esto que pretendo de vosotros? Pues si puedo prometer algo de mi parte, afirmo que os daré y llenaré de tanta alegría que no sólo no os arrepintáis de haberme hecho feliz, sino que os cause placer. Además he de callar ya de tan larga perorata para oír más cómodamente a Catón después de la cena. Finalmente, determinad vosotros que creéis que hemos de hacer. La cena está ya preparada para vosotros por Apicio, el príncipe de los cocineros, lo que ha venido a anunciarme aquí el bueno y entendido en letras Gecanio, administrador de mi casa. Si no me creéis a mí, escuchadle a él.

XXXV. Cuando Vegio había dicho todo esto podía verse que todos vacilaban y se miraban unos a otros, pues querían seguir las recomendaciones que había hecho con tanto interés; sin embargo, no querían ofender a Catón. Entonces Catón, dándose cuenta de ello, dijo: "¿Acaso, Vegio, ignoras en público y en privado la ley sobre el cohecho y no temes la acusación de mí, tu competidor, en el senado, es decir, en presencia de aquellos severos jueces? Pero recibe de mí un beneficio mayor que el que tú me has hecho. No quiero contraer una deuda contigo, si bien hay que considerar como un honor el sufrir ciertas ofensas. En mi intención no está el impedir que estos vayan a tu casa. Y para colmo de bondad, me considero tu invitado y esto por mi libre decisión, pues convocaste a estos a la cena pero no a mí. Por tanto, para que te alegres, para que saltes de alegría, para que triunfes, yo también seré hoy epicúreo; pero te aseguro que no sin un gran perjuicio para ti. Haremos tan bien de epicúreos que te arrepientas de haberte declarado uno de ellos; y como no puedes ser disuadido con palabras de lo que estás tan persuadido, lo serás por el perjuicio que te causa".

XXXVI. Entonces, como todos se levantaran riendo, Vegio dijo: "No puedo yo recibir ningún daño sin que le saque algún provecho, mientras te vea claramente como un epicúreo, de lo que tengo alguna esperanza por tus palabras. Pero esto espero confirmarlo durante mi cena".

Diciendo esto, cogió la mano de Catón y condujo a todos a su casa, que estaba cerca.

LIBRO III

PROEMIO

Hemos llegado a la parte mucho más seria del tema propuesto. Como dice Marco Fabio Quintiliano: "Los barcos están en alta mar, ya no se ve nada de tierra, por todas partes mar y cielo".[171] De modo que no sólo el ánimo se encuentra con que tiene que atravesar esta inmensa extensión del mar sino los ojos también se llenan de pavor al contemplarla. Así pues, en los libros anteriores, como los que navegan no lejos de la tierra suelen tener menos miedo, así yo lo invadía todo sin temor y todo lo superaba con audacia e ímpetu, y obligaba a los oyentes a asentir a la mera aseveración. Pero ¿qué pienso hacer de ahora en adelante? Entendiendo que, comoquiera que ahora tengo que hablar de las cosas divinas, tendré que hacerlo no con afirmaciones tajantes sino con comedimiento, no con audacia sino con temor, no con suficiencia sino con miedo. Además tendré presente que es necesaria la ciencia de las cosas divinas, integridad de vida y severidad de costumbres. En primer lugar, cuán necesario es conocer bien las cosas de las que hablamos, por eso es verdad lo que decimos vulgarmente: "Cada uno se dedique al arte que conoce". Y si en los negocios del foro y en los asuntos civiles todos actúan muy mal en los asuntos que no conocen, ¿quién se atreverá a tratar sin preparación los temas de la divinidad, que necesitan mucho estudio para conocerla? Pero creo que nadie que pretenda realizar un trabajo dude de ello. ¿Qué diré de la integridad de vida? ¿Acaso alguien puede hablar bien siendo malo? Aunque Esquines dijera de Demóstenes que hablaba bien y era malo[172] sospecho que esto se lo echaba en cara más por enemistad que con verdad. La prueba está en que en aquel juicio Demóstenes fue absuelto y Esquines fue condenado y enviado al destierro. Pero concedamos que alguien pueda hablar bien viviendo mal. ¿Acaso podrá convencer a alguien de lo que él mismo no está convencido? ¿Podrá mover a sus oyentes a la ira o a la compasión si él antes no está conmovido por esos sentimientos? Eso no puede ser.[173] Nadie puede encender en otros el amor de las cosas divinas si él está frío en ese amor. En cuanto a la severidad de las costumbres, que es la tercera parte, la he separado de la anterior porque muchos son verdaderamente justos, buenos, inocentes, continentes, pero ni en sus palabras ni en la conducta ordinaria, muestran la dignidad que considero absolutamente necesaria por que los hombres la juzgan antes que todas las demás cosas. Y si esta faltase, no sé por qué razón las cosas hermosas por su propia naturaleza parecerían manchadas. Y no sin razón aquel decoro que los griegos llaman πρέπον es considerado muy conveniente para la vida; como sucede, por ejemplo, si el género del discurso no está de acuerdo con la materia de la que se trata. ¿Qué es más impropio que decir cosas sublimes precipitadamente, hablar de temas importantes con lenguaje vulgar, o de las cosas serias y divinas con descuido y sin dignidad, como si una cosa que quisieras ver tratada con honor pareciera que la tratas con desprecio?[173] Con razón Cicerón refiriéndose a Aristón echa en falta la seriedad en su discurso con estas palabras: "Pero no tiene la seriedad que se le exige a un gran filósofo. Ciertamente sus escritos son muchos y bien elaborados, pero, no sé por qué razón, su discurso carece de autoridad".[174] En efecto, el que habla de un tema que no conoce bien no otra cosa manifiesta que su impericia y temeridad, pero el que toca las cosas santas con manos sucias y un discurso descuidado, ¿acaso no merece mayor castigo? Y este crimen lo cometen, o bien los que ignoran que esto es un crimen, o bien los que están convencidos de que están preparados para tal cometido (y en esto somos muchos los demasiado amantes de nosotros mismos). Pero yo, como considero muy peligrosa la administración de esta provincia y para mí las tres cosas que he expuesto antes son o muy pequeñas o nada en absoluto, he querido intentarlo, aunque con buena intención y sin presunción. Pues no puedo prometer que aporte más de lo que puedo dar; y obraré de tal manera que siempre tenga en cuenta que hablo de un tema del que pienso que, al tratarlo, puedo cometer errores menores más que graves. Pues así como raramente naufraga el marinero que siempre tiene presentes las tempestades ni cae en manos de los enemigos el que con frecuencia piensa en sus emboscadas, así difícilmente ofenderá la majestad de Dios, que es lo primero que queremos evitar, si asiduamente lo reverenciamos. Pero de esto hablaré después, pues antes hay que tratar de ciertas cosas. En primer lugar, pido que Raudense responda a Catón y a Vegio, pues ahora le toca a él; después, que exponga su opinión a favor de los epicúreos y contra los estoicos; y luego pase a la confirmación de la causa cristiana del verdadero placer y el verdadero bien. Después, pase a tratar de las cosas del Paraíso, donde está la sede del verdadero bien.

I. Una vez hubieron cenado con mucha alegría, les apeteció salir a disfrutar de los amenos jardines que rodeaban la casa; tras dar dos o tres vueltas paseando y contemplando su bella disposición y ornato, Catón tomó la palabra para decir: "¿Acaso Vegio puede honradamente ser coherente consigo mismo? En ese caso, no puedo dejar de alabarlo. Apenas encontrarás en los amantes de las virtudes esta constancia que vemos en este amante del placer, y en el verdadero amante de la sabiduría lo que en este verdadero amante del cuerpo, para que todo esté en perfecta armonía: la conversación, el gesto, el vestido, la comida, la casa y hasta los mismos jardines, con los que ha querido presentar e imitar a su querido Epicuro. Pues ¿quién no ha oído hablar de los jardines de Epicuro, en los que enseñó y dio a conocer su doctrina? Así ahora él, como un renacido Epicuro en otro cuerpo, ha intentado introducirnos en la sabiduría epicúrea no sólo con su discurso sino también con su banquete, su jardín y todas sus artimañas. ¡Ojalá, Vegio, te esforzaras tanto por las cosas honestas! ¡Cuánto más grande serías, y con menos esfuerzo! Entonces dice Vegio: "Entiendo lo que le molesta a Catón, por Hércules, no sin razón; sería injusto no prestar atención a lo que va a decir, pues yo mismo espero escucharle con suma avidez. Pero, acuérdate, Catón, de esconderte el rostro bajo un plátano, como hizo Sócrates en el *Fedro*.[176] Este, cuando hablaba de amor y de cosas voluptuosas no quiso que su rostro se viera, no fuera que se notara en su rostro cuando hablaba con menos decoro, aunque también tendría que tener cuidado con la voz. Tú, con mucha más razón, mientras discurseas contra el placer, no debes ver la belleza de estos árboles y de estos jardines, no sea que te exciten y no te dejen censurar el placer que provocan ciertos encantos. Pero sentémonos ya en este cercado epicúreo, en este verdeante lecho, bajo la bella enramada de los hermosos árboles que desprenden tan buen olor y nos ofrecen agradable sombra, y escuchemos a Catón disertando contra estos jardines". "Yo, Vegio, no te acusaba", dijo Catón, "porque deseara hablar. Pues, ¿para qué me ha de ser necesario hacerme escuchar con fingimiento? El que sigue la honestidad y las virtudes no tiene por qué fingir ni hacer nada con disimulo. Y yo, como he dicho antes, escucho con más agrado que hablo, si bien ignoro, Vegio, si esto te contraría. Y para que sepas que es así, no quiero hablar más. No porque piense que debo cubrirme el rostro (se lo velen aquellos que saben que dicen cosas vergonzosas y haciendo esto confiesan que lo hacen), o porque teman que esos árboles plantados por tu mano se vean crecer de hora en hora por tu canto y tu voluptuoso discurso, y se vuelvan tan delicados que si oyeran el discurso de los estoicos derramarían lagrimas, más aún, dejarían caer sus hojas y sus frutos sobre la tierra y sobre nuestras cabezas; o, finalmente, porque no me viene nada a la mente que pueda responderte. Pues ¿a quién le pueden faltar palabras en este asunto? Pero, si tengo algún pudor, pienso que debo evitar cargar vuestros oídos, sobre todo porque están ya aturdidos, (la única verdad que ha dicho Vegio), con un discurso aburrido, porque tendría que pronunciar un largo discurso en mi defensa y contra Vegio, para el que apenas podría disponer ni pedir un corto tiempo; después, porque no es lícito impedir a Vegio (ni él lo soportaría) que hable y hable no tanto en su favor como contra mí. Así se dirige a mí con ánimo de gladiador. Y si de nuevo empezara a hablar, dirá pocas cosas, de tal manera que le tendréis que escuchar no ya hasta el ocaso sino hasta la salida del sol. Pues ¿qué no pensará que puede hacer en su casa, en los jardines con los que tanto se deleita? Y esto, después de una cena en la que se ha calentado con el vino y piensa que os tiene cogidos por el banquete que os ha dado. Finalmente, tenemos que dejar lugar a otros para que hablen y no parezca que somos más sabios que los demás, pues quizá somos los que menos sabemos. Si ahora alguno de vosotros respondiera, desempeñaría la función de juez, de modo que nada se le podría objetar después. No veo a ninguno de vosotros que no pueda ser el mejor juez en esta causa. Pero no es de mi incumbencia acercar (como sucedía entre los griegos) la copa al primero que se me antoje. Lo decidiréis vosotros.

II. Habiendo dicho esto Catón, todos se preguntaban y se animaban unos a otros a responder, si bien muchos proponían o rogaban a Antonio Raudense que diera su opinión o declarase su deseo, pues es un hombre de gran erudición, de gran rigor y de gran prestigio entre la gente por su manifiesta religiosidad; y por eso pensamos que era adecuado para este cometido. Cuando comprendió que no podría excusarse fácilmente, se recogió en sí mismo, se compuso el hábito dando a entender que se preparaba para hablar, y después comenzó a hablar entre la gran expectación de los presentes.

III. No me engaña el que entre todos me mandáis que hable, yo que soy el que menos de todos debía ser elegido para este cometido; es algo que debíais haber comprendido por el silencio que he guardado mientras hablaban los dos que hoy hemos tenido que escuchar. Y si fuese elegible –de lo que, por el contrario, estoy muy lejos–, no lo habéis hecho porque queráis escuchar mi opinión, pues no sois tan ignorantes que me pidáis a mí, como si fuera más sabio, lo que podéis enseñarme vosotros, sino porque sin duda pensáis que tenéis que rechazar el orgullo de juzgar, pues conocéis aquel antiguo precepto: "Juzga entre dos enemigos más bien que entre dos amigos, porque de los enemigos a uno lo reconcilias contigo, de los amigos a uno lo alejas de ti". Y si tenéis tan gran motivo para conservar la amistad de estos dos, ¿por qué no la mía, que me habéis endosado la odiosa carga de elegir entre dos amigos? Tanto más cuanto no os conformáis con encargarme este tan importante asunto sino que me exigís enjuiciar lo que se ha dicho antes; o sea, que pensaréis mal de mí si no digo libremente lo que pienso, temiendo ofender a Catón o a Vegio. Así me hacéis dos ofensas, una porque queréis que juzgue a mis amigos, otra porque queréis que me juzgue a mí mismo, y a las dos les tengo mucho miedo. Por lo cual, ¿quién de vosotros me va a censurar si no hago más que temer lo que vosotros teméis, y os tengo a vosotros como los que me provocáis tal temor? Pero ¿para qué voy a intentar rechazarlo?

Le daría igual a estos tan insignes hombres, que imponen ser secundados y obedecidos y acometer con diligencia esta misión que habéis delegado en mí para que no parezca que yo a mi vez la delego en otros; sobre todo, porque he de temer vuestra censura. Diré, por tanto, espontáneamente lo que sienta (acaso vosotros lo estiméis correcto); y daré mi opinión sobre estos dos amigos, y no temo que por mi juicio incurra en alguna ofensa contra ellos pues, si son hombres justos y se preocupan por el amor de encontrar la verdad y no de provocar conflictos, no creo que me vayan a censurar lo que digo libremente y lo que proclamo que me parece la verdad. Sin embargo, quiero dejar satisfechos a los dos, pues es mi intención, aunque no disienta de ninguno de ellos, refutar el discurso de ambos, pero brevemente. Así, de cualquier modo que sea, bien aprobándolos o desaprobándolos, para mí deberán ser iguales, puesto que digo que tanto la honestidad como el placer deben ser igualmente aprobados como desaprobados. Y ello porque la honestidad y asimismo el placer son lo mejor que existe; pero también porque se han de aceptar por motivos distintos de los que vosotros proponéis. Confío, sin embargo, en que estéis de acuerdo conmigo. Pero, Catón, será para mí asunto de mayor importancia quedar bien contigo, que has introducido esta disputa. A Vegio, como ya ha tenido un largo discurso, espero dejarlo satisfecho con uno breve.

IV. En cuanto se refiere a la primera parte, Catón, donde te lamentas de la suerte del género humano, que, aunque quisiera, confiado en tan pocas tropas, no puede vencer a tantos enemigos, apruebo y alabo, Catón, tu lamento. Que sepas que es de corazón manso y bueno el de quien hace suyos los males de los demás. En cuanto que has recriminado a la naturaleza porque actúa mal con nosotros, decididamente asiento y estoy de acuerdo con tu acusación, con tal de que digas claramente el crimen que le imputas. Pues no pruebas lo que consideras evidente; y das por probado que es mayor el número de vicios que el de virtudes. No porque traigas como autoridad a Aristóteles, hombre de un ingenio excepcional, vamos a asentir enseguida, si bien él no tenía esta opinión como propia sino que la tomó de su maestro Platón, del cual suele disentir de buena gana. ¿Ves como estoy apoyando tu doctrina? Pues tenemos la autoridad no sólo de Aristóteles sino también, lo que es más importante, de Platón, que entiendo siempre tuvo mucho valor y debe tenerlo. Pero ten en cuenta que no siempre hemos de fiarnos de los autores, que aunque dijeron bien muchas cosas, a veces, de acuerdo a la manera de ser de los hombres se equivocaron. Así pues, afirmo que es muy necio el que confía totalmente en los libros y no examina con gran atención si es verdad lo que dicen, en todas los temas pero sobre todo en cuanto a las virtudes, en las que se asienta toda razón de vivir. Y siendo así esto, veamos si tu querido Aristóteles hizo bien estableciendo un mayor número de vicios que de virtudes. Tú estás de acuerdo con él en este punto, pero yo no, en absoluto, puesto que puede probarse con un argumento evidentísimo que cada una de las virtudes consiste en la oposición frontal a su correspondiente vicio y que es falso lo que se dice, que de una parte hay exceso y de otra defecto y en medio está la virtud; y esta medianía se postula como si fuera entre lo excesivo y lo escaso; y en vano se disputa acerca de cuál de los dos extremos sea más contario al medio. Así pues, ¿a ti te parecerá que es fuerte el que huye o teme ciertas cosas que son verdaderamente temibles? Ciertamente, no es miedoso. Asimismo, el que goza de varios placeres permitidos, ¿por eso podemos llamarlo temperado? Ni mucho menos, de igual modo que no se dice de uno que es fuerte porque huya de los peligros sino porque no huye, y que tiene templanza no porque goce de muchos placeres permitidos sino porque pone les pone límite. Uno que hacía el camino a pie, al ver una banda de ladrones la evitó metiéndose en las selvas a la carrera. Todos dirán que obró rectamente. Ahora bien, tras penetrar en el bosque y, un poco cansado del camino, vio un plátano con sus frondosas ramas extendidas, movido por una brisa suave, rodeado por el prado florecido y el arroyo murmurante y el canto de las aves; invitado por la amenidad del lugar, se acostó y descansó un poco bajo el plátano. Después, deleitándose cada vez más en aquel ameno lugar, se durmió. Nadie le reprenda tampoco por ello. Ahora bien, ¿qué menos apropiado que llamar fuerte a este hombre por aquella fuga o temperado por aquel rato de descanso y sueño? Y si este caminante del que hablo no es ni fuerte, ni temerario, ni perezoso, y si tampoco es ni temperado ni estúpido, ¿cómo lo llamaremos? Es preciso que encontremos un cuarto término en el que depositemos la virtud. Pues este no es del género que llamamos indiferente, que no tiene nada ni de vicio ni de virtud, como sonarse la nariz, mover las manos mientras hablamos y cosas semejantes a estas, que quizá caigan también del lado del vicio o de la virtud. Pero vosotros no negáis que esto de lo que hablamos haya sido hecho correctamente y yo he manifestado que no es templanza ni fortaleza. Así pues, ¿qué virtud sería esta? Y aunque no encontrara un nombre para ella, debería bastar con decir que hay muchas cosas que carecen de nombre, y no sólo en nuestra lengua, que es pobre, sino también en la griega, que es rica, pues con frecuencia nosotros tomamos palabras de ellos y alguna vez también ellos de nosotros.[177] Aristóteles precisamente en esta materia afirma que hay muchas cosas que carecen de nombre; lo mismo que hay muchas palabras que convienen en el mismo significado. Aun así, llamaré cauto, no fuerte, a aquel que no busca temerariamente los peligros sino que los rehúye cuando es necesario. Pues ¿quién negará que la precaución, que encarna la misma prudencia, es una virtud? ¿O acaso pretenderá que quede bajo la fortaleza? La fortaleza es el menosprecio de las dificultades y del peligro en razón de la utilidad y compensación de las comodidades. La prudencia es la habilidad para poder elegir, por ciertos motivos, entre los bienes y los males. Yo, al que vive rodeado de placeres que le han venido sin pretenderlos, lo llamaré alegre, no temperado. De momento no se me ocurre otra palabra; si tú tienes alguna más apropiada, sugiérela, aunque nada importa preocuparse por las palabras, con tal de que la cosa esté clara. Por consiguiente, ¿qué diremos? Que es absurdo lo que hizo Aristóteles para incluir en una misma especie dos cosas completamente distintas y las confundiera en un único nombre. Como si uno fuera valiente al pelear contra los enemigos desde la muralla y luego, cuando ha sido abatida, no sigue empleando las armas, porque entonces sería temerario. Tiene templanza el que no ha querido asistir a tu banquete por demasiado aparatoso y lujoso; al mío sí ha querido asistir, porque no era excesivo aquel aparato y lujo. ¿Por qué haces de las dos una sola cosa? ¿Por qué llevas una palabra a dos significados, más allá de lo que soporta su propia naturaleza? ¿Por qué a unas palabras les quitas su poder de significar y a otras le das el que no es suyo? Pues, según tu norma, cauto y alegre no significarán nada; fuerte y temperado, incluso demasiado. ¿Por qué no das a cada cosa su nombre, su tiempo, su función? Y es que no somos siempre lo mismo, más aún: no podemos ser lo mismo. Cuando lucho soy fuerte; cuando me entrego a los enemigos vencedores, cauto; cuando me abstengo de ciertos banquetes, temperado; cuando no rechazo otros, alegre. Por consiguiente, nunca se hacen estas cosas a la vez sino por separado y cuando toque, pues, como he dicho, sería absurdo querer juntar en un solo momento lo que el tiempo ha separado. Y fijaos qué mal se unen tiempos diversos, como cuando se lucha contra los enemigos para después estregarse a ellos. Admite que uno no quiere entregarse a los vencedores, sino luchar pertinazmente. En tal caso, será, sin duda, temerario. ¿Acaso una fortaleza superior no es fortaleza por esa temeridad, o esta no se llamará temeridad por esa superior fortaleza? De ningún modo, porque las cosas están separadas, y separados los tiempos. Por consiguiente, la lucha y la fuga, es decir la fortaleza y la precaución no son la misma cosa ni son al mismo tiempo. Por lo tanto, mejor juzgamos por separado cada una de los actos y cada una de las cosas. A la misma hora tendré templanza y destemplanza como si mil y mil veces, yo diría, pudiera obrar correctamente a la misma hora y hacer lo contrario. Así, una única palabra suele ser alabada o vituperada. ¿Qué dices? Si es fuerte el que lucha cuando debe y no lucha cuando no debe, luego también será cobarde el que lucha cuando no debe y no lucha cuando debe. De esto se deduce que habrá una única virtud y en su contra un único vicio; aquella tiene en sí la misma prestancia y precaución, y este el mismo miedo y temeridad. Con sólo esto queda claramente refutado Aristóteles. Y parta volver a tus ejemplos, diré que hiciste contraria a la avaricia la generosidad como si la parquedad no existiera o no fuera más contraria a la avaricia que la generosidad. Pues la parquedad o parsimonia no es un vicio sino una virtud, puesto que yo puedo no ser nada generoso pero no ser avaro. Darío, Filipo, Alejandro o Pirro eran magnánimos porque daban mucho; sin embargo, no lo sería un rey que no hiciera esto sino, por el contrario, se le tachara de rapacidad porque acumulaba muchas cosas para caso de guerra y otras necesidades. Pero pródigo tampoco es, por su propio testimonio. ¿Qué es, por tanto? ¿Liberal? Decir esto es propio de un necio y de quien cambia el sentido a las palabras y a las opiniones. Separa estas dos palabras y sus significados, que están separados por su propia naturaleza. Cuando luchas eres fuerte o temerario, cuando no luchas cauto o perezoso; así también cuando das eres generoso o pródigo, cuando no das tacaño o parco. Pues puedes dar o no dar, una y otra cosa por vicio, una y otra cosa también por virtud. A no ser que pensemos que hay generosidad cuando no damos, lo mismo que hay avaricia cuando damos, como cuando doy menos que debiera. En verdad, ridículo. Pues soy avaro por lo que no doy y no por lo que doy; y soy reprendido por lo que no he dado y alabado por lo que he dado. Por tanto no hay que mezclar la generosidad con la avaricia. Por eso he dicho que la parquedad es más contraria a la avaricia que a la generosidad, porque las dos proceden del mismo vaso, como el vino y las heces, o el aceite y el orujo. Y me parece que el estaño y el plomo son más contrarios a la plata que el oro y el o latón; y el latón es más contrario al oro que los otros tres. Estimo más enemigo y contrario a una cosa aquello que más puede oponérsele. La avaricia simula la parquedad, la generosidad no la simula. Lo mismo ocurre con la prodigalidad, que es más contraria a la generosidad que la avaricia. Aristóteles disiente de esto, cuando dice que la avaricia es más contraria de la generosidad que la prodigalidad, y por ello hay que evitarla más. Y con ello no parece decir otra cosa sino que hay que evitar que el platero nos dé por oro no ya cobre, sino estaño; consejo que no hay que darlo ni a los ciegos. De este modo, Aristóteles cree que su opinión se prueba porque la avaricia dista más del medio, que es la generosidad, y por eso pretende que tenga más parte de vicio. No habría dicho esto si considerase que por la misma razón podría decirse que la prodigalidad es más opuesta a la virtud porque dista más del medio que la parquedad, y por eso tiene más parte de vicio que la avaricia. Y tanto más porque la prodigalidad no dista más del medio, pues así como tiene algo en común con la generosidad por lo mismo que da, así también con la avaricia por cuanto no da. Pues el pródigo no da a los que debe y para con estos ciertamente es avaro. Y de nuevo, la avaricia tiene menos similitud con la generosidad que con la parquedad en cuanto que no da. Pues el generoso no da sino a los que debe, como sea necesario denegar la donación a la mayor parte si quisiera ser considerado liberal antes que pródigo. Por eso, afirmo que Aristóteles no tiene ninguna razón. Pero yo, según creo, he dado otra y más verdadera razón de qué vicio es más contrario a cada virtud. Y, en verdad, si queremos observar la naturaleza de las cosas y juzgas la vida de los hombres sin argumentos rebuscados, encontraremos que no daña menos a las cosas humanas la prodigalidad que la avaricia. ¿Por qué, pues, somos avaros si no es para poder ser pródigos? Por eso, verás a muchos pródigos que son a la vez avaros más que liberales; y a muchos parcos a la vez liberales más que avaros. Porque somos parcos para poder ser liberales. El que es parco sólo lo evita no dando para no ser pródigo y el liberal dando para no ser avaro. Por eso llamo avaricia y prodigalidad a aquello que mejor se avendría con la parquedad o con la liberalidad, que son los dos extremos del medio, que es el vicio, del que hablaremos más claramente un poco después.

Ahora, vayamos por el orden que hemos establecido. La severidad es una virtud. A esta tú le opones dos enemigos: el rigor y la laxitud, si bien a la segunda no es contraria la severidad, sino la humanidad o indulgencia. La prudencia, por su parte, aunque se represente con el rostro bifronte de Jano, no tiene dos enemigos, de un lado la malicia, de otro la necedad, pues esta última es contraria a la simplicidad. El compañerismo (para usar tu palabra), que llamamos ya sea urbanidad o afabilidad o gracejo y con otros nombres, no es opuesta a la bufonería ni a la rusticidad, pues a la primera se opone esta misma que he llamado con diversos nombres, y a la segunda la probidad. Y de semejante manera ocurre en los demás virtudes. Es suficiente que haya dado razón y haya señalado la fuente con el dedo extendido, como se dice. Y esto puede aplicarse no sólo en la materia de la que estamos hablando, sino en todas las demás. Para hablar especialmente de nuestros estudios, del mismo modo que en el discurso se alaba la abundancia y se alaba también la brevedad, asimismo se rechaza la redundancia y a la vez la vacuidad y la aridez, las cuales no se contraponen a la abundancia sino la segunda al estilo conciso del discurso. Aunque Aristóteles, como pretende llevar al medio a la virtud y relegar a los extremos al vicio, también reprueba en la *Retórica* la brevedad en la narración (pues todos los autores defienden la narración muy larga), y pretende que esta no sea ni larga ni breve sino un término medio, como deben ser todas la cosas.[178] Pero esta opinión casi nadie la ha seguido y con razón ha merecido el consenso de todos la posición de Isócrates, que tanto reprobaba Aristóteles, y defendía que la narración sea breve, clara y verosímil.[179] Por consiguiente, es falso decir que el que habla mucho y el que habla poco caen en un vicio y el que habla moderadamente es digno de alabanza, puesto que el hablar mucho y el hablar poco suelen hacerse laudablemente. A no ser que estemos tan ciegos que nos engañen las palabras mismas cuando se dice que la moderación está entre lo demasiado y lo poco. Estas palabras se emplean erróneamente, pues demasiado siempre es vicioso y siempre excede lo que debe ser; poco, sin embargo, significa dos cosas: una, que es "módico", y le falta algo; este es el significado que yo le doy; el otro significado es "menos de lo que debe ser" y siempre le falta algo. Pero no hay ningún litigio en estas dos palabras; y no hay que decir que son los extremos, lo mismo que el licor de la uva agraz y el granillo de la uva, mezclados con agua no son licores extremos del vino suave sino un vino seco y dulce. Por otra parte, Aristóteles sería el más necio de los hombres si disputase con tanta palabrería si es vicioso "lo que es demasiado" y asimismo "lo que es menos de lo que debiera". Esto lo saben hasta los animales. ¿Qué pregunta, pues? Sin duda, pregunta si la virtud sólo está en el medio o también fuera del medio. Y piensa que sólo en el medio, de lo que yo disiento. Y por eso he dicho que decir "mucho" y "poco" y no "demasiado" y "menos" a veces puede ser digno de elogio, como dice Homero de Ulises y Menelao, y no sólo cuando se trata de diversos hombres, sino también de uno sólo, como del mismo Homero atestigua Marco Fabio Quintiliano cuando dice:

> Ninguno ha excedido a éste, ni en la sublimidad tratando de cosas grandes, ni en la propiedad hablando de cosas pequeñas. Él mismo, alegre y conciso, gustoso y grave, y prodigioso no menos por su afluencia que por su concisión, es el más eminente, no sólo en la excelencia propia de un poeta, sino también en la de un orador.[180]

Así pues, alabó en un sólo hombre virtudes diversas entre sí, no sólo la abundancia y la brevedad sino también la sublimidad y la propiedad, la alegría y la contención, el gozo y la seriedad, la fuerza poética y la oratoria. El mismo Quintiliano dijo también sobre la pronunciación: "La lengua esté pronta pero no precipitada, moderada, pero no lenta". ¿No ves cómo opone la agilidad y la precipitación, y así mismo la moderación y la lentitud, como la plata y el plomo, el oro y el latón? Y en lo que se refiere a este asunto no sólo dijo: "Que la lengua sea moderada". De lo que hemos de entender que hay que huir de la lentitud y de la precipitación. Pues en ningún momento se encuentra eso que llaman el medio entre dos extremos, sino que siempre el igual se refiere a su igual. Y si te place que se llamen extremos, ¿por qué no llamamos también virtudes a los extremos y a los vicios el medio? Como hace poco he dicho de la prodigalidad, que de tal manera está en medio de la parquedad y la largueza como, según vosotros la largueza entre la prodigalidad y la avaricia; así la temeridad entre la fortaleza y la precaución, como la fortaleza entre la pereza y la temeridad; o la estupidez entre la temperancia y la hilaridad como la temperancia entre la estupidez y la intemperancia. Y no sólo pondré un vicio en medio, sino dos. Pues nada impide que donde está uno esté también el otro, como la temeridad y la cobardía en medio de la fortaleza y la precaución. Y con esto ocurre que, o bien dos virtudes son los dos extremos de los vicios y a su vez dos vicios los extremos de dos virtudes, o bien que cada vicio es opuesto a una virtud, o que los cuatro estén ordenados de tal manera que ni los vicios ni las virtudes sean ni extremos ni medios sino que formen parte de los medios y los extremos, como si primero ponemos la avaricia, después la parquedad, luego la prodigalidad, y finalmente la larguez. Aunque no entiendo qué importa que hablemos del medio y los extremos, que Aristóteles llama exceso y defecto, como si cualquier medio fuera lo bueno y cualquier extremo fuera excesivo o deficiente, pues yo veo que algunas veces un medio se hace viciosamente y los extremos son correctos, como ocurre con la voz. Me valdré de varios ejemplos para que el asunto sea más asequible: una voz media entre el sonido agudo y el grave es ciertamente la mejor, sin embargo no hay que despreciar ni la aguda que pide algunas veces la amplificación o la grave que conviene a los exordios. Con lo cual queda claro que el tono medio de las voces es vicioso cuantas veces la situación pide un tono agudo o grave y los dos extremos no son viciosos sino útiles y necesarios. ¡Oh, hombre dormido! ¿Quién te permitirá afirmar que todos los extremos son viciosos? ¿Acaso porque en el medio está la virtud? Pero de ningún modo estoy de acuerdo con esto. No por eso, no por eso, digo, porque interpretes que son extremos los que o tienen de más o de menos y pecan por exceso o por defecto. Pues la extrema belleza y la extrema sabiduría son mejores que las mediocres. Asimismo la mínima deformidad o la mínima necedad son mejores que la mediocre, y así en todas las cualidades y acciones de las que ya he citado muchas. Porque las virtudes y los vicios no se conocen por la razón de que estén en lo más bajo, en el medio o en lo más alto; así se conoce cuanta virtud o cuanto vicio son, pero no si es virtud o es vicio. Por ejemplo, se llama pródigo no aquel que da mucho sino que inútilmente, y también cuando da una moneda; como si uno regalara a sus compañeros en cada una de las calendas una manzana o una moneda. Asimismo, el que no da a su compañero cuando le pide una moneda es un avaro u obra como un avaro, con avaricia. Pero el que niega una moneda a uno que se la pide para usarla mal sería parco; pero si la diera a uno para usarla bien sería liberal u obraría liberalmente. Pues no se llama liberal, parco, avaro o pródigo por cada uno de los actos, aunque puedan ser alabados o reprochados por cada uno de los actos, sino por la continuidad o frecuencia de los mismos; y no por su pequeñez, mediocridad o grandeza y, como he dicho, por su medida, sino por su motivo y sentido. Diría más cosas si el asunto no estuviera demasiado claro. Si yo lo diera todo, podría ser no pródigo sino liberal; si no diera nada, podría ser no avaro sino parco. Pues si diera muy poco o me negara a dar, no por eso enseguida sería avaro, como he dicho, sino parco o liberal; y, como asimismo he dicho antes, es más fácil ser pródigo y a la vez avaro que a la vez liberal; así también es más fácil que el mismo sea parco y a la vez liberal que a la vez avaro. Pues los vicios y lo mismo las virtudes convienen entre sí más que mezclándose los vicios con las virtudes; si bien los contrarios pueden mezclarse. Una única causa nos conduce a los vicios y una única causa nos conduce a las virtudes. Y considero que ningún liberal es también parco y ningún pródigo es también avaro; y lo contrario. En suma, todo puede hacerse bien o mal. En efecto, Alejandro, cuando sus soldados le anunciaron que habían hecho prisionera a una mujer de belleza extraordinaria –que, aunque estaba desposada, era todavía virgen–, no quiso verla temiendo que él, que no podía ser vencido por la fuerza de los hombres, pudiera serlo por la belleza de las mujeres.[172] Ciertamente obró con sobriedad y prudencia. Y no menos prudente y sobriamente obró Escipión en un caso semejante, pero por distinto motivo; no quiso ver ni hablar con unas mujeres que habían sido hechas prisioneras en España, aunque le habían dicho que algunas de ellas eran extraordinariamente bellas.[173] Cuando has intentado apoyar tu opinión con ejemplos, nombrando a los Crasos, los Pompeyos, los Césares, los Catones, los Cicerones, disiento de tu opinión. Parece que, a la vez, te has olvidado de los innumerables, como tú mismo afirmas, que antes mencionaste, los Brutos, los Horacios, los Mucios etc; parece, por otra parte, que no has pensado bien de estos cinco a los que acusas. Pues sobre Craso, para concederte algo no lo rechazaré; de los demás no puedo concedértelo tan fácilmente puesto que los veo excesivamente alabados. Pero, para no ser pesado, veamos acerca de los dos últimos: ¿fue Catón más inflexible, más rígido, más triste? Lo fue de vez en cuando, pero no siempre. Ahora, haré la comparación sólo en aquello en lo que pecó, no en lo que no pecó, pues no siempre pecó en esta clase de cosas, como ya he dicho. ¿Acaso no te acuerdas de cuál fue la opinión de tu querido Catón en el caso de los conjurados, a los que se adhirió, frecuentemente, el senado? ¿Cuánto lo alaba Salustio por esa severidad que tu le reprochas y cuánto también Lucano? Omito citar sus testimonios, que son demasiado largos y demasiado conocidos. Todos estarán necesariamente de acuerdo conmigo. Si fue rígido Catón, estuvo muy lejos del vicio de blandenguería, es decir, con frecuencia fue severo, lo que se ha dicho de todos. No hablo de aquellos que son señalados por su vileza. Pues, así como encontramos algunos hombres que son casi divinos, también algunos que poco se alejan del sentido de los brutos, como tú has pretendido que sea Catilina, destruido por vicios contrarios. Sobre éste, escuchad mi breve respuesta: o aquellos vicios no son contrarios, como he demostrado, o pudo tener tantas virtudes como vicios; es decir, hay tantos soldados de nuestro lado como del lado enemigo, cosa que tú has manifestado que echabas de menos. Y no ignoro que no he llevado este razonamiento como debiera. Catón fue criticado por algunos. ¿Por qué vamos a decir que fue criticado justamente de continuo? ¿Acaso no sabemos que este es uno de los campos de discusión más frecuentados de los oradores y que de tal manera es común a todos, que en él que se discute de todo? Porque sobre lo mismo uno pretende que es la crueldad el otro la severidad; este la tenacidad, aquel la parsimonia; yo lo llamo ambición, tú magnificencia. Y estas controversias se producen en torno al definitivo estado de las causas mediante el silogismo y el raciocinio. Y de esto se deduce que a cada virtud hay que asignarle su vicio, no el exceso y el defecto. Pues no ha surgido nunca debate alguno sobre si se trata de severidad, o de demencia, o de disolución, sino de si es severidad o crueldad, las cuales, como dije, son frontalmente contrarias. Pero, a propósito de lo anterior, es tanta la proximidad de las virtudes y los vicios que no es posible distinguir enseguida entre ellos. Por eso muchísimos son de tal naturaleza o están de acuerdo con su género de vida; y esto lo atestigua Horacio:

Odian los tristes a los alegres y los alegres a los tristes.
Los inquietos odian al tranquilo y los tímidos al activo y al vigoroso.[184]

Y por eso sucede que para algunos Catón pareciera más duro, Cicerón más blando, cuando quizá es que aquel obró más severamente, este más afablemente; y las dos cosas son laudables. Y a veces no decimos lo que pensamos sino lo que pide el interés de cada uno; de modo que un acusador llama severo al juez cruel, pero un reo califica de cruel al juez severo. Así pues, habiendo tanta ambigüedad al juzgar los actos de los hombres, es injusto interpretar las dudas contra la parte más débil, como es llamar avaro más bien que parco, curioso más bien que diligente, bufón más bien que gracioso, pertinaz más bien que constante. Y esto, si alguna vez hay que hacerlo, preferiría que lo hiciéramos con nosotros, no porque quiera que seamos jueces injustos con nosotros mismos, sino para que no nos engañe nuestro amor propio. Ciertamente, cuando juzgamos de otros, para que alguna envidia oculta o algún odio no nos aparte del conocimiento de la justicia o la verdad, nuestro juicio debe inclinarse siempre hacia la parte mejor, según era costumbre en aquella muy docta ciudad de los atenienses, que cuando había que juzgar sobre la pena capital de algún reo, si lo absolvían tantas sentencias cuantas lo condenaban, lo daban por absuelto y prevalecía la parte más benigna en igualdad de circunstancias. Y no será inoportuno que demos este consejo: si no podemos interpretar los actos de los hombres más que en el peor sentido, no emitamos nuestra opinión enseguida, puesto que puede suceder con mucha facilidad que erremos en nuestro juicio, como solemos decir de los envidiosos. Y ojalá este vicio fuera menos grato a algunos que se dan a conocer merced a los pecados ajenos, porque piensan que así ellos aparecerán o mejores o más sagaces. Catón y Cicerón alguna vez pudieron ser acusados falsamente por semejante clase de hombres; y es propio de nuestra humanidad pensar así. Sin embargo no te engañe el que haya más hombres malos que buenos; para aclarar esto, diré que hay que culparles de la maldad a ellos, no a la naturaleza. Y creo que ya he dicho suficiente acerca de la primera parte.

V. Lo que has afirmado en segundo lugar, que hay cierto amor pervertido connatural en nosotros para desear más los vicios que las virtudes (y has puesto como fundamento de esta cuestión que el bien por naturaleza se desea espontáneamente y se evita el mal). Y yo de tal manera estoy de acuerdo contigo en esto, que defiendo que nadie nunca ha deseado sino el bien y ha rechazado sino el mal, y no sólo el suyo sino también el de los demás. Pero en primer lugar hay que determinar en qué consiste este bien y si es la honestidad o es otra cosa. Pues para que te conceda que la honestidad es el sumo bien ¿por qué razón podríamos conceder que sea también el único, puesto que se sabe que hay otro bien contrario? Hablo del bien del placer cuyo contrario son las molestias, las cuales tú mismo más o menos has admitido. Pues si muchos animales irracionales huyen del hambre, de la sed, del calor y de cosas semejantes porque son malas y desean las contrarias a estas porque son buenas, y esto lo hacemos igualmente nosotros, hemos de confesar que hay algún bien puesto en nuestro cuerpo que no tiene nada que ver con la honestidad, a no ser que compartamos la honestidad con las propias bestias. Y creo que piensas en realidad que el bien se constituye únicamente por lo honesto, no porque sea el único, sino porque es el que tiene relación con la dignidad del hombre; y el otro has querido verlo no tan propio del hombre como del bruto. Por consiguiente, para que te conceda esto, con perdón de Vegio, a la vez tú también has de confesar que hay otro bien además de la honestidad, por el que, como tú dices, muchos se dejan llevar. A no ser que te guste disputar sobre las palabras, que una cosa es un bien, otra algo que se propone, otra lo que es deseable, otra lo que hay que elegir, y cosas semejantes; y esto yo no lo pienso. Y en cuanto a lo que se refiere a la naturaleza, de la que decías que esto procede, luego demostraré que todos aman lo honesto. Ahora tratemos del bien del placer.

Así pues lo planteo del siguiente modo: desde que existen los hombres no ha habido nadie que haya deseado, no digo ya el mal propio, sino ni siquiera el de los demás, o que se alegrara de verlo, sino incluso que (lo cual es consecuencia de lo anterior) desease los bienes para los demás y cuando esto ocurriera, se alegrase. Y no importa si a veces se equivocaba de opinión cuando lo deseaba o se alegraba, ¿quién no se equivoca alguna vez de opinión? Agamenón optó por volver a casa, una vez terminada la guerra, lo que podía elegir; y una vez que regresó encontró la alegría, pero no por mucho tiempo. Habría obrado más inteligentemente si hubiese permanecido soportando sus trabajos en Troya muchos años, lo cual habría considerado un gran mal, más que el haber sido degollado apenas llegar por su mujer y el adúltero.[185] Es suficiente que la voluntad del hombre esté dispuesta al bien espontáneamente; como los ojos para ver la luz, que si alguna vez no pueden soportarla es porque no están sanos. Así pues, el amor a nuestro bien me parece que es evidente por sí mismo. Pues, para hablar de lo que siento, no recuerdo que me haya deseado nunca un mal o que me haya alegrado de mi propio mal. Ni los mismos niños, que tú dices que son propensos al vicio de la gula, del juego o las delicias, son atraídos por el mal: desean lo que comprenden que es un bien para el cuerpo, al cual no se le atribuye ningún vicio. No persiguen tan pronto el decoro y la honestidad, que no comprenden, y tampoco hay que instarlos a que la busquen no sea que a su edad caigan enfermos y fallezcan. Esto lo saben los campesinos, que piensan que no hay que usar la podadera en las ramas tiernas porque parece que tienen miedo al hierro y todavía no pueden soportar las cicatrices. Además, si son educados día a día amarán las cosas laudables abandonando con los años sus gustos infantiles. Se parecen mucho a los niños los amantes que, aunque han salido de la niñez, no lo han hecho todavía de la infancia; estos son inducidos a amar en las dificultades y a perseverar en el amor; pero no puedo persuadirme de que estas dificultades las sobrelleven gratamente. Puesto que exploran las oportunidades para conseguir a la mujer, indagan y van a la caza, y se quejan de ser rechazados y se indignan por ser ofendidos; finalmente, quisieran ser aceptados. Me gustaría que sobre esto hicieras algunas conjeturas desde tu experiencia. Quisiera que me respondieras, si tienes alguna memoria (no hay nada que recordemos exactamente), si amaste a alguna mujer cuando eras más joven, y si la deseaste o aceptaste de buena gana ser rechazado por tu amiga o recibiste por su parte algún desplante, que son cosas cotidianas en el amor. Hablemos con más seriedad, como corresponde a tu persona y a la mía. Si este nuestro príncipe, que no sé si me admiro más de su justicia antes que de sus trabajos en la guerra, te señalase claramente como causante de sus dificultades, te pregunto: ¿te dejarías llevar por el gozo o por la tristeza? Pero, dirás, un príncipe justísimo no pude enojarse si no es justísimamente y por eso me dolería de mi pecado y pediría la clemencia del príncipe, que sin duda no es menor que la de César. Pero los amantes que mil veces son ofendidos injustamente por su amiga, ¿por qué no se divorcian de ella en vez de cortejarla y suplicarle como si fueran ellos los que hubieran cometido la ofensa? Me preguntas sobre los amantes, de los que he dicho que tienen un comportamiento casi pueril. ¿Por qué tú, cuando eres ofendido por hombres importantes, de los que hay muchos que son muy injustos, no los tratas como enemigos? Sin duda, porque piensas que se apaciguarán y que no hay que exasperarlos pues esperamos muchas cosas de los amigos, y a los enemigos los tememos. Así pues, tratémoslos dignamente con la palabra "señores"; lo hacen también los amantes con sus amiguitas, a las que llaman no de otra manera que "señoras". Y son en verdad siervas y señoras, y así quieren que se confíe en ellas y a la vez se tema por ellas. Por eso los mismos amantes no pueden ser retenidos por ellas si no son rechazados de vez en cuando y maltratados y ofendidos; sucede como es costumbre en las demás cosas: se llenan hasta la saciedad y aquel ardor vehemente con la rutina se va enfriando cada día más, y se hace racional. Y para que esto no suceda, el arte de la meretriz consiste en no hacer siempre lo que le place.

    ¿Qué preguntas? Mira cómo es agradable la dificultad para el amante. Con frecuencia, vencido por el tedio se suicida. Pero cuando se da la muerte no quiere hacerse mal sino evitarlo, en cuanto no quiere soportar tan grandes tormentos y, por decirlo así, tantas muertes cotidianas, y se alegra en cierto modo de odiar a la joven manifestándole en revancha la crueldad que ella acostumbraba a tener con su amante. Y de esto puede colegirse fácilmente que los hombres no son audaces en el amor por las dificultades, si por ellas se dan la muerte. Pues para responder en conjunto sobre todo esto, es decir, que no somos impulsados al amor por las dificultades y que no hacemos nada por amor a la maldad, diré que el tribuno aquel adúltero, que cita Quintiliano, aunque quisiera violar al soldado adolescente –cosa que, sin duda, era una ofensa–, no era movido a ello por perpetrarla sino para darse placer por la ofensa que le hacía a otro.[186] ¿Por qué se complacía con este ultraje a la propia honestidad incluso con peligro para él? Y no niego que obró impune y malvadamente, y que con razón hubiera sido atravesado con la espada por aquel valiente y muy casto muchacho; y que incluso podría haber sido condenado después de su muerte por el poderoso general y pariente suyo Gayo Mario. Pero así como el que está ardiendo de fiebre prefiere calmar la sed a alcanzar la salud, él prefirió satisfacer su deseo a tener en cuenta la virtud. Sin embargo, así como un enfermo preferiría beber salvando la salud así el tribuno no habría rechazado satisfacer su deseo con virtud. Aumentaba su pasión porque pensaba que era un bien singular el poder gozar de esta clase de placer diferente, pues todos consideraban que el joven era más que un hombre y el tribuno que no lo era todavía. Y es que lo cotidiano y ordinario no mueve el deseo sino el fastidio, y nos complacemos muchísimo en superar los obstáculos. Buen ejemplo de esto es la ardiente pasión que tenía Sexto Tarquinio por Lucrecia;[187] otros también desean ardientemente a las mujeres honestas y honradas, porque piensan que en conseguirlas hay algo más especial que en las demás, o porque consideran glorioso el alcanzar cosas extraordinarias. Pues, como dijo el mismo Quintiliano: "La jactancia parece ser parte del placer".[188] Ningún jactancioso suele jactarse de cosas bajas y no gloriosas. Cicerón dice hiperbólicamente, para exagerar la indignidad del hecho, que Cesar se complacía en quitar muchas cosas a hombres buenos y dando muchas a hombres indignos. Pero no lo hacía por pecar o por manifestar que pecaba, sino para vengarse de aquellos que se habían puesto del lado de Pompeyo y habían tomado las armas contra él, es decir, para mostrar gratitud a los que le habían prestado ayuda, de manera que, al ver aquello, les dolieran los ojos a los que le odiaban y eran sus enemigos y se alegraran sus propios ojos y los de los suyos. En cuanto a lo que has dicho de la risa, diré que el que se ríe de sí mismo no por eso afirma que es malo reírse; tú mismo pretendes que la risa es una especie de gozo. Y si uno se ríe de la torpeza de otro, no se alegra de que el otro sea ridículo sino de que él no lo es.[189] Me callo que con frecuencia nos reímos no sólo de cosas novedosas, sino también de las honestas, comunes y normales, como ocurre en el encuentro con los amigos, a los que recibimos con una sonrisa antes de saludarnos. No voy a ocultar que a menudo lo hacemos neciamente o con malicia. Tanto el llanto como la risa están al alcance de la mano y, sin duda, si no nos ayudaran, nadie lloraría ni reiría nunca. Por consiguiente, el llanto y la risa tienen en sí el bien del placer. En absoluto si fuera posible (ahora respondo a todo) nadie querría, si se diera esta posibilidad, que todos estuvieran enfermos y sólo él sano: querría que todos gozaran de buen sentido, aunque él más que nadie. Así ocurre con los demás bienes: se alegra de que todos y cada uno sean guapos, fuertes y ricos, y además de estar presente él y sobresalir entre todos. Así sucede que cada uno quiere a los demás, pero sobre todo se quiere a sí mismo. Y si alguna vez uno envidia a otro, le insulta o le injuria, no lo hace por el mal del otro sino por su bien. Y en cuanto a Zenón, Anaxágoras, Sócrates y otros que nombraste y de quienes dijiste que las virtudes les habían hecho desgraciados, esto es lo que pienso de ellos: ellos nunca hubiesen sido castigados con ninguna pena si su castigo no hubiese sido causa de placer para sus adversarios. ¿Qué? ¿Es que la misma honestidad les hizo odiosos? Volveré adonde te prometí para tratar de la honestidad tal como yo pienso.

De momento, te diré que tu honestidad no puede ser odiada y los que así castigaron a tales hombres habrían preferido, créeme, no haber tenido necesidad de hacerles daño. Es señal de benevolencia el que no se mostraron crueles con los demás, de los que no habían recibido ningún mal, ni les temían, ni esperaban nada de ellos, de tal manera que si observas con buena intención podrás ver que fueron castigados en aras de la honestidad. Y para hablar de Sócrates, que parece que fue el más inocente de todos, te pregunto: ¿qué otra fue la causa de su muerte sino que se decía que era pernicioso, nefando y mal ejemplo, que corrompía a la juventud, que introducía nuevas supersticiones, que se consideraba digno de ser condecorado con los máximos premios y honores, que se procuraba el sustento diario pidiendo públicamente en el Pritaneo; que alcanzó el máximo honor entre los griegos? De aquí viene que la razón de sus beneficios o de su gozo, o la relación a la honestidad, que también se refiere al gozo del ánimo, induzca a hacer daño a otros. Aunque los enemigos de Sócrates, con las tinieblas de la ignorancia con las que ellos mismos se cubrieron, no pudieron ver la luz de la honestidad. Y su culpa no hay que atribuirla a la naturaleza sino a ellos mismos, puesto que estamos conformados para la honestidad por la naturaleza. Esto he dicho tan brevemente cuanto he podido.

VI. De lo anterior se puede deducir que nuestra desgracia está en que hay muchos más malos que buenos, y con razón nos aquejan la sequía, los aluviones, la peste y demás males, que tienen la finalidad de corregirnos o de castigarnos. Hablo de los malos; pues a los buenos estos mismos hechos ofrecen simiente y materia para aumentar la virtud. Los más nobles ánimos siempre brillaron en las adversidades. Virgilio, como pretendiera describir en la *Eneida* a un hombre que acumulara todos las alabanzas, pensó que, en último término, podría hacerlo si lo abrumaba de trabajos, peligros y tribulaciones. Homero también, en la *Ilíada* y en la *Odisea* dedicó todo su esfuerzo a exponer los trabajos de los más esclarecidos varones. A Hércules ya desde la infancia, desde la cuna y aun desde el mismo parto, se le pronosticaron futuras calamidades; y de él se dijo: "El fin de un mal es el paso hacia el mal futuro". También: "no hay virtud si no es difícil", y madura en las dificultades, como el oro se funde al fuego y el trigo se seca al sol.

VII. Ahora volvamos a dar nuestra opinión sobre vuestra discusión y a la demostración del verdadero bien. Uno define el único bien o el bien sumo como la honestidad, el otro como el placer, defendiendo cada cual su escuela filosófica, una de las dos, contrarias entre sí. Así pues, he sido muy oportuno y fácilmente he conseguido que os agrade que hablemos como lo hicieran algunos de los antiguos filósofos; pues de este modo se verá más fácilmente su común error. Y por eso agrada el que hayáis dado por hecho que teníais la intención de disputar sobre las dos escuelas (si digo lo que siento), las más nobles de todas. Y de esto hay muchos indicios, pero sobre todo aquel de los *Hechos de los Apóstoles*, donde se recuerda sólo a los epicúreos y los estoicos, por lo que se ve que en aquel tiempo estaban en apogeo, sobre las demás, en la ciudad de Atenas, la misma sede de los estudios y donde se nutrían los filósofos.[190] Sin embargo, habría sido mejor que hubierais intentado demostrar la verdad de Dios antes que tú, Catón, la estoica y tú, Vegio, la epicúrea; y que no os hubierais manifestado tan complacidos, llevados por el ejercicio y la novedad, al proponernos tanto la materia como la costumbre de las controversias de los antiguos. Pues, Vegio, ¿quién de nosotros duda de que has sido incoherente contigo mismo, ya que tu discurso está dispuesto a pervertir los ánimos (aun no estoy dando un juicio sobre vosotros), de que tú has sido distinto de ti mismo cuando no sólo vives, sino que ahora hablas de manera diferente a como sueles hablar? Para pasar por alto otras cosas, has dicho que una vez disuelto el cuerpo del hombre no queda nada, cosa que muchos filósofos han dicho y lo han pensado. Pero, puesto que quieres ser y ser tenido por soldado de la religión cristiana, que por el propio nombre quiere decir fe, ¿acaso pones esto en duda? No ignoro tanto tu manera de pensar ni te desconozco tanto como para que pueda estar convencido de lo que dices. Por eso sospecho que no has hablado en serio, sino en broma, según tu costumbre, al modo de Sócrates, que los griegos llamaban ειρωνεία, ironía. ¿Qué digo: sospecho? Cuando tú lo has confesado no sólo de palabra sino con hechos, de modo que, si no supiera que hablabas fingiendo, podría reprenderte de hablar y actuar contra tu propia causa. Pues dijiste, como olvidándote de que defiendes el placer, que con mucha frecuencia te has fatigado en tus estudios, te has agotado, debilitado, consumido, y casi has enfermado tanto del cuerpo como del ánimo. Aparte, nada he visto en el banquete de hoy, excelente, que no deba ser elogiado, como pide tu dignidad, pues fue sobrio, moderado y púdico. Por consiguiente, como he dicho, has hablado con fingimiento. Esto no lo habrías hecho o no habrías obrado correctamente si no hubieras tenido estos oyentes. No había que temer que con ese discurso corrompieses a hombres tan importantes, tanto más que no estaba fuera de lugar responder de semejante manera a Catón, que había comenzado a hablar según la costumbre de los antiguos. Por eso yo he emulado vuestro método en cuanto he podido. Pero, para que no parezca que me convence la doctrina de Epicuro, más por tu exposición que por tu razonamiento, escucha un ejemplo sobre las bestias, mejor que el que tú empleaste para dirigirte a nosotros.

El alma de los hombres, según dijiste, es semejante a la de los brutos. ¿Qué más semejante a la luz de una lámpara que la de las estrellas? Sin embargo esto es mortal, aquello es eterno. Así el alma, que los antiguos decían que era el vigor de la llama, es distinta en los hombres y en los brutos. Tú has comparado acción con acción, yo sustancia con sustancia. Esto no lo digo contra ti sino contra los filósofos. Tú, como he dicho, has sido más bien simulador e irónico y más Sócrates que Epicuro. En cambio Catón, cuyo discurso parece estar más cerca de la verdad, ha hablado seriamente y ha introducido la discusión no para bromear. Por tanto, ¿qué? ¿Diremos que se ha equivocado? En absoluto (pues ¿qué más lejos de sucederle a Catón?), sino que pretendió mostrar su admiración por la antigüedad. A la antigüedad yo le concedo las letras, los estudios de las doctrinas y, lo que siempre ha sido de más valor, la ciencia de hablar. Pero niego que llegara a la sabiduría y al conocimiento de la verdadera virtud. Pero no quiero hablar contigo, Catón, como defensor de los estoicos, ya que sé que eres muy religioso, no menos defensor de la fe que de las causas; y de ti he oído también que has dicho en alguna ocasión que has manejado todos los libros de nuestra religión dignos de ser leídos, de forma que te atreves a compararlos entre sí y a pronunciarte sobre lo más importante de cada uno. Por consiguiente, ¿qué necesidad hay de que te contradiga, si estás de acuerdo conmigo aunque hables de otra manera? Y si algún otro hablara como tú, pensando diversamente y defendiendo de verdad el estoicismo, siendo un cristiano, le inquiriré de este modo: ¿Por qué tú, siendo cristiano, hablas como si no lo fueras? ¿Por qué tan sorprendente silencio en tu conversación acerca de nuestra religión, como si fuera una cosa superflua y constituida y formada por los preceptos de los filósofos? ¿Por qué prefieres llamar creador de todas las cosas a la naturaleza antes que a Dios? No me preocupa que hayas hablado de dioses inmortales. Los dioses inmortales son los ángeles, como le gustaba decir a Agustín;[191] y no sólo los ángeles, sino también hombres a los que se las ha regalado la ciudad angélica. Aunque no sé si tú hablas de esos dioses. ¿Por qué, finalmente, has introducido en tu conversación a la naturaleza en lugar de a Cristo sufriente, que puede estar en cualquier parte y presentarse ante nuestra mirada, más aún, que siempre está presente, también ahora en esta reunión, y acude presto a los que le invocan, como lo hace también en estos momentos? Pues no es la naturaleza que has expuesto, que no es nada, sino el mismo Dios creador de la naturaleza, al que ofendes, responde por medio de mí o bien me manda responder. Puesto que es evidente que todas las cosas santas él las manda.

VIII. ¿Qué, pues, hemos de decir? Que las virtudes de aquellos que hemos nombrado, los cuales o bien no quisieron conocer a Dios, o bien una vez conocido no le dieron culto como debían, no hay que considerarlas entre las virtudes sino, lo que es más sorprendente, entre los vicios. Pues ¿qué otra cosa significa cuando Pablo proclama con todas sus fuerzas: "Todo lo que no procede de la fe es pecado"?[192] Y en otro lugar: "El justo vive de la fe".[193] Y de nuevo: "Sin la fe es imposible agradar a Dios".[194] Finalmente, a la fe sigue a la esperanza, como se dice en el mismo lugar: "Porque es el señor y remunerador de los que le buscan". ¿Dónde están los que dicen que las virtudes son deseables por ellas mismas? Ni siquiera se puede servir a Dios sin la esperanza de la remuneración. Después de la fe y la esperanza, el tercer lugar es para la caridad,[195] maestra de todas las virtudes, es decir, el amor a Dios y al prójimo. El que no la tiene, aunque distribuya todos sus bienes a los pobres y entregue su cuerpo al fuego, para nada le aprovecha. Para que entiendas que no tendrán ninguna virtud si carecen de la fe, la esperanza y la caridad; y si faltase alguna de ellas, no podrán estar adornados de ninguna otra virtud. Por tanto, los filósofos no tienen de qué vanagloriarse pregonando sus virtudes, en las que se apoyan para andar y con las que se meten en nuestros oídos. Por no hablar de otras cosas, ¿qué clase de virtud, o mejor, qué clase de locura es esta que no espera ningún fruto de sus trabajos y piensa, por el contrario, acumular y engañarse con los bienes presentes, y llevar una vida feliz en el toro de Falaris?[196] De aquí que el mismo Pablo, no sabiendo mentir acerca de lo que experimentaba él mismo, dijera estas palabras: "Si esperamos en Cristo sólo para esta vida somos los más miserables de los hombres".[197]

Ahora bien, ¡cuánto más desgraciados serían los filósofos si hicieran lo que dicen, puesto que no tienen esperanza! ¿Preguntas por qué Pablo es desgraciado? Escucha su testimonio:

Viajes frecuentes; peligros de ríos; peligros de salteadores; peligros de los de mi raza; peligros de los gentiles; peligros en ciudad; peligros en despoblado; peligros por mar; peligros entre falsos hermanos; trabajo y fatiga; noches sin dormir, muchas veces; hambre y sed; muchos días sin comer; frío y desnudez. Y aparte de otras cosas, mi responsabilidad diaria: la preocupación por todas las Iglesias. ¿Quién desfallece sin que desfallezca yo? ¿Quién sufre escándalo sin que yo me abrase?[198]

Y otras muchas cosas que no son felicidad sino la mayor miseria. Así, está bien claro que lo que ellos dijeron que era el sumo bien es el sumo mal. Y en otro lugar lo atestigua con más claridad diciendo y lamentándose: "Desgraciado soy, ¿quién me librará de este cuerpo de muerte?".[199] Y también: "Para mí el vivir es

Cristo, y el morir es ganancia".[200] Es tormento y muerte luchar contra los vicios. ¿Y esto es lo que dicen los filósofos que es la vida feliz? De esto se deduce que en la mente del sabio no puede haber la tranquilidad y serenidad que pretendieron los filósofos, siempre mentirosos, malas bestias, vientres perezosos. Pues, así como el fuego que cuanto más arde tanto más quema la materia a la que esta adherido, así también el vigor y cierto calor de la mente cuanto más se activa más afecta al alma y al cuerpo y los consume, como en un incendio. Y también por el testimonio de Salomón, no sólo en cuanto a la práctica de las virtudes sino a la dedicación a las demás ocupaciones, dice: "En mucha sabiduría mucha indignación"; y también "El que abunda en ciencia abunda en trabajo".[201] Esto también queda patente en la muerte furiosa y cegada de negra bilis de Aristóteles, como dijo Vegio. De este tema habla, entre otros, aquel famoso Gregorio Nacianceno en su libro *Contra Juliano*. Por el contrario, ¿qué dice Salomón sobre el placer? "¿No es mejor comer y beber y mostrar a su alma los bienes conseguidos con sus trabajos? Y esto viene de la mano de Dios".[202] Y poco después: "He comprendido que no hay nada mejor que el hombre se alegre por sus obras porque estas son parte de sí mismo".[203] Finalmente para dar mi opinión, así la declaro: como los filósofos que enseñaban sobre la honestidad, pretendieron que después de esta vida que vivimos no hay ningún premio ni siquiera incierto y vano, y pusieron el sumo bien en la honestidad, en cambio los epicúreos lo pusieron en el placer, aunque desapruebo a unos y otros, juzgo de acuerdo a los epicúreos (no juzgo de acuerdo contigo, Vegio, ni contra ti, Catón, que estáis obligados por el juramento de otra milicia) y contra los estoicos; y a estos los condeno por dos razones: una, porque dijeron que el sumo bien es la virtud, otra porque siguieron otro fin distinto del que profesaban, pues alababan las virtudes y amaban los placeres, aunque menos que otros; y ciertamente amaban la gloria que persiguen con los manos y los pies. Y si alguien no me cree, crea a nuestros sabios, que no dudaron en decir: "El filósofo es un animal ávido de gloria".[204] ¿Y qué hay de sorprendente, si esto les ocurre a aquellos que están lejos de la verdadera religión cuando vemos que les ocurre también a los hebreos? Porque pienso que los fariseos son comparables muy acertadamente con los estoicos; pues como los estoicos guardaban los preceptos de la ley de los judíos, o simulaban guardarla, no por la justicia sino por la gloria y los primeros puestos en las cenas y en los saludos en el foro y para ser llamados rabí y aparecer ayunando y cosas semejantes. Además, también por el lucro. Los fariseos estaban motivados por su gran avaricia, como los estoicos; en cuanto a los fariseos, es evidente. Para probarlo en cuanto a los estoicos, baste con un solo ejemplo: Séneca, el príncipe de nuestros estoicos, enseñó muchas cosas acerca de la pobreza que Diógenes había enseñado antes; sin embargo, Juvenal dice de este maestro de la pobreza: "Los jardines del riquísimo Séneca".[205] Esto lo recordaron también Suetonio Tranquilo, Cornelio Tácito y otros muchos autores. Y no me voy a callar acerca de los epicúreos, a los que también repruebo, pues así como comparo a los estoicos con los fariseos, así también a los epicúreos con los saduceos; pues los saduceos, que habían leído no a Moisés sino a Aristipo, negaban no sólo la resurrección sino la existencia de ángeles y espíritus.

IX. Y si alguno me pregunta cual sea el origen y causa de esa falsa honestidad y esas falsas virtudes, le responderé que, siendo desde el principio una la razón de servir a las cosas divinas, otra la de servir a las cosas terrenas, opino que a aquella la llamaron honestidad y virtudes, a esta utilidad. Pero tras irrumpir las falsas religiones, los vicios superaron a las virtudes, la preocupación por las cosas divinas cayó en el olvido o se redujo a muy pocos, de manera que sólo permanecieron los nombres de las virtudes que conservaron algo de su prístina majestad; la memoria de los hechos y dichos dignos de alabanza de los antiguos desapareció y no quedó sino sólo como una sombra sin cuerpo. Y comoquiera las generaciones posteriores no sabían a qué había que referir estas virtudes algunos, movidos por su propio esplendor, dijeron que debían ser deseadas por sí mismas, como si fueran ajenas a las cosas terrenas, y esos son sobre todo los estoicos; pero otros decían que habían de ser deseadas por su utilidad, pues fuera de esto nada veían en ellas; estos eran principalmente los epicúreos, con los que estaba de acuerdo la mayor parte del pueblo, que pensó dar culto a los dioses también por la misma utilidad. Pero nuestra honestidad, la de los que somos cristianos, es tal como dije antes y lo que fue siempre: no deseable por sí misma, porque es difícil, áspera y ardua, y no deseable por su utilidad, que es cosa terrenal, sino que, por el contrario, camina hacia aquella felicidad que goza el ánimo o el alma, una vez liberada de los miembros mortales, ante el creador de todas las cosas, del que procede. Quién dudará en llamar "placer" a la felicidad o quién podrá dale un nombre mejor. Con este nombre veo que es llamada para hablar de las cosas divinas, por ejemplo en el *Génesis,* "paraíso del placer";[206] o en Ezequiel, "manzana y árbol del placer" [207] y cosas semejantes. Y en los *Salmos*: "Los saciarás del torrente del placer";[208] aunque entre los griegos más bien que "del placer" sería "del deleite" o "de las delicias". Pero yo no veo qué diferencia hay entre "placer" y "deleite" sino es que "placer" significa un deleite intenso. Y según pienso, los latinos queriendo expresar que entendían que había un gran deleite, como aquí, han preferido traducir por "placer". En latín dice: "Se embriagarán con la abundancia de tu casa y los saciarás con el agua del torrente del placer". De esto debe entenderse que no es la honestidad sino el placer el que deben desear tanto los que quieren gozar del placer en esta vida como los que lo desean en la futura.

X. Pues esta vida es doble, una ahora en la tierra, otra después en los cielos (los llamo cielos, no cielo, según nuestra costumbre y no como solían decir los antiguos, que pensaban que había un solo cielo); la una es la madre de los vicios, la otra de las virtudes. Lo diré más claramente. Lo que se hace más acá de aquello posterior, por la esperanza de esto presente, es pecado; y no sólo en los actos importantes –como cuando hacemos casas, compramos campos, nos dedicamos al comercio o contraemos matrimonio–, sino también en los actos más humildes, como cuando comemos, dormimos, andamos, hablamos, deseamos, y por todo esto se nos propone premio y castigo. Por eso tenemos que abstenernos de estas cosas, si queremos gozar de aquellas. No podemos gozar de las dos, pues son contrarias entre sí como el cielo y la tierra, el alma y el cuerpo. Esta nuestra vida es incierta y falaz, en cambio aquella futura es segura y estable. Pero tampoco falta en esta vida un probable placer, y el más grande es el que nace de la esperanza de la felicidad futura. Porque la mente, consciente de lo que es recto, y el ánimo, asiduo en la consideración de las cosas divinas, se consideran candidatos y se figuran los honores prometidos y, de alguna manera, se los hacen presentes, tanto más agradecidos y gozosos cuantos más candidatos y competidores haya visto. Relacionado con esto está aquello que se dice: "Muchas más premios recibirá en este tiempo, y en el futuro la vida eterna, el que renuncie por Dios a las cosas terrenas":[209] y por esto se manifiesta el gozo del que espera en Dios. Nada se hace sin placer y no hay ningún mérito en aquel que milita la milicia de Dios con paciencia y no también con buena voluntad, pues "Dios ama al que da con alegría",[210] y en otro lugar se dice "Alegraos en el Señor",[211] que en griego también lo podéis interpretar como: "Gozarás de placer en el Señor"; y este placer es parte de la felicidad eterna.

XI. La condición necesaria para conseguir la felicidad es, sin duda, la honestidad, digo la honestidad cristiana, no la de los filósofos. Y no te engañes con que para ellos muchas cosas han sido fructíferas y salutíferas; la verdad es que si han tenido valor y han comenzado a dar fruto ha sido después de que Cristo, salvación a la vez para los vivos y para los muertos, enviado por el Padre a este espacio del mundo cubierto de espinos y malas hierbas, la purgó y la volvió apta para dar frutos. Y así como la luna, cuando el sol está del lado opuesto, no recibe luz ni calor y no puede nada por sí misma, o más bien hace daño a los cuerpos que están abajo, así las cosas humanas, antes de ser iluminadas con la luz de la verdad y encendidas con el calor de la caridad, que es Cristo, eran vanas y dignas de suplicio. Paso por alto a los hebreos, y a otros, si los hubo, que practicaban la verdadera religión, a los que justa y convenientemente llamaría cristianos porque creían en Cristo. Fuera de ellos, ninguno de los otros, ni los atenienses, ni los romanos, ni otros cualesquiera hicieron algo digno de premio y no de castigo. Pues ¿qué más perverso que abandonar al hacedor de todas las cosas, o sea, más que padre, y volverle la espalda cuando te llama? ¿O qué más necio que perseguir las cosas bajas y abyectas y verdaderamente terrenas y que pronto han de desaparecer y, por el contrario, posponer y despreciar las celestiales y, si se me permite, más que celestiales, eternas? Para que no tengan nada que aducir como excusa, diré que en lo que pidieron obtuvieron sus mercedes; en lo que no pidieron, no. Y ved hasta dónde se precipitan estos por su ignorancia: si no veneran a Dios no rechazan los estupros, los adulterios, los actos perversos en general y toda clase de acciones vergonzosas; y entonces, vencidos y arrastrados por las razones de los epicúreos, admiten que sean contados entre los bienes.

XII. Y después hacían odiosa y reprochaban a la naturaleza o a Dios porque permitían que las cosas humanas se hicieran de modo que ni los buenos consiguieran premios ni los malos fueran castigados; pero como si hubiese sólo algunos buenos, o Dios tuviese el deber de premiar a sus enemigos, o, finalmente, hubiesen de tener por bienes lo que pedían, que esperaban para su perverso placer. Muchos de los filósofos intentaron explicar la dificultad de esta cuestión, pero más bien añadieron un nuevo nudo. Pues ¿que pueden resolver los que no tienen dedos, y que decir los que carecen del dedo de Dios? A estos ha imitado Boecio, casi como un estoico y, como creo, seguidor del *Gorgias* de Platón, en los libros *Sobre la consolación*,[212] cuando disertó largamente sobre esta materia, en el libro cuarto demuestra qué es el verdadero bien, del cual nunca carecen los buenos y siempre carecen los malos, que es casi lo que la honestidad.

Y para decir lo que siento, con el permiso de este hombre tan versado en toda doctrina, puesto que ha invocado como patrona a la filosofía y le ha tributado honores mucho más altos que a nuestra religión, no ha satisfecho aquella causa ni ha probado qué es el verdadero bien (pues la virtud no es el sumo bien), ni que los malos son siempre desgraciados ni los buenos son siempre felices, puesto que ya he demostrado, incluso con el testimonio de Pablo y de Salomón, que los buenos se encuentran con frecuencia en medio de desgracias y los malos en medio de la felicidad. Pues los malvados no son desgraciados en esta vida sino en la futura y los justos no son felices ahora sino después. Y de esto se ofrecen tantos testimonios en todas partes que pienso que es demasiado evidente como para necesitar de testigos. Uno solo será suficiente: "Recuerda, hijo, que recibiste bienes en tu vida y Lázaro por el contrario sólo males; pero ahora él es consolado, tú, en cambio, eres atormentado".[213] ¿Quién podría creer que este hombre tan cuidadoso y agudo, por no decir elegante, haya caído en tal error, por ignorar una palabra y por cierto tan fácil? Pues "bien" (en esta palabra se equivocó) llamamos tanto a la "virtud" como a la "felicidad"; asimismo lo contrario para "mal". Pero la virtud y el vicio son acciones, y la felicidad y la infelicidad son cualidades, cosas también muy distantes entre sí por su mismo efecto. Pues no todo el que tiene la virtud por eso mismo es feliz, y cualquier vicioso por lo mismo es desgraciado; una cosa es vivir rectamente, otra vivir felizmente. Más aun, si juzgamos correctamente ni siquiera la virtud se llama bien si no es por metonimia o hipálage, como la casa, el campo, las riquezas son bienes porque proporcionan un bien, que es el placer. Así también a la honestidad se llama bien porque lleva consigo la felicidad, que es un bien. Siendo así las cosas, no se llama bueno al que tiene la felicidad sino al que tiene la virtud. Pues nunca hemos oído designar a un feliz de este modo: este hombre es bueno. Y afirmo que en este error cayó Boecio cuando razonó así: todo el que es bueno tiene el bien; dado que el bien es la felicidad, entonces todo el que es bueno es feliz. Esto se refuta del siguiente modo: todo el que es bueno tiene el bien. ¿De qué bien hablas? Si hablas del bien de la felicidad, niego la consecuencia. Pues, como dije, nadie se llama bueno porque sea feliz sino porque es virtuoso. Pero si hablas del bien de la virtud, afirmo la consecuencia. Por consiguiente, habrá que argumentar del siguiente modo: todo el que es bueno tiene el bien; ahora bien, el bien es la virtud, luego todo bueno es virtuoso. Pero esta ambigüedad de las palabras no engañó a Cicerón, que ya al principio de las *Tusculanas* escribió:

> Discípulo: La muerte me parece un mal.
> Maestro: ¿Para aquellos que han muerto o para los que han de morir?
> Discípulo: Para unos y otros.[214]

No por otra razón añadió lo siguiente: "por tanto es desgraciado porque es malo," a no ser que esta palabra, "desgraciado", pueda usarse porque no puede la otra, "malo". Porque si la muerte es un mal, es también una desgracia. Sin embargo los muertos y los que han de morir no son malos sino sólo desgraciados. Así, mientras la felicidad y la virtud son denominadas un bien, sin embargo, en último término, son buenos quienes poseen la virtud, no la felicidad y la beatitud; y en esto Boecio se equivocó por sentirse más cerca de los dialécticos que de los retóricos. Pero ¡cuánto mejor habría sido hablar retóricamente que dialécticamente! ¿Qué más inadecuado que hablar al modo de los filósofos, que si se equivocan en una palabra toda la causa está en peligro? En cambio el orador se vale de muchos y variados procedimientos, trae argumentos contrarios, busca ejemplos, compara cosas semejantes, obliga a salir a la luz a la verdad oculta. ¡Qué desgraciado y pobre el general que pone toda la suerte de la guerra en el alma de un solo soldado! Hay que luchar con todos los medios posibles y si cae un soldado o es abatido un escuadrón, hay que sustituirlo por otro y otro sucesivamente. El modo de proceder de Boecio fue tal, que se dejó seducir por el excesivo amor a la dialéctica, Pero nuestro Lorenzo se ha propuesto escribir, según mi parecer con mucha verdad, sobre los grandes errores que hay en ella y acerca de la cual nadie ha escrito con seriedad y que es parte de la retórica.[215]

Pero, para volver al tema, escuchad cuánto mejor y más brevemente responda yo mismo a la filosofía de Boecio, apoyado en la autoridad de la fe. No temeré ni despreciar ni condenar a la filosofía cuando Pablo argumenta contra ella y Jerónimo, con algunos otros autores, llaman heresiarcas a los filósofos. Adiós, pues. Adiós filosofía; y que salga del sacrosanto templo como una pequeña meretriz de la escena y como una sirena deje de cantar o berrear hasta llevar a la muerte a los hombres; y ella misma afectada por feas enfermedades y muchas heridas, deje los enfermos al médico para que los cure y sane. ¿A qué médico? A mí. ¿De qué modo? Grábalo así. "¿Por qué lloras? ¿Por qué gimes como un desgraciado? ¿Por qué acusas a Dios? ¿Si esperas los bienes eternos, por qué deseas los terrenos? Pero si prefieres estos terrenos, aunque pequeños, ¿por qué no le suplicas a Dios en vez de acusarle a él, que dice que no ama a los que aman las coas terrenas? ¿Acaso así incluso le maldices, huyendo, porque has merecido el castigo, porque no te ha dado premio? ¿Acaso le indicas los beneficios que primordialmente debe hacerte, como si fueras superior o mayor que él? Incluso si te ha concedido un beneficio, sabiendo qué sería conveniente para ti, no lo reconoces, sino que como un ingrato llamas ofensa a la benignidad. Todos los que se quejan de la fortuna y de Dios deberían ser azotados con imprecaciones; pero esto nunca ha podido hacerlo la vanilocuente filosofía porque no ha amado ni dado culto a Dios. Pues, aunque podría haberlo conocido, ha preferido fornicar con los amantes de las cosas terrenas".

XIII. Pero mirad en cuánto amor hemos de tener a Dios, cuánto hay que amarlo. Pues todo lo que se ama, se ama por dos razones: o bien porque nos da placer, como es lo que oímos, vemos y demás, o porque recibe placer, como el ojo que está hecho de tal manera que se deleita viendo el color; y los demás sentidos lo mismo. Y estas dos cosas son una y otra necesarias (pues en vano existiría el color sino fuera percibido por los ojos y los ojos en tinieblas en nada se diferenciarían de la ceguera, de tal manera que no sé decir cuál de los dos sea más importante; así que no puede faltar ninguno de los dos). Lo que se ve no es aquello que ve, ni lo que ve es la cosa que se ve. Hablo de un ojo, no de de los que se miran mutuamente. En Dios las dos cosas coinciden porque nos hace de la nada aptos para gozar de los bienes, de manera que debamos amarlo más que a nosotros; y nos dio estos bienes en abundancia. Pero estos bienes son el mismo Dios y, sin embargo, se distinguen de él por alguna propiedad. Pues nuestra felicidad no es el mismo Dios, sino que procede de Dios, así como el gozo que experimento al ver la claridad o al oír una voz dulce no son lo mismo que la claridad, sino que estas cosas ofrecidas a mis sentidos me causan alegría. De la misma manera, de la visión y del conocimiento de Dios nace la felicidad. Pero también hay que advertir lo siguiente: aunque digo que el placer o deleite es el único bien, sin embargo no amo el placer sino a Dios. El placer mismo es el amor. Dado que Dios ha creado el placer, el que lo recibe ama, el que es recibido es amado. El mismo acto de amor es un deleite, bien sea placer o bienaventuranza o felicidad o caridad, que es el fin último por el que se dan las demás. Por eso no me agrada que se diga que hay que amar a Dios por sí mismo, como si el amor y el placer fueran por el fin y no ellos mismos el fin. Mejor diríamos que Dios es amado no como causa final sino como causa eficiente; aunque cuando hablamos de causa eficiente solemos hacer mención de ella nominalmente, por ejemplo: "te amo por tu humanidad, por tu facilidad de palabra, por tu belleza". Por lo demás, en los libros sagrados no encontramos que Dios deba ser amado por sí mismo sino solamente que debe ser amado. De esto queda claro que quien así habla lo hace más al modo de los filósofos que al de los teólogos. Me viene a la mente que quizá alguno –porque yo he dicho que lo que recibe y lo que es recibido, los dos son necesarios y lo uno sin lo otro es superfluo– diga que por lo mismo tampoco son un bien. ¿Qué dice? Él dirá: Si la luz no es recibida por el ojo, ¿no será un bien? ¿Acaso no es buena toda criatura de Dios cuando se dice: "Y Dios vio que eran muy buenas".[216] Por consiguiente, también en los demonios y en los condenados hay algo de bueno, por el hecho mimo de que existen y han sido tratados mejor que si no existiesen en absoluto. Así pues, para responder a este yo doy mi interpretación: que todas las cosas han sido creadas por Dios ciertamente con gran sabiduría y suma prudencia, y por eso decimos que son buenas. Pero las cosas que carecen de sentidos han sido creadas no para sí mismas, sino para las que tienen sentidos. ¿Qué interés tiene cuáles estén entre las inanimadas? ¿Y qué tiene de más una piedra preciosa que el carbón, y qué importa si resplandece en un anillo o está sucia entre el polvo? Más aún, ¿qué importa que existan o no existan? Yo, en verdad no preferiría que existiera una piedra a que no existiera en absoluto. Todas las cosas inanimadas han sido creadas para las que tienen alma y sentido, es decir, para su bien. Así pues, una cosa es ser, otra ser un bien; aquello pertenece a la sustancia, esto a la cualidad. Por lo demás, hay que pensar que ninguna cosa animada se encuentra bien sintiendo dolor y malestar. Por consiguiente, su bien será el sentir gozo. Por eso Dios ha hecho bien sus criaturas para el bien de los justos y el mal de los impíos; por eso se ha escrito: "Dios creador del mal".[217] Por tanto la luz para aquellos que no la ven no es ni buena ni mala, para los que la ven es variable: irrita o acaricia la vista, como el calor; una y otra cosa proceden del fuego. El calor quema y calienta; para los que quema es malo, para los que calienta es bueno. De él los demonios y los condenados a la hoguera no obtienen ningún bien; con ellos se obraría mejor si no fuesen nada, como el Señor dice de Judá: "Mejor le hubiera sido a aquel hombre no haber nacido".[218] De lo cual se deduce que se equivocan absolutamente los que dicen que el bien es algo y el mal es nada.[219] Pues aquel, como dije, es sustancia, este cualidad. Lo que es algo, por esta cualidad puede ser tanto bueno como malo; lo que no es nada, no es ni bueno ni malo. Pero volveré al tema. Decíamos que el bien es doble: uno, el de la cosa que recibe; otro, el de la cosa recibida. Sin embargo, justamente se llama bien el que procede de los dos, que se llama placer. Este placer se recibe tanto de las criaturas como, sobre todo, del creador. Es la fuente del bien. Ahora bien, como el bien del gozo es múltiple, hemos de decir también que lo es la fuente de los bienes. Por consiguiente, si amáramos a aquel de quien recibimos tantos bienes, sin duda alcanzaríamos todas las virtudes y su hermana, la honestidad.

XIV. Por eso, si la honestidad es el amor de Dios, para resolver lo prometido, no puede ser que la honestidad sea odiosa. Pues todo odio hacia alguien nace porque consideramos inicuo a aquel hombre o porque lo tenemos como un fastidio, o, en fin, porque le aborrecemos. Que pienses mal de lo primero, en verdad, va en nuestro favor. Porque nos es odioso por el hecho de que nos parece que es deshonesto, pues todo lo injusto lo es. Y lo que despreciamos, que es lo segundo, también va en nuestro favor: nadie es despreciado a no ser que creamos que le falta la virtud. Todos los vicios, en efecto, se dividen en estas dos clases: la de los que hacen daño a otros, y la de los que no hacen daño a nadie. Los primeros son los siguientes: la malicia, la crueldad, la avaricia, la ira, la perfidia, el perjurio; los segundos son la pereza, la desidia, la ociosidad, la estupidez, la gula, la ruindad y otros semejantes. Los primeros, como pueden hacernos daño, no los despreciamos sino que los tememos si de ellos adolecece un enemigo; y del mismo modo, les odiamos porque son los causantes de nuestro temor. A los segundos no les odiamos porque no son temibles, sino que de alguna manera los amamos con tal de que, como dije, estén en el enemigo y los podamos contener, de modo que les hagan daño a ellos pero no a nosotros. Ahora bien, si de ellos adolecen los amigos los odiamos porque no pueden ser de provecho, e incluso pueden ser gravosos para nosotros. Así pues, todo vicio por su misma naturaleza es odioso. Luego si odias a alguien y le consideras vicioso será, bien porque temas que te haga daño, bien porque no esperas que te sea de provecho. En tercer lugar, en cuanto a lo que he dicho del odio, no se aborrece la honestidad, que es difícil de practicar, sino lo que con frecuencia le sigue: los honores, las dignidades, la gloria. Por eso los judíos odiaron a Cristo. Pero, suprimidas y eliminadas estas cosas, no puede quedar ninguna causa de antipatía ni de odio. ¿Quién odiaría al peludo Elías, ceñido con una andrajo de piel? ¿O quizá al más horrible todavía Juan Bautista, o a Pablo, a quien le tocó en suerte el nombre del primer solitario, que los griegos llaman eremita, o a su compañero Antonio? Si a estos los viéramos más dignos de compasión que de odio los juzgaríamos por su aspecto, no de otra manera que a aquellos que han quedado libres después de haber sufrido una dura cautividad de los piratas. ¿Acaso estos mismos no eran odiosos porque se los consideraba candidatos al reino futuro? De aquí aquello que se dice: "El odio del diablo nos introdujo en el orbe de la tierra".[220] Ciertamente los hombres son odiosos para el diablo pero no por la honestidad, que los demonios consideran difícil de practicar, sino por los premios en la otra vida por los trabajos soportados. Y, según mi opinión, los hombres no son objeto de este odio. De esto diría muchas más cosas si fueran pertinentes en este lugar. Ahora es suficiente haber probado que la honestidad no es odiosa, lo cual ahora le desagrada a Catón al igual que a muchos de los antiguos.

XV. He refutado o condenado los dogmas de unos y otros, de los epicúreos y de los estoicos; y he enseñado –en desacuerdo con unos y con otros, y también con todos los filósofos– que existe el sumo bien y es deseable, pero que se encuentra sobre todo en nuestra religión, y que no se conseguirá en la tierra sino en los cielos. Sin embargo, no basta haber demostrado qué es y dónde está este bien si no explicamos, en la medidas de nuestras fuerzas, de qué clase y cuán grande es. Ya que en absoluto mueve a los ánimos un discurso ligero que despacha los asuntos en pocas palabras, pues hay muchos aspectos que deben ser aclarados, ilustrados y elucidados, especialmente cuando son de gran importancia, como es el caso. Si Vegio, cuando defendía la doctrina del placer, obró de manera que no sólo enseñó a sus oyentes cuán gran bien es el placer,[221] sino que también se propuso deleitar y mover nuestros ánimos para llevarnos al asentimiento, ¿no será propio de la dignidad de nuestro dogma, por así llamarlo, que no falte un defensor de nuestra causa, y partiendo de la alabanza del perfecto bien y el perfecto placer, no nos mostremos negligentes ni abordemos sin honor tan excelsa materia? Yo tengo un oculto temor, y es que el discurso tan prolijo y elaborado de Vegio no llegue a las mentes de los oyentes. Pues si a aquellos que han permanecido largo tiempo bajo el agua, aunque después se sequen, una callada humedad desciende de lo más alto y se mete en el cuerpo de manera que lo hace enfermar, ¿qué hemos de sospechar del discurso de Vegio, que ha llenado nuestros oídos de gran cantidad de disputas y ha influido en nuestro interior con su deleite? Con todas sus fuerzas y verdadero ímpetu, irrumpió y penetró en nuestros íntimos afectos y casi ha movido nuestras mentes de su estado propio. Por lo demás, a mí me será más grato y gozoso que alguno de vosotros cumpla con este deber. Es un honor para mí y os ruego que lo hagáis".

Entonces dice Cándido: "¿Te has olvidado, Antonio, de que entre todos te hemos encomendado este asunto para que digas libremente lo que piensas? Si no has tenido miedo de juzgar y dar tu opinión entre amigos, ¿al fin vas a dudar cuando no has de temer ninguna ofensa de nadie y tienes a Catón y a Maffeo fácilmente favorables a ti, pues contra ellos no vas a decir nada más? Y si has obtenido de nosotros grandes elogios por tu opinión, ¿no esperas conseguirlos aún mayores en materia tan importante que no sé que pueda decirse algo superior en magnificencia? Por lo cual, Antonio, piensa que no sin razón todos nosotros te hemos confiado esta parte del discurso. Y si en este asunto se requiere autoridad, ¿no ves cuántos hombres de gran autoridad hay aquí? Si pides benevolencia, sabes que somos muy amigos tuyos; si necesitas atención, por la de todos nosotros comprenderás nuestra buena voluntad; si, finalmente, quieres autoridad, todos te instamos, como es nuestro derecho, a que hables de esta muy religiosa causa a la que tú mismo voluntariamente debieras estar dispuesto. ¿Quién lo haría de la causa cristiana si tú, que por tu profesión puedes y debes hacerlo, rehusaras, sobre todo cuando tienes tanta expectación? Por consiguiente no prolongues nuestra avidez de escucharte y no te defraudes a ti mismo. Pues nadie nunca estuvo tan deseoso de hablar que no te escuchara a ti con más agrado que hablara él mismo". Entonces Raudense respondió: "Me he dado cuenta con frecuencia, Cándido (diré lo que siento), que nunca has pretendido algo de cualquiera que no se te haya concedido lo que pedías, o de lo contrario se le haya considerado un hombre ineducado y descortés; tal fuerza hay en tus palabras, tanta dignidad en tu voz, tanta autoridad en tu rostro y majestad en la persuasión. Sea dicho con la venia de los demás jóvenes: no sólo tienes el principado sino que también exhibes, en tu juventud, como una dignidad senatorial y patricia en tus palabras. Por eso, para no parecer ineducado y descortés si rehusara, aceptaré tu propuesta, sobre todo porque has dicho que mi discurso es esperado con atención por todos los aquí presentes, a los que me esforzaré en satisfacer.

XVI. Por consiguiente, para volver a nuestro tema, tal como yo lo veo, todo él debe dividirse en cuatro partes: primero, cuántas sean las calamidades de esta vida; segundo, cuán exigua sea la alegría; tercero, cuántos males hay después de la muerte para los malos; cuarto, cuántos bienes para los buenos. De todo esto hablaría, si ese sol que se precipita hacia el ocaso no me estuviera avisando de que me dé prisa, y si vuestra sabiduría no me moderara; de acuerdo con ella, será suficiente y aun sobreabundante hablar del último punto. Pues de los dos primeros hay muchas cosas que conservamos en la memoria trasmitidas no solo por los nuestros sino también por otros, con las que demostraron que los bienes de los mortales parecen módicos cuando se tienen; cuando se desean, son molestos, y cuando nos abandonan lo hacen dejándonos llenos de una profunda tristeza. Los males son tantos que casi no dejan ver los bienes. De aquí que fuera común entre los más sabios de los hombres la opinión de que la muerte no debe ser rechazada por los sabios ni tampoco por los felices. Y está comprobado que esto lo han dicho no sólo los letrados sino también los iletrados. Y hay algunos pueblos que reciben con llanto a los recién nacidos y acompañan con alegría a los muertos. Paso por alto estas cosas, como dije. No hay nadie que no conozca esto por experiencia propia. Ellos no han podido aliviar sus desgracias a no ser con algún placer, cuando les era posible. Pero nosotros, los que esperamos en Cristo, no sólo tenemos consuelo para nuestras desgracias sino también gozos. Sobre el tercer punto, tendría suficientes palabras si mi discurso tuviera que hacerse ante una reunión de personas iletradas e incultas. Pues ¿cuál hemos de pensar que será la medida de los suplicios que serán infligidos a los injustos para toda la eternidad por un Dios airado, cuando estos sufrimientos que soportamos ahora, no como tales sino en cuanto pruebas, nos parecen dignos de lágrimas? Si aun los niños y los jóvenes, todos se ven obligados a sufrir la amargura de la muerte, ¿cuánto lo ha de ser la de aquellos que están sepultados en los infiernos, cuya tortura es la de nunca morir y cuya vida es sentir siempre la muerte? Y si son tan horrendos los cadáveres de los cuerpos, ¿cómo crees que serán los de las almas, de lo que a veces nos da una idea la visión de los demonios? Pero como mi discurso se dirige a vosotros, los más buenos y doctos, me callaré sobre este tema. Los ánimos generosos no temen las leyes, no están aterrorizados por los suplicios con los que se les amenaza, sino que, por el contrario se sienten motivados por los premios. De estos premios, que consisten en un eterno placer, de parte de mi institución tengo que decir y manifestar cuánto excede el placer eterno al placer terreno. Así pues, escuchad mis palabras acerca de los premios de los cristianos, con las cuales intentaré hablaros no de cosas trilladas y ya divulgadas, sino de otras nuevas. Ved con cuánta benignidad Dios nos trata y con cuanta impiedad le tratamos. Hablo de todos los hombres en general, pero sobre todo de los cristianos, cuya ingratitud es más llamativa que la de los demás.

XVII. Pero, para elevarme más alto, ¡cuánta benevolencia vemos en las cosas del creador, que las ha creado todas para los hombres: el cielo, la tierra y todo lo que hay en ella! Y si quieres admirar su grandeza, su hermosura, su sabiduría, ¿no quedará tu ánimo maravillado, no te avergonzarás de tus actos, no te confesarás indigno de tantos dones al considerar estas cosas? Los geómetras, si creéis que en algo hay que creerlos, deducen con muchos razonamientos que es tan grande cada una de las estrellas, que fácilmente supera cuanto abarcamos del cielo en una mirada, de manera que si una de ellas descendiera no muy lejos de las nubes, parecería tan grande como el mismo cielo. ¿Ahora bien, qué porción del mismo ocupa una estrella? ¿Y por qué tienen la figura de pequeños fuegos? Ciertamente, porque es más agradable el aspecto de pequeñas y ordenadas luminarias, y también porque si se miraran a la vez todas las que existen apenas podríamos ver una o dos al mismo tempo: si las vemos todas es porque lo hacemos sucesivamente y por la desigualdad de los días y las noches. ¿Para qué voy a recordar la gran admiración que suscitan en nosotros el sol y la luna? Y esta obra del Dios artífice, por así decirlo, es de tanta grandeza, hermosura y racionalidad, como dije antes, que casi diría que los animales irracionales, si pudieran hablar, confesarían que Dios es el autor de esta obra; y nosotros seríamos irracionales si no admitiéramos que esta obra ha sido hecha para los hombres, para que así entiendas lo importante que eres, pues por ti han sido edificados el universo mundo y todos los cielos, para ti solo, digo. Pues, aunque haya otros que lo comparten, todo ha sido hecho para cada uno de nosotros. ¿Por qué dudas? No solo todas estas cosas, el cielo, la tierra y el mar, sino también los mismos hombres, también todos los que hemos considerado partícipes de la obra han sido creados para ti, es decir, han sido creados para cada uno de nosotros. Dios dice en los libros de Moisés: "No es bueno que el hombre esté solo, hagámosle una ayuda semejante a él".[222] Y aunque esto lo dijo en relación a la mujer también lo hemos de aceptar referente al varón, pues así como la mujer es ayuda para el marido, lo mismo es el marido para la mujer. Y ocurre otro tanto con los demás hombres entre sí, gracias a la caridad. Arquitas de Tarento dice: "Si uno ascendiese al cielo y viese la naturaleza del mundo y la hermosura de los astros, su admiración habría de ser desagradable si no tuviera alguien a quien contárselo".[223] Sospechamos cuánto más gozosa habría de ser aquella contemplación si tuviera, no ya a quien contárselo, sino con quienes pudiese compartir estos bienes. Por consiguiente, si a este Arquitas, hombre con el poder de habitar el cielo, se le dieran algunos compañeros, ¿pensaríamos que por eso la medida de su felicidad cambiaría y sería dividida entre muchos? Todo lo contrario, sería aumentada y ampliada, y tanto más cuanto más grande fuera la colonia, por así decirlo, llevada hasta allí. Paso por alto cuán agradable es estar en grupo, tanto que, como dice Marco Fabio, "es natural no sólo a los hombres sino también a los mudos animales".[224] Así pues, esta unión de todo el cielo y todo lo que en el mundo existe hemos de pensar que se ha hecho para cada uno de los hombres. Pero, preguntarás, ¿por qué esta magnificencia para mí? Sin duda, para que al contemplar estas cosas tan magníficas, creadas para tu bien, te conozcas, eleves tu mente a lo más alto y no rebajes la gran dignidad de tu naturaleza a lo más bajo. Y no establezcas como premio, como he dicho antes, las cosas despreciables de los bienes terrenales, como son las riquezas, las posesiones, los honores, los placeres de la carne; y te propongas otras cosas tanto mayores y mejores, en la medida en que son infinitamente más grandes que las terrenas. Por lo cual, si nuestra mente, recluida en los miembros del cuerpo, no es capaz de ver las cosas que están ante sus ojos, cuánto menos aquello que quedan fuera de su visión y de la percepción de los demás sentidos.

XVIII. Pasemos ya a los beneficios que le han sido concedidos al hombre y dejemos los que podemos admirar en el orbe y percibimos como testimonio de la bondad de Dios. De los que no vemos hablaré inmediatamente después. En verdad, cuantas veces hojeo entre mis manos los libros que se llaman "canónicos", en los que se entreteje la santísima historia desde el principio del mundo, reconozco la bondad de Dios para con nosotros, su diligencia y casi diría su solicitud, de modo que me parece que abandona el cielo y se ocupa de las cosas humanas, que anda con nosotros, vive con nosotros, nos aconseja, poco a poco nos enseña y, finalmente, vuelve a nosotros sus ojos vigilantes como los de Argos:[225] a no ser que algunos crímenes vergonzosos, cometidos ante su venerable presencia, le obliguen a volver el rostro, y no sólo a volver el rostro sino a prorrumpir en gemidos y (si se me permite decirlo) también en sollozos. Asimismo, tampoco deja de aconsejarnos: ruega, increpa, nos inspira la esperanza y el miedo, no como el maestro de escuela que cuando enseña las letras a los niños les castiga y exhorta, sino como el padre al que le interesan ante todo sus hijos. ¿Qué digo, el padre? Nosotros mismos no tenemos tanta solicitud por nuestros hijos. Él no se dedica a otra cosa: nunca se relaja, nunca duerme, siempre nos vigila mientras dormimos, siempre nos asiste; finalmente, nunca nos abandona a no ser que, poniendo en él nuestras ingratas e impías manos, nosotros le rechacemos. Y, oh, increíble clemencia suya y contumacia nuestra, rechazado y expulsado miles de veces, sin embargo cuando es llamado vuelve enseguida, cosa que no hacen ni siquiera nuestros siervos; y vuelve por propia voluntad, incluso complacido, indulgente y propicio. Así, mientras nosotros luchamos contra nuestra propia salvación, él se esfuerza a su favor. Ojalá en esta pugna venza él, y nosotros seamos vencidos: es más, si él vence nosotros también vencemos, y si pierde perderemos con él, al igual que el enfermo que muere por no haber seguido las prescripciones del médico no se impone sobre él, sino que el que no rechaza al médico es el que sale victorioso sobre la enfermedad. Digo esto no porque Dios sea así (pues él no cambia) sino porque es así como me ha parecido al leer y releer en los libros sagrados. Para qué voy a contar, omitiendo a los más antiguos, cómo se condujo con Abraham, Isaac y Jacob; cuánto habló con Moisés, David, Salomón, con Isaías, Jeremías, Daniel y los demás profetas. Cuanto más con nosotros, puesto que todo lo que habló con ellos lo ha hablado también con cada uno de nosotros. De la majestad de los *Evangelios* apenas me atrevo a decir nada. Pues, cuando leemos todas esas cosas, no sé a qué elevadísimo lugar es levantado nuestro ánimo y sentimos que nos invade una indecible dulzura. Pues ¿qué cosa mayor pudo prometerse nunca que el bien que deseemos en esta vida, si lo pedimos, nos será concedido; y para la futura se nos reservará más que nos atrevamos a pedir, más que podamos pensar? Pero ¿con qué prueba se nos promete? Ciertamente una prueba mayor que ninguna otra, esto es, que él quiso asumir la humildad de la carne humana y aceptar el suplicio de la muerte (y qué muerte). ¿Cuánto amor nos tiene que ha expresado con tal garantía? De manera que sea inexplicable qué se nos incita a esperar por esto. Vemos igualmente que por medio de alegorías y de enigmas se nos recuerda lo que Moisés declaraba cuando habló al pueblo con el rostro velado.[226]

XIX. Y si alguien quisiera descifrar esos enigmas y alegorías y clarificarlos, sin duda se esforzaría en vano. Pues nuestra faz no puede librarse de la cobertura de nuestro cuerpo. En efecto, se ha dicho: "Ni el ojo vio, ni el oído oyó, ni llegó al corazón humano lo que Dios tiene preparado a los que le aman".[227] Y esto, según mi opinión, no sólo fuera del cuerpo no tienen naturaleza para ser percibidas por las que están en el cuerpo, sino también porque, si pudieran ser percibidas, son tan dignas de honor y tan excelsas que el ánimo, encerrado como en las tinieblas de una oscura cárcel, no pueda aspirar a entenderlas. Y esto lo vemos en los rayos del sol a los que no podemos mirar, no porque sean oscuros, como sucede en las demás cosas, sino porque son demasiado claros. La lechuza, el búho, el mochuelo y otras aves nocturnas se ciegan absolutamente con la luz. El sol sin embargo puede ser mirado desde cualquier lugar. Busquemos algo que no seamos suficientemente fuertes para llegar a conocer por su excesiva fuerza. Sin duda la armonía, si es que hay alguna armonía de los siete orbes, que los griegos llaman "esferas", es tan grande y tan intensa que escapa al oído del hombre, Por lo tanto, si es mayor la felicidad que se nos promete que la que puede ser concebida por nuestra mente, y es de tal clase que no cabe en nuestro entendimiento, en vano (como dije) nos esforzaremos en imaginarla.

XX. Sin embargo, tendrá gran valor el que intentemos imaginarla. Pues, cuando imaginamos el más elevado estado de felicidad (en cuanto lo soporta la debilidad de nuestra imaginación), y por conseguirlo afrontaríamos mil veces la muerte (como se suele decir), debemos admitir que tenemos que perder mucho por ello; de ello la mente humana no puede comprender la mínima parte. Este pensamiento hace que nunca nos apartemos de aquel deseo, con tal de que pongamos sus fundamentos en la fe, sin la cual nada puede construirse bien. Pues ¿qué es lo que nos aparta más del deseo de las cosas divinas que, por una depravada y pestífera dureza de corazón, no creemos lo que no vemos? Pero, como si las cosas invisibles pudieran ser vistas, o hubiera fe sólo si los premios prometidos se nos mostrasen ante los ojos, o no tuviéramos que esforzarnos más para que se nos reserve una recompensa que es más valiosa que lo que pueda pensarse. Así pues, como no vemos las cosas que se dicen del reino futuro, no las deseamos al considerarlas falsas. Por eso no honramos a Dios, como si él no supiera ni premiarnos ni castigarnos. A estos hombres no debemos imitarlos sino convertirlos en nuestros imitadores; e intentar instruirlos en la fe, que no tienen, por métodos atractivos. Pues si con cierta imaginación ponemos ante sus ojos lo que no cae bajo ellos, ¿no habremos encontrado un sólido fundamento y como una prueba de la fe, que es como un milagro? Si la fe fuera como un vacío aun cuando viéramos las cosas que se nos prometen, sin embargo adquiriría tanta fuerza que veríamos las cosas que nos han sido prometidas. Esto valdrá a la vez para infundir en ellos la fe como para aumentar en nosotros la esperanza y la caridad. Intentaré pues, como he prometido, exponer con claridad aquello a lo que suelo dar vueltas en mi mente. Ahora bien, sois vosotros los jueces que tenéis que juzgar si a estas cosas que yo pienso también vosotros le dais vueltas en vuestra cabeza.

XXI. En primer lugar, invoco a Jesucristo Dios y hombre, que nos promete hacernos dioses como él, para que me asista cuando voy a hablar de cosas grandes y arcanas y me inspire el amor a las cosas divinas, que si siempre, en cualquier situación, más conveniente lo es en este momento. Vamos, figurémonos e imaginemos lo que no podemos ver con los ojos. Nuestra alma, liberada de los miembros del cuerpo, ve continuamente una atmósfera, por así decirlo, radiante, no con una luz ajena sino con la suya natural, más luminosa, más amplia y más deleitosa que esta nuestra. Así pues, si alguno tiene ojos de lince, será elevado hasta la mitad de la región del cielo, hasta donde suelen penetrar las águilas; gozará de un inmenso placer producido por la libertad de mirar a lo largo y lo ancho; sobre todo, nos produce placer el contemplar las nubes iluminadas sobre el vértice y desde los montes que han surgido ver a lo lejos lugares remotos y divisar las olas multicolores del mar profundo que impulsan las velas de los barcos como si fueran cándidas palomas. ¿Qué serenidad pensamos que puede ser aquella que se nos descubre a los que salimos de una casa tenebrosa? Y sobre todo cuando veas cómo centellean alrededor con una nueva luz innumerables y antes desconocidas estrellas.

Y después, ¿qué? El espíritu es elevado a lo alto por su propia naturaleza y sin trabajo ni esfuerzo, sino como suelen hacerlo las aves, volando, con increíble suavidad. ¿Crees que te voy a decir que estás solo? Ciertamente, apenas es traspasado el umbral de la muerte están dispuestas más de doce legiones de ángeles cubiertos con magnífica armadura. como los que Eliseo mostró a su siervo, que se ofrecieron como guardas y defensores tanto en esta vida como en la salida de ella.[228] Estos ahora también luchan contra los demonios que entran y están dando vueltas y pelean con esperanza o con desesperación, y heridos y maltrechos por las heridas los obligan a no acercarse más sino a batirse en retirada y con grandes gemidos y vociferando horriblemente darse a la fuga, de modo que te alegrarás cuando te veas liberado de tan negro y cruel acoso de los enemigos. Les he llamado enemigos, palabra que, en realidad tiene un significado demasiado suave para ellos: ¿cómo podría llamar a los que nada podría traer a nuestra amistad ni impedirles que sean nuestros enemigos? Su naturaleza es tan contraria y hostil a la nuestra que su solo recuerdo nos aterra sobre todo en las tinieblas, en la soledad, en la noche, en los sueños. Pues no nos horrorizamos de las sombras de los muertos sino de lo que verdaderamente hay que temer, los funestos y perversos demonios. ¿Qué pensamos que van a hacer cuando estén presentes, sobre todo después de nuestra muerte, y ya libres, hayan recibido licencia del potentísimo Señor para hacernos daño? Fuertes son los diablos pero mucho más fuertes los ángeles; y si el valiente David, consciente de su pecado, quedó aterrorizado por la visión de un solo ángel, que blandía una espada,[229] los diablos no podrán hacer frente a los ángeles puestos en orden de batalla y mirándoles de frente. Un ángel solo es suficiente contra todos los diablos.

XXII. ¿Cuánto te aumentará el gozo por la victoria contra tus enemigos? Con frecuencia he sentido en mí y lo he notado en otros que he conseguido algo contra los calumniadores que me odian, contra la malevolencia de mis detractores, contra las ofensas de mis enemigos; esto me ha sido más agradable que si hubiese conseguido lo mismo sin que nadie se me hubiera enfrentado. ¡Cuán exultantes estaban los hebreos cuando vencían a los enemigos, bien fueran los egipcios, los filisteos o los moabitas! De manera que pienso que no sin razón se alegraban en los peligros en que se encontraron y llevaban mejor esta situación que si hubieran permanecido en el ocio y en una perpetua paz. No hablo ya de la gloria que es compañera de la victoria. Pues María, la hermana de Moisés y Arón, al entonar los cánticos[230] no se alegraba de la fortaleza de los hebreos (aquella gloria era de Dios) sino de su propia felicidad, pues veía a los enemigos que en vano los perseguían y eran cubiertos por las olas del mar. Pero nuestro gozo es doble, primero porque veremos superados y sumergidos en el mar a los demonios, es decir a nuestros eternos enemigos, que nunca han cesado de calumniarnos, de incriminarnos, de injuriarnos; de cuyo suplicio no sólo no podemos movernos a compasión pero ni siquiera quedarnos satisfechos. Los ángeles mismos que no han sido atacados por ellos se alegran extraordinariamente por derrotarlos, perseguirlos y descuartizarlos. Esto baste sobre el odio de los demonios.

Ahora hablaré del amor de los ángeles, de los que aún otras doce legiones no armadas, pero adornadas de toda belleza, y descendidos de lo más alto de los cielos con sus alas de plata, dicen con sumo gozo, alegría y dulzura, al modo de los cantores: "Ven, amado de Dios, ven al triunfo que te ha sido preparado en la ciudad santa a la vista del pueblo santo".

XXIII. Esperas que diga de qué ornato, de qué dignidad corporal están dotados estos bienaventurados espíritus. Te diré que aquí no se requiere ninguna púrpura que les sirva de ornamento, ni oro que relumbre, ningún brillo de piedras preciosas, ningún artificio humano. El mismo vestido triunfante necesariamente nos parecerá sórdido, aunque ninguno más augusto puede pensarse. Si los pavos reales y otras aves han sido pintados con bellos colores; si los lirios y las rosas y multitud de flores, cuya vida es efímera, superan todo el ornato del riquísimo Salomón ¿cómo pensaremos que será el ornato de los ángeles? ¿Cuál el de los hombres? La belleza del cuerpo de los ángeles, por así decirlo, será tal que por su aspecto declare su estado de bienaventuranza y a ti te encienda el ánimo para conseguir una felicidad semejante. En este momento, Bossio,[231] es preciso que te dé un consejo. Por tu casa, que está entre las primeras de la nobleza y siempre floreció entre los más preclaros varones; por tus antepasados, entre los que hay que contar a tu abuelo Antonio, del que tú como eres heredero del nombre debes serlo también de sus virtudes, hasta el punto de que nuestra ciudad lo ha llamado "segundo Catón" y "padre de la patria"; por tu tío, que ha sumado a las virtudes de tu padre todo lo posible de las más fecundas letras y de las dignidades pontificias; y por tu vida, que has cultivado desde tu más tierna infancia con varonil respeto para conmigo: todas estas cosas me invitan a que te dé mi consejo. Con gran peligro propio (ojalá no con daño) he conocido lo que te he enseñado y una y otra vez te aconsejaré insistentemente que no hay nada que tanto aparte a la juventud de los rectos estudios y de la virtud como el amor a la belleza tanto propia como ajena (pues no viene al caso que hablemos del peligro del cuerpo cuando estamos disputando sobre el ánimo); y por belleza ajena, me refiero a la de las mujeres. Por lo demás el apetito de las cosas es más temperado que el de las mujeres, que es verdaderamente insano; y quiero que se entienda a la recíproca: el ardor con el que las mujeres se encienden hacia los hombres. Yo a lo largo de todo este discurso me refiero a nuestro sexo, porque hablo con hombres y todo lo que digo suavemente puede ser aplicado al otro sexo. Por consiguiente, esta pasión por las mujeres (por no hablar de otras pasiones, y pasar por alto ejemplos de jóvenes, que son muchísimos) doblegó y condujo a la muerte a Sansón, a quien nadie le superó en fuerza y, según creo, los antiguos lo llamaron Hércules. Esa pasión impulsó al adulterio y al homicidio a David, sin lugar a duda el príncipe de los profetas, con cuyo canto Dios se deleitaba y en él se complacía y se gloriaba. Esta pasión condujo a Salomón, el más eminente de todos, a las tinieblas de una extrema locura, hasta el punto de adorar ídolos de piedra, de bronce, de madera y, lo que es más detestable, lo hizo en su ancianidad. Pero también el amor de la propia hermosura es causa de no menor locura. Por eso los poetas imaginan que Narciso, enamorado de su propia figura, al no poder gozar de sí mismo, enflaqueció y murió de amor. Pero él era verdaderamente bello. ¡Nosotros, en cambio, no sé cómo podemos ser más condescendientes de lo justo con nuestra belleza! ¿Cuántos hay que no se consideren a sí mismo los más apuestos de todos? Por eso Ovidio dice: "Cada cual se complace sí mismo. Somos una crédula turba".[232] Y mientras nos ocupamos de este pensamiento, no podemos dedicarnos a ninguna otra cosa honesta, no estamos tranquilos de cuerpo ni de alma. Nos imaginamos que amamos a todas las mujeres y que somos dignos de que todas nos amen.

Paso por alto las demás deformaciones. Sólo digo una cosa, por la que habré repetido lo anterior. Si contemplaras el rostro de un ángel junto al de tu amiga, esta te parecería tan fea y horrible que apartarías tu vista de ella como del rostro de un cadáver y te volverías a mirar la hermosura del ángel. La hermosura, digo, no la que enciende la libido sino que la extingue y enciende un santo sentimiento religioso. Si, contemplando en el espejo tu juventud débil y afeminada, apareciera la imagen de un ángel junto a la tuya, o bien se te caería de las manos (de tal manera te avergonzarías de tu fealdad), o bien no lo dejarías de mirar: de tal manera contemplarías con los ojos fijos y extasiados la belleza y dulzura del ángel. ¿Qué diríamos si hablara contigo? ¡Cuánta amabilidad, cuánta dignidad, cuánta gracia en sus labios! Me atrevería a afirmar que, una vez saciado con tal coloquio, ni querrías ni desearías ningún otro alimento. Y por esto debe comprenderse que, si es tanta la belleza de los ángeles, tanta la dulzura de su conversación, cuánto hemos de pensar que será el horror de ver y oír a los diablos. Pero hablemos sólo de los ángeles y sólo de su aspecto. Pues estas cosas que he dicho pretenden que cuantas veces te dejes llevar de la belleza ajena o la propia, que he dicho es mínima, no desistas ni aflojes, sino que invoques todas las armas de la esperanza: piensa que tienes que abstenerte del amor de la belleza terrena si quieres alcanzar la belleza celestial; deseo y espero que quieras. Ten siempre en mente la frivolidad que perseguirías en una mujer recordando el caso de Amón, primogénito de David, quien cuando cumplió su deseo de poseer a Tamar, por la que moría de amor, la despreció más que antes la deseaba y la odió más que antes la había amado.[233] Esté también José ante tus ojos, aquel adolescente que ni cuando le rogó ni cuando le retuvo una mujer quiso consentir en la lujuria.[234] Dirige tu ánimo siempre a la felicidad futura. Pero no hablo así para que te abstengas de admirar tu belleza para que luego puedas ver los ángeles, aunque eso ya sería más que suficiente; sino que en lugar de que mires a las mujeres las sustituyo por los ángeles, como he dicho, que no son ni machos ni hembras, y a todos los demás hombres beatos y beatas. Y en lugar de tu belleza, te doy una belleza no ya humana sino claramente divina, pues te prometo que serás un verdadero ángel. ¡Mira qué diferencia! Cuando ahora ves a alguien o igual o más bello que tú te dueles, te lamentas, le envidias, no quieres presentarte, sobre todo si está presente alguna amiguita. No hablo de ti como si fuera así en realidad, sino que te aconsejo por si acaso sucediera. Temes perder la belleza y si la pierdes o disminuye sufres, y también si sucede en tu amiguita con cuya belleza y cualquier otra cualidad digna de elogio te deleitas; nunca estás seguro, temes que alguien sea preferido a ti y se le junte algún amigo. En el cielo no existen ninguna de estas necedades ni cosas desagradables. Gozas mucho de tu belleza y no menos que los demás; y gozas igualmente de la tuya y a la vez de la del otro sin envidia ni emulación. Me atrevería a decir que cada uno es el más bello, el que va más adornado, el más feliz; de tal manera todos los demás gozan y se alegran. Por eso me atrevería a decir que los bienes de cada uno son comunes con los de todos los demás.

XXIV. En cuanto estamos tratando del cambio de los bienes terrenales por los divinos, pensamos si en lugar de los placeres que aquí pueden gozarse, que rechazamos, allí se conseguirían los equivalentes; después volvemos al orden que nos hemos propuesto. Pues hay muchos, como son aquellos a los que intentamos llevar a la fe, como hemos dicho, que con dificultad son apartados de estos bienes terrenos, ya sea porque les parezca que no se encuentran otros bienes mayores, de lo que lo disuadimos con sumo interés, ya porque son de la opinión de que, una vez muerto el cuerpo, nunca más han de volver sus placeres. Así sucede que no sólo no se abstengan de los placeres sino que sean tanto más indulgentes con ellos, al modo de los que teniendo que hacer un camino por el desierto antes de emprender el viaje se atiborran de comida. Así pues se preguntan, si no abiertamente sí al menos tácitamente: ¿tengo que abstenerme de comida, de bebida y de alegrías? ¿Se me promete algo mejor? Pero si algo se me promete a esto nunca he de volver. Por eso los enfermos se privan de muchos gustos para poder gozar después de sanar de lo que durante mucho tiempo se les había prohibido. Ahora bien, si los mismos bienes que tenemos en la tierra volvieran en el cielo para toda la eternidad, la espera y la paciencia serían menos desagradables. Y esta es ciertamente la petición común de todos. Pero los que están adornados de singulares bienes del alma, del cuerpo, de la fortuna, no parece que hayan de contentarse con una porción vulgar y común de ellos. Me valdré de un ejemplo conocido. Un rey no pensaba que tuviera que abstenerse de tantos placeres como podría gozar por su poder y por sus regias riquezas, para después en el cielo poder tener la compañía de la plebe; de ser así, estimaba que su condición sería peor que la de los demás, ya que estos se verían igualados con el rey, pero el rey sería igualado con sus siervos. Así, allí no tendrán honores los que aquí han gozado de ellos, sino que serán deshonrados. Por consiguiente, tengo que dar respuesta a los que parece que estoy dando órdenes, y daré satisfacción a sus cuestiones, antes de seguir con lo que había comenzado. Para los segundos tengo una respuesta más fácil, por eso primero respondo que cuanto más culto tributemos a Dios mayor bienaventuranza gozaremos; y todo será en mayor medida, como dice Hesíodo;[235] y se nos devolverá con intereses. Pero los primeros nos urgen preguntando si en el cielo obtendremos honores, dignidades, poderes, si tendremos banquetes, si beberemos, si tendremos esposas. A esos les respondo rogándoles que tengan esperanza de lo mejor y les prometo que tendrán honores, dignidades, poder, no del modo que los piensan sino como deben ser en el cielo: aquellos sin trabajo, aquellas sin envidia, estos sin odio ni riesgos. Pues de aquí vienen los nombres de Querubín, Serafín, Virtudes, Principados y demás órdenes de los ciudadanos eternos de aquella república, la mejor y más feliz, entre los cuales cada uno de nosotros seremos colocados según nuestra dignidad. Y aunque todos seremos reyes e hijos de Dios, unos estarán delante de los otros. Y en lo que atañe a los sentidos del cuerpo o a las cosas que únicamente gozamos con ellos, las gozaremos; y si algunas dejaran de existir, seremos regalados con otras mucho mejores. Pues, ¿quién pretendería que se le devolviera el cuerpo si nada más hemos de tener que lo que tendremos sin él? Pues el alma será por sí misma suficiente para hacer las cosas y para el ornato. Además, ¿los ojos del cuerpo no serán capaces de ver lo corpóreo, y los demás sentidos no cumplirán con su función? ¿Quién en su sano juicio creerá esto? Por consiguiente, una vez retomados los cuerpos, volverán los gozos interrumpidos, pero más santos y, como dije, con muchos réditos; pero no enseguida después de la muerte. Pues los gozos del alma tienen prioridad, los del cuerpo se reservan para el novísimo tiempo.

Ellos dirán en este punto: si son así las cosas, puesto que existe antes el cuerpo que el espíritu (pues se dice: antes es lo animal, después lo espiritual), ¿por qué no son también primero los premios del cuerpo, que son los placeres que gozamos aquí en la tierra? Pues los placeres del alma son muy distintos de los del cuerpo y, puesto que no los conocemos, no podemos amarlos. Diré lo que siento, cualquiera que así hable, para usar las palabras de Pablo: "todavía sois carnales".[236] ¿Es que otorgáis más valor a los bienes corporales que a los del alma? Si habéis alcanzado los que son infinitamente mejores ¿por qué os dejáis seducir, estúpidos, por placeres mucho menos excitantes? ¿Por qué, si gozáis de tan grandes bienes, no esperáis un poco más para lo que queda? Juro por los mismos goces eternos de las almas que no pensaríais así si hubieseis llegado a la bienaventuranza espiritual. ¿Acaso no son plenamente felices los que han sido recibidos en los eternos tabernáculos, o se vive mejor en la tierra de lo que se ha de vivir en los cielos? Pero habláis así porque tenéis muy poca fe y esto os impele a pedir más vergonzosamente todavía. Pues ¿qué otra cosa queréis con esa petición vuestra, sino ver vuestros cadáveres llevados hasta lo alto por los ángeles, o bien, por una brecha abierta en la tierra, ser arrastrados por los diablos a los infiernos? ¿Esta sería vuestra fe, esta vuestra esperanza? Aunque eso pudiera verse, nunca ocurrirá. Nadie pecaría si viera el premio y el castigo de manera tan clara ¿Acaso ignoráis que vuestra recompensa depende de que creáis que los que veis muertos viven en otra parte y que sus miembros, ya reducidos a polvo, de nuevo serán devueltos a su primitivo estado? Sin embargo, para satisfaceros, imaginemos que los bienes del cuerpo sean del alma y los que en el futuro serán del cuerpo se los asignemos a esta, y los que han de venir después hagamos que lleguen enseguida, "¿pues no es incorrecto", como dice Quintiliano, "considerar semejante lo que es mejor?"[237] Pero ante todo intento que comprendáis lo que no digo más que lo que digo; es decir, que me refiero más a la bienaventuranza del alma que a la del cuerpo, si bien las dos se nos tienen reservadas. Porque nuestro cuerpo será más luminoso que el mismo sol al mediodía, pero no tanto como para deslumbrarnos sino sólo para que se vea clara y agradablemente. Y ahora se entenderá cuál ha de ser el esplendor del alma. Y así como el tronco, por así decirlo, como todo el cuerpo, tendrá su dignidad, también cada uno de los miembros estarán dotados de adornos, pues ni el esplendor es la única clase de adorno ni hay una sola clase de esplendor. Habrá por tanto variedad de esplendores, de ornamentos, de deleites; si bien los ojos de cualquiera pueden saciarse mirando la majestad de su cuerpo y del cuerpo de los otros. Acerca del ornato y la belleza de los espíritus de los santos, ya he dicho antes lo demás, que de allí puede ser traído a este punto. También los oídos se alimentan de las dulcísimas voces, de las conversaciones, de los cánticos. ¿Cuántas cosas para deleitar a los sentidos podemos suponer que Dios padre ha puesto en las altas regiones para sus hijos, que vuelven victoriosos de la guerra, cuando en este lugar, que llaman valle de lágrimas, ha hecho tantas cosas que se relacionan con el placer? ¿Qué diré sobre los olores? Si las flores, las hierbecillas y otras seres inanimados huelen con tanta fragancia, ¿dudaremos acaso cuántas más de esta clase se pueden encontrar allí? Es más, nuestros mismos cuerpos, eso que se ve en los huesos y en el polvillo de los santos, desprenderán un aroma inmortal. He dicho los nuestros, es decir el cuerpo de cada uno de nosotros; de manera que, como la figura y las palabras, también la fragancia de los cuerpos felices den gozo a sí mismos y a los otros. De la comida y la bebida también pueden pensarse muchas cosas. Sin embargo, esto a mí me place decir, y sea dicho con vuestro permiso, que el cuerpo y la sangre de nuestro rey y señor Jesucristo son administrados por sus manos en aquel honorabilísimo, celebérrimo y verdadero banquete de Dios. Esta comida y bebida será de tanta dulzura que se diría que supera a todos las demás. Nunca estaremos saturados de esa comida, nunca permitirá que vuelvan el hambre y la sed, sino que dejará una permanente dulzura en nuestra boca; y no sólo dulzura en la boca, sino también fuerzas y suavidad en todos los miembros. Y esta suavidad será infundida por todo el cuerpo hasta los tuétanos de los huesos, de manera que, aunque te falte lo demás, con esto puedas estar contento. ¡Qué enorme placer cuando, quemados por el ardiente calor del verano, nos rehacemos y recreamos a la sombra y a la brisa, o tras padecer la nevada y el viento nos calentamos junto al fuego! Este, pienso, es el más gratificante de todos los placeres. En los demás, se deleita cada una de las partes del cuerpo: el paladar con la comida, las narices con el olor de la rosa y la violeta; en este, todo el cuerpo participa del placer. Es una clase de gozo que se percibe no con un sentido sólo sino con todos (y de esto hablo brevemente porque depende de lo anterior), como tus banquetes, Maffeo, tus danzas y juegos; pero esta clase de placeres en aquella eterna felicidad serán más abundantes. ¿Qué me dices? ¿Qué habrá allí otras clases de placeres que aquí ciertamente podrás desear pero no puedes esperar? ¿Quién rechazará volar con ligeras alas como las aves, ahora a cielo abierto, ahora entre los valles, luego sobre los altos montes, después juguetear sobre las aguas con sus aladas compañeras? Y si te avergüenzas de las alas, aunque los ángeles se figuran provistos de ellas, ¿no andaremos entonces por los aires como lo hacemos ahora por el suelo? ¿Quién no desearía estar dotado de gran velocidad, como los tigres, nunca fatigarse por el esfuerzo, nunca derretirse por el calor del verano ni entumecerse con el frío? Además, como Camila, pasar sobre las tiernas espigas sin ningún rasguño y sobre las olas del mar embravecido sin mojarse los pies sino sobrevolándolo?[238] O poder vivir bajo las aguas, como los peces, y, lo que es más maravilloso, ser transportado sobre las blanquísimas nubes; y navegar con las velas desplegadas haciendo que soplen los vientos a nuestro antojo; y otras muchas cosas que puede tener bajo su dominio cada uno, según su voluntad. Y además las que son negadas aquí a los mortales en el cielo se les darán abundantemente; quizá no como estas que he dicho, sino mucho mayores, llenas de religión y santidad. Por eso, todos aquellos placeres con los que deseamos deleitarnos, ahora aborrecidos por la majestad de aquel eterno lugar, desaparecerán, como son las cacerías, la captura de pájaros y la pesca. En efecto, en el cielo no hay perros, ni liebres, ni peces, ni aves, sino cosas mejores y más placenteras; y cuando las poseamos, no tendremos por qué desear esas cosas fútiles y claramente pueriles. Y si las quisieras realmente, las obtendrás con facilidad y aún más abundantes de lo que piensas. Pero créeme, no las desearás.

He mencionado a los niños. Cuando vivíamos en esa edad, nos deleitábamos con cosas que ahora no sólo no nos serían gozosas, sino que incluso nos avergonzarían. Pero cuando hayamos llegado a ser plenamente sabios (pues todavía somos como niños), ¿crees que hemos de dejarnos llevar por la dulzura de estas cosas ridículas, dulzura por la que ahora nos dejamos llevar como si fuéramos medio niños? A no ser que seamos tan insensatos y más que niños, que no nos dejemos guiar por el deseo de la sabiduría futura y queramos vivir en la necedad incluso en el cielo, como si en ella estuviera el verdadero gozo. Diré más: nada nos hace más infelices que la necedad. Por el contrario, el gozo seguro y consumado está en la sabiduría y ella es también el domicilio del placer. El que tiene un bien y no lo comprende ni siquiera tiene el bien. No voy a decir que algunos, que habían sido pastores, como Rómulo y Tulio Hostilio y otros muchos, se deleitaban con el oficio del pastoreo; pero al ser coronados reyes, cambiaron y se dedicaron a hacer obras, a extender el imperio, a dar leyes a los pueblos y en esto, sin ningún otro deseo de una vida superior, recibieron placer. Diré que es más conforme con nuestro tema lo siguiente: Moisés, cuando estaba en una nube o en el tabernáculo y hablaba con Dios, ¿pensamos acaso que nunca deseara la libertad del tiempo pasado? Mentiría si digo que durante cuarenta días y otras tantas noches no pensó nunca en la comida y que estuvo siempre vigilante, en guardia, hablando, escuchando. Y por esto vemos cuánto más excelso es el gozo del ánimo que el del cuerpo en aquella bienaventuranza de los cielos. Y suelen ser atraídos más los doctos que los indoctos a la esperanza de este gozo que se percibe con el ánimo. ¿Se puede decir más claramente cuánto gozaba Moisés, que cuando volvía su rostro era tan resplandeciente y luminoso que los hijos de Israel no podían mirarle? ¿Por qué no pongo también un ejemplo doméstico y tomado del medio en que vivimos? ¿Quién de nosotros no goza sus placeres procedentes de las letras, de los discursos, de los pensamientos? ¿O en realidad anteponemos a este algún otro placer? En cuanto a mí, me callaré. De vosotros dos, Bernerio y Bripio, hablaré. Suelo observar la vida de los hombres más sabios. No dudo en afirmar de vosotros que hace ya casi veinte años que no participáis en una cacería, ni en una caza de pájaros, ni vais a pescar; y ahora raramente asistís a banquetes, y hace tiempo que habéis renunciado a los bailes y a los juegos. Y veamos vuestras vidas: ninguno de los dos tiene cincuenta años. ¿Qué dices, Maffeo, tú que te has hecho epicúreo? Si consideras que has conseguido algo grande y te alegras, y te ves como un triunfador porque al latín has unido el griego, ¿no piensas qué harás cuando en la Jerusalén celestial entiendas todas las lenguas, hables todas las lenguas, domines toda la ciencia, toda la doctrina, todas las artes, sin error, sin dubitación, sin ambigüedad? Y si nosotros, amantes de las letras, por dedicarnos a estos estudios liberales, rechazamos los serviles, como los llama Salustio,[239] ¿cuánto más, una vez que hayamos conocido los gozos del paraíso, consideraremos de poco valor los de este mundo? Así pues, digamos lo más importante: ¿qué otra diferencia hay, salvo que aquellos bienes son eternos, estos temporales? Pues la fuerza y grandeza de las cosas celestiales nunca disminuye, como sucede en esta vida. Hoy realmente soy honrado con magníficos elogios, recibido por el pueblo con grandes honores, hoy me he casado, a mi regreso a casa he encontrado sanos a mis hijos y hermanos. Hoy veo los campos cubiertos de mieses, las viñas cargadas de racimos, los huertos alegres y frondosos con sus flores y sus frutos; hoy he hecho un singular negocio, he encontrado un amigo muy poderoso. Vete y vuelve a mí a los pocos días, y ya se habrá desvanecido todo aquel placer; un pensamiento ha sucedido a otro pensamiento, una esperanza a otra esperanza, una voluntad a otra voluntad. Pues ni la humana fragilidad es tan grande que no se sacie y se apacigüe enseguida, ni las cosas humanas son tales que no puedan retenernos por largo tiempo en su amor. Pero en el cielo, donde lo mortal de aquí se vestirá de inmortalidad y lo corruptible de incorruptibilidad, todos los goces que he reseñado y otros innumerables que no he mencionado siempre estarán presentes y nosotros nunca nos cansaremos, nunca estaremos saturados, nunca hastiados de gozar, como el sol nunca deja de moverse, de calentar, de iluminar. Así pues, si todo se nos diera en abundancia a voluntad, gracias a una varita divina, como decían los antiguos, y los mismos jóvenes nos sirvieran las copas, sin embargo tendríamos que volver a aquellos placeres tanto mayores y siempre permanentes y a Dios, de cuya fuente dimanan esos bienes. Por eso no hay por qué temer el renunciar a las cosas humanas. Es más, tengamos buena esperanza; para nosotros nada desaparecerá, todo se nos devolverá y lo confiaremos a Dios, y se nos devolverá ciento por uno, de la misma clase o de diversa clase, pero de uno y otro modo bienes mayores y mejores, como dije. Así todo lo que nos apetece: honor, alabanzas, gloria, deleite, alegría, placer, de los que la salud del alma puede sufrir algún perjuicio, si esto ocurriere entonces, enseguida presentemos a nuestros ojos una futura recompensa y siempre recordaremos (me gusta mucho repetir estas palabras; y este deleite es santo), siempre, digo, recordaremos que por cada una de las cosas de las que nos abstenemos se nos devolverán ciento. Todavía no estoy diciendo lo que siento; cuantas veces ciertas cosas placenteras nos llaman, tanto más somos llamados a la esperanza de cosas celestiales; y hemos de admirar en estas cosas presentes el poder de Dios y su benignidad para con nosotros, que mil veces nos promete cosas que parece imposible que puedan ser mayores, y nos invita por las cosas presentes a las futuras.

XXV. Después que, según creo, hemos satisfecho sus preguntas y los hemos movido un poco a la esperanza de las cosas eternas, volvamos a lo que antes nos habíamos propuesto. Subirás, pues, con aquel enorme y magnífico ejército de ángeles, acompañado de su bellísimo y espléndido cortejo de ciudadanos eternos; entrarás luego a aquellas vastas y luminosas esferas y escucharás su concierto de tanta suavidad como la del sol, no digo cuanta parece ser sino la que es realmente. Y entrando ya en el primer cielo, en el segundo y en el tercero, contemplarás aquellas cosas de las que al hombre no le es dado hablar: el primero, se llama firmamento, el segundo cristalino, el tercero empíreo; cada uno de ellos no sólo es altísimo sino también extraordinario, tanto por su magnitud como por su dignidad, y no sólo para la vista sino también para el oído (pues estos cielos resuenan con eterno canto, sobre todo a la llegada de las almas bienaventuradas). ¿No te has dado cuenta de cuánta dulzura gozan nuestros oídos cuando tocan las campanas de todos los templos como señal de la alegría de la ciudad? ¿Qué alegría piensas que ha de llenar tu pecho, ahora cuando no sólo sientes el jubilo de subir al cielo y a las estrellas junto al padre de las luces, sino también ves el espíritu de los bienaventurados exultantes de un gozo increíble entorno de ti, celebrando pompas celestiales y entonando un cántico inmortal? He aquí que ya has llegado a lo más alto del cielo, dejando más abajo las lámparas de las estrellas. Entras por aquella inmensa puerta hecha como de arcoíris. Aparece ante ti, en medio de los campos del cielo, la ciudad de los ciudadanos bienaventurados y del mismo Dios, la Jerusalén madre nuestra. ¿Me pides que describa las cosas tal y como son? Nada en absoluto hay que cambiar del *Apocalipsis* de Juan.[240] Esa urbe o ciudad tiene en sí la claridad de Dios y su luz, como la piedra preciosa, como el jaspe o el cristal. Y sus murallas gruesas y altas tienen doce puertas y en ellas escritos los nombres de las doce tribus de los hijos Israel, con cuatro lados, cuantas son las partes del mundo, y con tres puertas cada uno. La muralla de la ciudad, que es cuadrada, tiene doce fundamentos y en ellos los nombres de los doce apóstoles del cordero; la longitud igual que la anchura es de doce millas; la estructura de los muros es de jaspe y la misma ciudad de oro puro, igual que el vidrio puro. Los fundamentos de la muralla de la ciudad están todos adornados con piedras preciosas; el primero de jaspe, el segundo de zafiro, el tercero de calcedonia, el cuarto de esmeralda, el quinto de sardonia, el sexto de sardio, el séptimo de crisólito, el octavo de berilio, el noveno de topacio, el decimo de crisopasto, el undécimo de jacinto y el duodécimo de amatista. Y las doce puertas, que nunca se cierran, cada una de una margarita. Y en la plaza de la ciudad, oro puro trasparente como vidrio. En ella no hay templo, pues Dios omnipotente es el templo y el cordero. No necesita de sol ni de luna, pues la ilumina la claridad de Dios y el cordero hace las veces de lámpara. Más todavía, un río de agua viva sale del trono de Dios y del cordero en medio de su plaza. En las dos riberas del río está el árbol de la vida, que da frutos doce veces por mes. Y las hojas del árbol son medicinales para la salud de los pueblos. Ten en cuenta esto de la comida, además de lo que antes he dicho. Cualquiera puede imaginar esta ciudad a su antojo. Yo mismo no diré nada más para no alargarme. Sin embargo, no omitiré que si muchos y entre ellos los más insignes varones –no sólo nuestros antepasados, sino también los que están en nuestra memoria–, soportaron largos y dificilísimos trabajos en sus viajes para visitar ciudades nobles y magníficas, y conocer las costumbres, la comida y vestido de aquellas gentes, y llegaron a lugares dignos de ser visitados por su naturaleza, como las fauces del Océano, el curso y las mareas del Euripo, la erupción del Etna (así nos deleitan las cosas nuevas y extraordinarias, no sólo a la vista sino también al oído), ¡qué sorpresa, qué dulzura, qué gozo llenarán tus sentidos cuando resplandezca tan admirable y sorprendente obra que se te ofrece y sepas que se debe a ti, cuando recuerdes que es tu verdadera patria! ¿Qué quiero decir con la palabra patria? ¿Qué fuerza tiene? ¿Contiene algo más de bueno? ¿Acaso ignoras que nos llenamos de indecible gozo cuando volvemos a nuestra patria terrena después de una larga temporada de peregrinaciones, contemplando de nuevo el lugar en el que hemos nacido, hemos crecido y nos hemos hecho adultos, como si volviéramos a reconocer todo aquello y naciéramos de nuevo? ¿Qué sucederá cuando volvamos a nuestra verdadera patria, de la que somos oriundos y en la que hemos nacido en nuestra parte mejor y más excelente? ¡Cómo saltaremos de alegría, después de un largo y peligroso destierro, al ver aquellas regiones y aquellos lugares magníficos que se alegran con nuestra llegada! Y si nos alegramos tanto al reconocer aquellos mudos lugares de la patria, al reconocer a los viejos amigos, a hombres conocidos y queridísimos familiares necesariamente nos dará mucha mayor alegría el considerar cuánto más nos espera en el cielo. Pues te saldrán al encuentro ciudadanos togados, y digo esto no por el vestido en sí, sino por la dignidad que representan. No vuelvo a hablar del ornato, de la belleza, cosas de las que ya os he advertido. Cada uno será tratado con honor tanto más grande cuanto él más hubiera dado como hombre religioso en la vida, orden del que carecen las cosas humanas. Podremos ver aquí a muchos hombres muy despreciados y perniciosos, llenos de riquezas, de honores y poder. Y esto no debemos llevarlo con ánimo molesto, pues no son superiores a nosotros en bienes ni más felices; por el contrario, nos hemos de alegrar por ser tratados con el justo grado de dignidad que nos corresponde en los cielos; porque, además, veremos a todos los que son indignos privados de los adornos de los que se ensoberbecen, y pisaremos sus cuellos como los de los reyes a los que hizo prisioneros Josué,[241] y los despedazaremos con una barra de hierro como si fueran un vaso de barro. Pero, a propósito, si cuando entramos con honores en una ciudad, sobre todo si es desconocida, los hombres y las mujeres se agolpan a las puertas de sus casas y nos siguen con ojos ávidos de contemplar nuestra belleza corporal o nuestro vestimenta, o algo semejante, y nosotros, por el contrario, nos alegramos de aquel honor que se nos tributa, mirándolos también si fueran hermosos o van bien adornados, ¿cuánto más seguro será nuestro éxito en el paraíso, cuando entremos en aquella ciudad cuyos habitantes tienen una majestad que no se puede explicar? Pero esta clase de alegría que procede del paso y la expectación del pueblo es mucho más grande en el que entra triunfante en el cielo. Por consiguiente, imaginemos que el alma, conseguida la victoria, vuelve a la patria celebrando el triunfo. ¿Te invade el deseo de ser llevado en carro tirado por caballos blancos (el primero en ser llevado fue Camilo),[242] cubierto de oro, la cabeza corona de laurel, o de oro, como se instituyó por los que vinieron después? Pero tú serás conducido por tales caballos, en tal carro, con tales adornos como Febo es descrito por los más inspirados poetas. Si puede compararse contigo, parecería un campesino de poca monta en un carro tirado por bueyes.

　　¿Y adonde eres conducido? No al Capitolio, al templo de Júpiter Óptimo Máximo, sino al templo de Salomón que es Cristo, al que los que llegan a él no pueden desear nada más alto. Pues muchos que llegaron celebrando su triunfo después fueron decapitados por sus enemigos. Avanzas, pues, hacia la ciudad santa y el santísimo templo. Cuanto más avances, más y más te llenarás de gozo al acercarte a la misma fuente de la felicidad. ¡Mira ahora, qué clase de triunfo será este! Desde aquella puerta vendrá a tu encuentro el coro de los profetas, y el de los mártires, y el de las vírgenes, y desde aquella otra el de los casados. Para esta celebración no habrá ningún despliegue de ejércitos, ninguna pompa de sacrificios, ninguna organización comparable a la de las solemnidades humanas. Cada grupo y la misma multitud de gente avanzará entonando sus propios cantos y tocando sus sinfonías; no con nuestras roncas voces y sordo canto, ni con los instrumentos que nosotros tocamos. Y entre ellos David, vestido con manto dorado, con clámide de púrpura tejida en variados colores, con corona de oro adornada con grandes piedras preciosas refulgentes, sosteniendo en sus manos la cítara con adornos de oro y marfil, inicia el canto y pulsa la cítara diciendo: "Bienaventurado el varón que no sigue el consejo de los impíos y no está en el camino de los pecadores y no se sienta en la cátedra de la pestilencia".[243] Y todos los demás prosiguen: "Sino que su voluntad está en la ley del Señor y en la ley meditará día y noche; y será como el árbol plantado junto al curso de las aguas, que dará fruto en el tiempo oportuno".[244] Después, cuando llegue el momento de detener el carro y saludar al santísimo pueblo, mirando en torno tan enorme y bien adornada multitud de santos, dirás: "Salud, ciudadanos eternos y mis conciudadanos, de los que nunca me separará ni la muerte, ni el destierro, ni la lejanía del lugar, ni la envidia, ni el odio, ni los cambios de la fortuna, ni la ocupación, ni el sueño ni, en fin, la misma variabilidad de las cosas. Salud, de nuevo, salud". ¿Y con qué cara te mirarán ellos, con qué voz responderán a tu saludo, con qué aplausos te rodearán? ¿Con qué avidez te abrazarán? Cuando se arrojen a tu cuello los más viejos jurarías que son tus padres, los iguales que son tus hermanos, los más pequeños que son tus hijos; o, si pudiera ser algo más dulce que los padres, los hermanos y los hijos. Y te parecerán los más amantes, los más indulgentes contigo, aquellos a los que honraste y con los que has hablado muchas veces en tus oraciones. Pues no hay casi nadie que no haya tomado algunos santos particulares como patronos, como yo a Pablo y a Lorenzo; y otros cuyas obras leemos continuamente y así hablamos todos los días con ellos, y a ellos les debemos mucho, como son Ambrosio, Jerónimo, Agustín. Añade aquí a todos aquellos que en la edad madura han obtenido por tus oraciones o tus limosnas la liberación de sus penas y el consorcio y la comunidad con los bienaventurados: y aquellos ante los que hiciste méritos, mientras estuvieron en esta vida y les ayudaste en su salvación. Y conocerás también a los que en otro tiempo te gloriabas de presentar como parientes o amigos. Más, estos serán los primeros que estarán apunto para recibirte. Pon ante tus ojos su ansiedad en llegar a ti, sus rostros que no ves hace tiempo, su voz y su palabra familiar, sus abrazos y sus besos. Y aunque los conozcas claramente en su aspecto, en su voz y en todos los miembros de su cuerpo, verás en ellos un algo nuevo, celestial e inmortal. Y para que nadie desespere de poder reconocer a los que amamos en la vida, si en los bienaventurados desaparecen las dotes del cuerpo, escuchad lo que me ha sucedido hoy. Cuando ya hace dos meses he venido de nuevo aquí y hemos estado juntos, tú, Juan Marcos, y yo, como solíamos hacer, porque somos vecinos, un día llegó un hombre a ti llorando y te dijo que su hijo se había caído y que estaba mal, y te rogó que te apresurases a ir a verlo por si pudieras prestarle algún auxilio, pues estaba muriéndose. Tú, según tu costumbre y tu mayor virtud, te afanaste en ir con él a su casa, y yo te acompañé. Encontramos al niño acostado en la cama, rodeado de una turba de mujeres llorando sin saber qué hacer. Tú hiciste entonces lo que tenías que hacer y yo también, viendo al niño pálido y escuálido, consumido por una prolongada languidez, más muerto que vivo. No aparté ni por un momento los ojos de él hasta que tú determinaste que habíamos de marcharnos, después de tu diligente cura. Así pues, recomendando a los padres que confiaran en la curación, me tomas la mano y mientras volvemos me cuentas que el niño había pasado unas fiebres prolongadas y muy fuertes por la negligencia de algunos médicos. Yo volví a Milán al día siguiente. Pero hoy, cuando veníamos juntos, aquel niño te saluda y tú me dices: "Este es el niño que se estaba muriendo ¿Te acuerdas?" Yo contesto: "Me acuerdo perfectamente y le reconozco; pero no sé cómo puede ser que pareciendo que es el mismo no parece que es el mismo. Pues está gordito, es rubicundo y de ojos vivarachos, espigado y alto y, como dice Marco Fabio, "exultante de fuerzas como si estuviera en una nueva juventud". Por tanto, para volver al tema, si es tan grande el beneficio de la salud, ¿no será mucho mayor el de la bienaventuranza? ¿Lo que nos da un protector mortal no nos lo dará más abundantemente uno inmortal? Así pues, en el paraíso se curarán todos los males del cuerpo y aumentarán los bienes; no obstante, los amigos reconocerán a sus amigos, los conocidos a sus conocidos y los parientes a sus parientes. Por consiguiente ¿cuál será tu gozo y el de ellos por el reencuentro mutuo cuando tú creías que los habías perdido y ellos tenían mucho miedo de perderte; en cambio, ahora no sólo os habéis encontrado de nuevo, incólumes, sino que os habéis alegrado mutuamente en la suma y eterna felicidad? Por lo que a mí me toca, todos los días me angustio y me deshago en deseos de volver a ver, además de a otros, a mi buen padre y a mi hermano y mi hermana, en los que tenía puestas muchas esperanzas: cuando eran pequeños los cuidaba como a hijos; en el lecho y en el sepulcro, cuando murieron, los he llorado hasta casi quedarme ciego. ¡Oh! ¿Cuándo llegará el momento de volver a verlos?

¡Pero dejemos a un lado nuestras preocupaciones! Hablemos de los gozos comunes a todos. Aquellos vastos campos, vestidos con la gracia de todos los colores de la primavera y la fragancia de todos los olores divinos, aquel aire sutilísimo, se mezclarán con ángeles luminosos y de variados colores. Unos tocarán para ti la trompeta y la tuba, otros cantarán, estos otros bailarán y danzarán, en cuanto es conveniente que los espíritus, toquen, cante y bailen. Es increíble el gozo de los ángeles en el cielo por la vuelta de cada uno de los hombres de sus delitos a la conversión, aunque haya duda de que puedan reincidir y caigan en el Tártaro. Piensa ahora qué pasará cuando hayas salido de este resbaladizo mundo al que le es imposible caer más bajo, y te reciban para estar en el futuro en aquella eterna compañía. Entonces bajará todo aquel ejército de caballos y carros, serán clavados en la tierra todos los estandartes y banderas y en medio estarán tus coronas cívicas, murales y vallares, y las demás condecoraciones de tu victoria. Tú, todavía sentado en el alto carro, no lejos de la puerta oriental, les dirás a Pedro y a Arón, que estarán aquí y allá delante de las puestas: "Abridme las puertas de la justicia y entrando por ellas alabaré al Señor". Entonces ellos, vueltos a la reina de los ángeles y los hombres, con una reverente inclinación de cabeza indicarán que ya es el tiempo de avanzar. Y cuando ella aparece en primer lugar entrando por la puerta y ven su rostro los que están fuera, enseguida todos la saludan rodilla en tierra, con una sola voz: "Ave, María, llena de gracia, el Señor está contigo, bendita tú entre las mujeres y bendito el fruto de tu vientre." Y ella respondiendo con esa voz que cualquiera que la oye, como Juan el Bautista e Isabel, no podrá menos que exultar de gozo, dirá: "Os bendecimos en nombre del Señor. ¿Quién es este que avanza levantándose como la aurora, hermoso como la luna, elegido como el sol, terrible como un ejército en orden de batalla?". Diciendo esto con paso virginal y cual corresponde a la madre del Señor, saldrá a tu encuentro. ¿Y con qué cortejo? Con el de todas las santas y diosas, cuyo número es casi igual al de los bienaventurados. ¿Quién podrá ni siquiera concebir qué belleza, qué adornos, los de María Magdalena, y los de su hermana Marta, los de María de Cleofás, los de María Salomé, de María la madre de Santiago? ¿Y los de Ana, la tía del Señor, los de Ana la profetisa, los de Ana la madre de Samuel? ¿Los de Catalina, los de Inés y de las otras santas principales? Dejad que las mujeres piensen en esas cosas, y con tan gran esperanza permítanse enloquecer con tan delicados adornos. Imagínense las mujeres que están en el cielo lo más bellas y más adornadas que se puede pensar y esperen que serán semejantes a ellas. No intentaré describir la figura de la Madre del Señor: su belleza y su esplendor son más augustos de lo que pudiera pensarse sin ofenderla. Por lo siguiente, cuando haya llegado a reunirse contigo te abrazará con aquel mismo pecho virginal con el que amamantó a Dios; y te besará. Después, mientras la iglesia de los santos está expectante, tomándote de la mano te llevará ante su Hijo y al Padre mismo. Entonces aparecerá la alegría fervorosa de todos. Se redoblarán los aplausos, se elevará el tono de los cantos y se oirán cada vez con más frecuencia, de manera que el mismo cielo parezca estallar no tanto por la fuerza como por la dulzura de las voces. ¿Qué podría decir de cada una de estas cosas? El mismo Dios hombre no podrá esperar a que llegues tú, hombre Dios. Él se levantará de su trono y, bajando de la basílica y el palacio hasta la puerta con gran poder y majestad, acompañado de miles de miles de purpurados, te saldrá al encuentro. Apenas te sea posible, póstrate ante su presencia; él, como un pacientísimo padre que ha de recibir a su hijo que vuelve tras una larga peregrinación, enseguida abre los brazos para abrazarte, esos brazos que ya había extendido en la cruz para hacer lo mismo; brazos entonces llenos de humanidad, ahora llenos de gloria.

¿Qué diré del lugar? ¡Qué palabras, que abundancia, que fuerza del ingenio son necesarias, no ya para magnificarlo, sino sólo para describirlo! Pero me faltan las ideas y las palabras. Cuando parece que hemos logrado algo grande, suele ocurrir que algún poderoso o un príncipe, retirándose de su cortejo, se digna honrarnos con el honor de salir a nuestro encuentro dando algunos pasos, y familiarmente nos tiende la mano cuando llegamos a su altura. ¿Cuál será entonces el estado de tu mente cuando el Dios de los dioses, el mismo esplendor del universo, la belleza, la potencia, la suavidad, la virtud, la perfección, la felicidad, la bienaventuranza, la eternidad, en medio de tantos senadores y reyes, diré más, tan innumerables dioses, te sale al encuentro? Te acercará a su pecho, donde se encuentra la sede de la sabiduría creadora de todas las cosas. Y también, si se puede decir, te dirá con lágrimas y voz entrecortada:

> ¡Has venido por fin! Tu amor filial en que tu padre tenía puesta el alma, triunfó de los rigores del camino. Me es dado ver tu rostro, hijo, y oír tu voz que conozco tan bien y hablar contigo. [...] Sí, mi alma lo esperaba. Me imaginaba que habías de venir y contaba los días. No me engañó mi afán. ¿Qué tierras, qué anchos mares has cruzado antes de que pudiera yo acogerte? ¿Qué riesgos, hijo mío, has arrostrado?[245]

Tú, por tu parte, ¿qué hiciste? ¿Qué voz tenías? ¿Piensas que será necesario un premeditado y preparado discurso? ¿Qué palabras te atreverás a decir ante el verbo de Dios? Él te ha hecho, él te entiende aun cuando tu estás callado y no necesita de ningún discurso tuyo. Su palabra es nuestra vida. ¿Podrás hablar en medio de tanta felicidad? Tú mismo juzgarás. Pues yo, penando en tantos gozos, ni siquiera puedo hablar; y al mencionarlos me veo afectado y siento que me perturbo y soy arrastrado todo por el deseo de felicidad. ¡Oh vosotras, almas santísimas! ¡Cuándo llegaré yo a aquel gozo verdadero, cuándo seré recibido por vosotras? ¿Cuándo me llevaréis ante e trono de Jesucristo? Ya se apodera de mí el tedio de la compañía de los hombres, entre los cuales hay pocos amigos, pocos fieles, poquísimos que nos comprendan. ¡Ojalá me sea dado encontrar pronto la paz en la muerte para gozar de vuestra compañía! Rogad al rey que me mande venir. Rogadle, pero que sea pronto. Y que sea el fin. Y vosotros, ilustres varones, pensad en lo demás. De ahora en adelante ningún día, ninguna hora, ningún momento del tiempo (si es que hay tiempos en el cielo) seguirá con menos honor, con menos gloria, con menos placer. Creeré más bien que cada hora acrecerá más y más la felicidad de los bienaventurados por la presencia de la divina majestad, de la que estoy tan lejos de decir alguna cosa digna que pueda, no ya expresar con palabras el estado de cualquier bienaventurado, mas ni siquiera concebirlo en mi mente. Y he hablado de un alma de la mínima dignidad. Ya sólo diría esto: que la faz de Dios y de Cristo es tan bella que los que la miran, como ardiendo y prorrumpiendo en gritos de alegría, no cesan día y noche de cantar jubilosos: "¡Santo, Santo, Santo!". Y si no lo hacen con la voz lo hacen con el espíritu.

He dicho esto, Cándido, porque me has ordenado decirlo y pensaba que estaría mal que no te obedeciera; y si en alguna cosa me he equivocado, como creo que así ha sido, he hecho realmente lo que he podido. La culpa no es mía por aceptar este cometido, sino tuya por habérmelo impuesto. Pues ¿quién, de los que están aquí, no habría disertado con más agudeza y más profundidad que yo lo he hecho? Así, eminentísimos varones, todo aquello en lo que me he equivocado es error vuestro; y os pido que lo enmendéis benignamente o bien que lo perdonéis, cosa que os ruego; o también que se lo atribuyáis a Cándido, no digo que se lo imputéis. Pues no es justo creer que un hombre tan insigne pudiese equivocarse, a no ser por excesivo amor, puesto que es muy amoroso y vosotros le atribuís singular virtud y eximia prudencia. Sin embargo, el lucero vespertino nos aconseja desde hace largo rato que nos levantemos y nos vayamos a casa".

XXVI. Después que Antonio hubo terminado este discurso no nos levantamos enseguida de aquel lugar. Nos retenía de tal manera la gran admiración de aquella alocución tan piadosa y religiosa, que nos pareció que de alguna manera estábamos todavía inmersos en lo que acabábamos de oír. Entonces Bernerio dice: "Admite, Raudense, que has estado perdido, ¿o acaso nosotros algo podemos añadir a lo que has dicho? Tu discurso ha sido de tanta categoría que con razón lo hemos escuchado en silencio y con atención; y aunque en esta reunión no hay nadie, excluyéndome yo, que no hubiese podido disertar sobre esta materia profusa y magníficamente, tengo claro, sin embargo, que tú has podido hacerlo el mejor de todos. Pues de tal manera me ha llamado la atención tu discurso y me ha transportado totalmente a la contemplación del esplendor divino, que si no nos lo hubieses advertido (lo juro por la esperanza de las cosas eternas) no me habría dado cuenta de que había llegado la noche. Por lo cual me felicito a mí mismo y me congratulo con estos doctísimos varones de haberte dado esa parte de la conversación; y a la vez porque obramos correctamente: y además, porque me has quitado las dudas, que me tenían preocupado, acerca de los discursos de Catón y de Vegio. Que me las has quitado a mí, puedo afirmarlo; a los demás, así me lo parece. Y lo que es de mucho más valor, nos has aumentado la fe, la esperanza y la caridad. No sólo me congratulo con Cándido, sino que le doy gracias porque te animó cuando ya te ibas. No hizo nada nuevo; fue muy coherente consigo mismo. Pero ahora estoy ansioso de escuchar qué siente Guarino, hombre muy erudito, acerca de esta clase de discursos; pues hoy ha estado taciturno, sospecho que porque está preocupado por el juicio de su prima (cosa que no debe hacer, teniendo como tiene por abogado al eminente Catón), o bien porque como huésped y forastero no se atreve a hablar mucho en una ciudad que no es la suya. Pero no debes tener miedo de tal cosa, Guarino, pues eres conocido, y a lo que le doy más valor, eres querido en cualquier lugar del orbe por tu singular humanidad y por tu admirable saber literario".

XXVII. Entonces respondió Guarino: "Te portas, Bernerio, no sólo como amigo sino como uno magnífico; pero, créeme, no me contenía por ninguno de esos motivos, sino por el placer de escuchar. Pero, puesto que ya nadie habla y me pides que diga algo sobre el discurso de Antonio y quieres que lo haga dando mi parecer, hablaré también del discurso de Vegio. Puesto que no puedo alabar a Catón como debo, ni me parece que deba adularlo, ni tampoco quisiera censurarlo, porque nadie a no ser un necio ofende a su patrón. Y para hablar, Antonio, de las cualidades de tu discurso, diré que no sólo nos has enseñado sino que te has esforzado en conmovernos poniendo de manifiesto la fuerza que tiene el placer divino. Pues temías, lo que ciertamente es temible, que hubiésemos sido convencidos por Vegio cuando recomendaba el placer epicúreo; y lo hiciste realmente con sensatez y a conciencia. Pues, así como en la palestra raramente es coronado el atleta que lucha sólo con su vigor y sus fuerzas sin algunas sesiones de gimnasia y, como dicen los atletas, "sin números", así también raramente sale vencedor el que solamente supo probar pero no conmover y deleitar, sobre todo cuando el adversario, pertrechado y adornado con esas cualidades, te ha dejado herido. Así pues, los dos, según la costumbre de los mejores oradores, os habéis valido de todas las fuerzas, armas y artes para vencer. Pero para señalar las diferencias entre uno y otro, aportaré un ejemplo de semejanza, en verdad humilde, pero no absurdo, y creo que nuevo e inusual. Me ha parecido ver a Maffeo y a Antonio como cantando alabanzas al placer con dulzura, pero Maffeo más como una golondrina, Antonio como un ruiseñor. ¿Por qué comparo a estos hombres insignes especialmente con estas aves? Sabéis que los poetas imaginaron que estas dos aves son hermanas, hijas del rey Pandion.[246] Creo que parecían casi iguales en el canto y eran figuras de la oratoria y la poética, que son como hermanas; y no sólo significan la semejanza sino también la diferencia entre ellas; pues a la golondrina le gusta mucho habitar en las casas y en las ciudades y al ruiseñor en los bosques entre los arbustos; y los poetas pretendieron que la golondrina fuese semejante a la elocuencia urbana, que se ejercita entre paredes, en la curia, en las tribunas. En cambio el ruiseñor (al que llamamos "luscinia") es semejante a la elocuencia campestre de los poetas, que buscan las selvas y las soledades, y aman los lugares no celebrados por los hombres sino los amados por las Musas. Luego, cuanto el ruiseñor en su canto supera a la golondrina, en eufonía, en vigor, en dulzura, en variedad, tanto pretendieron los poetas que supera su voz a la de los oradores y a los demás. No me preocupa si es verdadera esta semejanza que agrada tanto a los poetas. En cuanto a la mía, necesariamente todos estarán de acuerdo. Vegio, que me parece que siempre ha estado entre los poetas como un ruiseñor, ahora, sin embargo, me parece en realidad una golondrina. Por el contrario, Raudense me ha parecido un ruiseñor. Y para probar con testimonio divino, como decían los antiguos, lo que estoy diciendo, Vegio, al modo de la golondrina, ha cantado bajo los pórticos; Raudense, como el ruiseñor, en la fronda de este jardín y como si estuviera en una selva. Vegio a la luz del día, Raudense, ha modulado su discurso después de ponerse el sol, cosa que es propia sólo del ruiseñor. Si miento, doctísimos varones, vosotros juzgaréis. Me lo concederéis y lo consideraréis como un milagro. Vegio nos ha introducido corporalmente en un paraíso (así llamaban los griegos a los huertos de frutales); Raudense hablando de este mismo paraíso, nos ha llevado en espíritu a uno de más prestancia. Esto es lo que tenía que decir".

XXVIII. "Ciertamente tanto tú Guarino, como tú, Bernerio, habéis pensado y hablado correctamente", dijo Cándido. "Por lo cual será nuestra la culpa si no llevamos a su casa ya de noche a Antonio; y tengamos este honor por tan santo discurso y así al menos le demos las gracias por tan gran beneficio". Dicho esto, todos nos levantamos y salimos, de acuerdo al parecer de Cándido; y Bripio entonces dijo: "Cándido aconseja muy bien, como ahora lo ha hecho de nuevo; y a ti te conviene, Antonio, obedecerle, como has hecho hasta ahora, y ser obsequioso con este hombre que vale tanto, sobre todo tratándose de una cosa que no te cuesta ningún esfuerzo sino que es un honor para ti.". Pero Raudense no estaba de acuerdo y decía que sería indecoroso dejarse acompañar por tales hombres, a los que así no se les rendía ningún honor sino que se les cubría de ignominia; y que se quedaba un poco más por Cándido, que era el que con más insistencia lo requería. "¿Acaso", dijo Cándido, "cuando has vencido tú solo a dos grandes hombres en una gran controversia sobre un tema, no puedes o no soportas ahora ser vencido por todos nosotros en una cosa tan sin importancia?". Entonces todos afirmaban e insistían diciendo que no era el momento de discutir; y que Raudense no podía replicar y ni siquiera responder entre tantos gritos. Raudense al ver esto dijo: "Ved cómo me obligáis de nuevo y hasta me violentáis. Pero me consuela que nadie haya asistido a mi discurso fuera de vosotros, pocos, aunque doctísimos y muy familiares; y ahora ya en la oscuridad de la noche, casi nadie puede sorprenderse de esta insolencia". "Entonces", dice Maffeo, "ni siquiera esto puede salvarte, pues estos divulgarán tu discurso (Catón y yo guardaremos silencio porque algo va contra nosotros); y yo mismo no permitiré que tu camino quede en la oscuridad. ¡Anda, Simalión, llama a Doro y a Sirisco! Cada uno con una antorcha precederéis a estos hombres principales. ¡Date prisa! Quisiera que hubieran estado más cerca de aquí el tocador de lira y el de flauta, a los que les habría mandado que se acercaran para que, según costumbre de Cayo Duilio,[247] te acompañen al volver de la cena. ¿Acaso es de menos importancia rechazar o reafirmar otra vez con nuevos argumentos las tesis contrarias, disputadas ya por otros con suficiente cuidado, o más bien hacer las dos cosas exigiría menos esfuerzo que vencer a los cartagineses en la guerra naval? Por lo cual, no lleves este honor como un peso, si es que lo es no querer refutar y contradecir a todos".

Entonces Raudense dice, sonriendo: "No dejas de hacer bromas, Maffeo, y de reírte de los amigos". Y enseguida se presentaron tres siervos con antorchas. Y dice Maffeo: "¿Por qué nos paramos? Démonos prisa, ya hemos disputado más que suficiente y hemos consumido el día hablando; ¿es que queremos, con el permiso de los dioses, consumir también la noche?"

En fin, dice Raudense: "Aun cuando tú, Vegio, me ofendes abiertamente, no soportaré que ofendas impunemente a los amigos. Si me debéis algún favor, óptimos e insignes varones, como así lo admitís, concededme lo que pido: mandad a este que permanezca en el campamento y no salga de la tienda. No sé qué temo todavía de este hombre mientras vamos de camino, si sigue andando con nosotros". Entonces dicen todos a una: "A ti, más bien, Maffeo, te mandamos y ordenamos que vayas y te sientes en tu casa y te licenciamos de esta milicia". "¿Así", dice Maffeo, "te enfadas, Antonio, con tu amigo? Dices que temes de mí no sé qué por el camino. ¿Temes acaso que cante o toque la cítara, en lo que sabes que estoy no poco preparado y con esta música, en lugar de las flautas, haga que te parezcas a Duilio? Más todavía: vosotros, buenos y serios varones, osáis prohibir, no ya a un amigo, sino a cualquiera salir de su casa? Esto es motivo de un juicio de injurias y además violentáis mi vida privada. A no ser que quizá prohibir salir del jardín y hacer violencia en el bosque no caiga en la fórmula de injurias. Me callo que habéis cenado en mi casa y precisamente en mis jardines y en mi bosque. Pero vamos, Raudense, que hay que cumplir con tu voluntad y obedecer lo que mandan estos hombres. Marchad, pues, con salud, marchad felices". "Y tú también, Maffeo, que tengas salud!", respondimos. Pero cuando llevamos a Raudense al monasterio de San Francisco, nos pidieron a mi amigo Antonio y a mí que nos quedáramos, pues nuestra casa estaba enfrente y casi contigua al monasterio; y, una vez despedidos los siervos de Vegio, los de los demás cogieron cada uno un cirio y, saludándose mutuamente, por aquí Bernerio y Cándido, que vivían juntos, por allí Catón y Guarino, por allá Jose, por el otro lado Juan Marco, todos volvieron a su casa llenos de admiración por el discurso de Antonio. ¡Gracias a Dios!

NOTAS

[1] Antonio Bernerio (1437-1456), procedente de una familia noble de Parma, fue nombrado por Inocencio IV escritor apostólico para la redacción de la Bula de 1405. En 1418 asumió el cargo de Vicario General del Arzobispo de Milán, Bartolomeo Capra. Desde 1435 hasta su muerte, ejerció como obispo de Lodi.

[2] Humanista lombardo del que se conocen pocos datos acerca de su nacimiento, más allá de que tuvo que producirse a finales del siglo XIV. Cursó estudios en Padua e ingresó en la orden de los franciscanos, cultivando la teología y la filosofía, así como la gramática. A instancias de su amigo Cosma Raimondi, célebre por su epístola titulada *Defensio Epicuri contra stoicos, academicos et peripateticos* (1429), escribió *De imitatione eloquentiae liber*, así como los tres diálogos *De Lactantii erroris*. Murió en torno a 1450.

[3] Pier Candido Decembrio (1399-1477). Desempeñó el cargo de secretario de Filippo Maria Visconti, duque de Milán, pasó a trabajar para el papa Nicolás V tras el ascenso de los Sforza al poder, y luego para el rey Alfonso de Aragón en la corte de Nápoles. Su obra supera los cien títulos, sobre todo de historia, aparte de haber tratado de continuar la *Eneida* de Virgilio. Se le recuerda por un pintoresco *Libro de los animales*, donde combina especies reales con otras de índole fantástica, como unicornios o sirenas.

[4] Giovanni di Marco, oriundo de Rímini, fue un reputado médico de cuya vida poco se sabe, aparte de que falleció en Roma, en 1465, y que asistió a personalidades de la relevancia del papa Sixto IV. A su muerte legó su biblioteca a la ciudad de Roma.

[5] Maffeo Vegio (1406-1458) era hijo de una familia noble de Lodi. Cursó estudios de derecho en las universidades de Pavía y de Cremona, y de retórica y de dialéctica en la de Milán. Se ordenó fraile agustino y trabajó como redactor pontificio para Eugenio IV, Nicolás V y Calixto III. Compuso obras poéticas y monografías sobre educación, historia, derecho y moral, entre las que destaca *Palinurus sive de felicitate et miseria* (1445), un diálogo sobre la condición humana inspirado en Luciano de Samósata.

[6] Nacido en Pavía hacia 1395, fue profesor de derecho en la universidad de su ciudad, en la que permaneció hasta su muerte, en 1463, salvo una estancia de dos años en Bolonia.

[7] Guarino de Verona (1394-1460), tras estudiar literatura latina, se desplazó hasta Constantinopla para estudiar griego con Manuel Crisoloras. De la capital bizantina se trajo manuscritos desconocidos en Occidente, entre otras, tres comedias de Aristófanes, la *Suda* (luego extraviada) o la *Vida de Alejandro* de Plutarco. Aunque trató de impartir clases de griego en diversas ciudades de Italia, se encontró con numerosos problemas para cumplir su propósito. Murió en Ferrara, donde ocupaba la cátedra de elocuencia latina y griega.

[8] Giuseppe Bripi, teólogo y jurista milanés, escribió versos latinos al papa Alejandro V, a Martín V y al emperador Segismundo, entre otros. Falleció en Roma en 1457.

[9] En referencia al "hijo de Tideo", Diomedes. Fue rey de Argos y uno de los combatientes más aguerridos durante la guerra de Troya. Vid. *Ilíada*, V, 793.

[10] "Es la vista, en efecto, para nosotros, la más fina de las sensaciones que, por medio del cuerpo, nos llegan; pero con ella no se ve la mente -porque nos procuraría terribles amores, si en su imagen hubiese la misma claridad que ella tiene, y llegase a si a nuestra vista- y lo mismo pasaría con todo cuanto hay digno de amarse". Platón, *Diálogos*, vol. III. Traducción de Emilio Lledó. Madrid, Gredos, 1988, pág. 354.

[11] *Geórgicas*, II, 502-512. Traducción, introducción y notas de Tomás de la Ascensión Recio García. Madrid, Gredos, 1990, pág. 316.

[12] *Ibíd.,* 513.

[13] *Ibíd.,* 475-482, pág. 314.

[14] *Eneida*, VIII, 321-322. Traducción y notas de Javier de Echave-Sustaeta. Madrid, Gredos, 1992, pág. 190.

[15] "No sin razón, Sereno, diría yo que hay tanta diferencia entre los estoicos y los demás consagrados a la sabiduría como entre las hembras y los machos" (*La firmeza del sabio*, I, I). *Diálogos*. Introducciones, traducción y notas de Juan Mariné Isidro. Madrid, Gredos, 2008, pág. 93.

[16] "Ni los hombres sin educación ni experiencia de la verdad puedan gobernar adecuadamente alguna vez el Estado, ni tampoco aquellos a los que se permita pasar todo su tiempo en el estudio, los primeros por no tener a la vista en la vida la única meta a que es necesario apuntar al hacer cuanto se hace privada o públicamente, los segundos por no querer actuar, considerándose como si ya en vida estuviesen residiendo en la Isla de los Bienaventurados". *República*, VII, 519c. *Diálogos*, vol. IV. Introducción, traducción y notas de Conrado Eggers Lan. Gredos, Madrid, 1988, pág. 345.

[17] *Ética nicomaquea,* VI, 3-5. Traducción de Julio Pallí Bonet. Madrid, Gredos, 1985, pp. 270-279.

[18] *Retórica a Herenio*, libro 4, 36, 48. Introducción, traducción y notas de Salvador Núñez. Madrid, Gredos, 1997, pág. 284. Como se sabe, la autoría de esta obra fue atribuida durante siglos erróneamente a Cicerón.

[19] *Tebaida*, I, 457-459.

> Aunque fieros y de ánimo impaciente,
> juntos ya los Centauros se albergaron,
> y los bravos Cíclopes, si no miente
> la fama, en Etna juntos habitaron,
> tal vez rabiosas fieras juntamente
> en la secreta cueva se hallaron;

y éste la común cama de la tierra
quiere estorbarme con funesta guerra.

[20] *Declamaciones*, III, 6, 4. Se consideran espurias. Cfr. M. Dinter, C. Guérin, M. Martinho (eds.), *Reading Roman Declamation. The Declamations Ascribed to Quintilian.* Berlín, DeGruyter, 2016.

[21] *Sobre los deberes*, II, 24, 84. "Pero su voluntad era tan perversa que, aun no interesándole el mal, lo hacía aunque fuera sin motivo". Estudio preliminar, traducción y notas de José Guillén Cabañero. Madrid, Tecnos, 1989, pág. 129.

[22] *Arte de amar*, I, 749-750. Traducción, introducción y notas de Vicente Cristóbal López. Madrid, Gredos, 1989, pág. 386.

[23] *La Andriana,* III, 3, 555. "Las riñas de los amantes son la renovación de su amor". *Comedias*, I. Introducción, traducción y notas de Gonzalo Fontana Elboj. Madrid, Gredos, 1982, pág. 190.

[24] *Sátiras,* I, 2, 96. El pasaje completo es: "Si buscas lo que está prohibido, lo que está rodeado de una empalizada -pues es eso lo que te enloquece-, entonces habrá muchas cosas que te estorben el paso". Introducción, traducción y notas de José Luis Moralejo. Madrid, Gredos, 2008, pág. 74.

[25] A este respecto, imposible no acordarse del robo de las peras que narra San Agustín en sus *Confesiones*, cuyo disfrute admite "en la medida en que no estaba permitido", pues "no quería disfrutar del objeto que buscaba en el robo, sino del robo mismo y del pecado" (libro II. 4, 9). Introducción, traducción y notas de Alfredo Encuentra Ortega. Madrid, Gredos, 2010, pág. 168.

[26] *Eneida*, V, 175-177. *Ed. cit.*, pág. 272.

[27] *Ibíd.*, V, 387ss. *Ed. cit.*, pp. 279ss.

[28] Cicerón, *Tusculanas*, III, 26.

[29] Quintiliano, *Declamaciones mayores*, II, 1, 9. Vid. supra, nota 20.

[30] Virgilio, *Eneida,* VI, 129-132. *Ed. cit.*, pág. 306.

[31] Alusión a la Ley de las XII tablas del derecho romano. Cfr. https://www.the-romans.eu/books/The-12-tables.php. Consulta, 30 de abril de 2023.

[32] La contraposición entre ambos filósofos como dos actitudes ante la miseria humana, el que se lamenta y el que se ríe de ella, ya la abordaron en su momento autores clásicos como Séneca y Luciano de Samósata, y en el Renacimiento la retoman Marsilio Ficino o Michel de Montaigne, entre muchos otros.

[33] Juvenal, *Sátiras*, X, 28.

[34] *De opificio Dei*, compuesto en 303 d.C., es una de las obras capitales en la tradición de la *dignitas hominis*, y pone las bases a las que el humanismo cristiano volverá a lo largo de los siglos. Hay edición española: *La obra creadora de Dios. La ira de Dios*. Introducción, traducción y notas de Manuel Caballero González. Madrid, Ciudad Nueva, 2014. Cfr. E. Garin, "La *dignitas hominis* e la letteratura patristica" (1938), ahora en *Intepretazioni del Rinascimento*. Roma, Edizioni di Storia e Letteratura, 2009, vol. I, pp. 49-76.

[35] De hecho, Eurípides va un paso más allá, al tildar a la persuasión (*sic*) como "la única tirana entre los hombres" (*Hécabe*, 817). *Tragedias troyanas*. Introducciones y versión rítmica de Manuel Fernández-Galiano. Barcelona, Planeta, 1986, pág. 244.

[36] *Sátiras*, V, 86.

[37] En la comedia *Adelfos*.

[38] *Eneida*, II, 426. *Ed. cit.*, pág. 187.

[39] *Ibíd.*, VII, 535. *Ed. cit.*, pág. 357.

[40] "Un dios, junto con una naturaleza mejor, dirimió este litigio" (*Metamorfosis*, I, 20). Traducción, introducción y notas de José Carlos Fernández Corte y Josefa Cantó Llorca. Madrid, Gredos, 2008, pág. 229.

[41] "Hay algunos seres que no pueden hacernos daño ni tienen ninguna fuerza si no es benéfica y saludable, como los dioses inmortales, que ni quieren maltratarnos ni pueden, pues tienen una naturaleza suave y apacible, tan alejada del ultraje de otros como del propio". *Sobre la ira*, II, 27. *Diálogos*. Introducciones, traducción y notas de Juan Mariné Isidro. Madrid, Gredos, pág. 189.

[42] Quintus Roscius Gallus (126 a.C.-62 a.C.), célebre actor romano.

[43] Por extensión, se aplicaba a los astrólogos y adivinos, por su fama de expertos en materias celestes y mánticas.

[44] Según cuenta la tradición, Tulio Hostilio (tercer rey de la monarquía de Roma, entre los años 673 a.C. y 641 a.C) fue fulminado por un rayo lanzado por Júpiter como castigo por su progresivo abandono del culto a los dioses romanos.

[45] Crisipo de Solos (280 a.C.-208 a.C) fue uno de los mayores exponentes del estoicismo griego, y se ocupó preferentemente de temas relacionados con la dialéctica y la retórica. Por su parte, Aristipo de Cirene (435 a.C.-356 a.C.) se interesaba sobre todo por la ética, en la estela de su maestro Sócrates, y defendía la búsqueda del placer como el bien supremo.

[46] "¿Quién puede gobernar el conjunto de lo inmenso, quién para refrenarlo tomar en la mano sus fuertes riendas, quién igualmente voltear los cielos todos y caldear con los fuegos del éter las tierras todas fecundas, o estar disponible en todos sitios a un tiempo, de modo que con nubes haga oscuridad y con estruendo despache las claridades del cielo, entonces lance rayos y a menudo derruya sus propias mansiones o se retire al descampado para practicar con dardos que más de una vez pasan de largo ante los culpables y dejan sin vida al justo e inocente?". *La naturaleza*. Introducción, traducción y notas de Francisco Socas. Madrid, Gredos, 2003 , pág. 220.

[47] "Para nosotros evidentemente no existen las divinidades: puesto que los siglos son arrebatados por un ciego azar, mentimos al decir que reina Júpiter. ¿Podrá contemplar desde lo alto del cielo las matanzas de Tesalia, teniendo los rayos en la mano? ¿De verdad que él mismo alcanzará con sus fuegos a Foloe, alcanzará el Eta, el bosque de Ródope inocente y los pinos del Mimante y tendrá que ser Casio, y no él, el que hiera esta cabeza?". *Farsalia*, VII, 445-451. Introducción, traducción y notas de Antonio Holgado Redondo. Madrid, Gredos, 1984, pág. 309.

[48] Los dos hermanos protagonistas de la comedia *Adelfos*, de Terencio, a la que antes de ha hecho alusión. Ambos encarnan temperamentos opuestos: mientras que el primero es muy estricto y severo, el segundo se muestra jovial y permisivo.

[49] *De bellum civile*, VIII, 486-487.

[50] "Pero si no quieres que nada sea propio del orador excepto el hablar con orden, elegancia y soltura, ¿cómo puede lograrse -te lo ruego- eso mismo sin ese saber que no le concedéis? Pues la excelencia en la expresión no puede manifestarse si quien va a hablar no comprende lo que va a decir". *El orador*, I, 48. Traducción de José Javier Iso. Madrid, Gredos, 2002, edición electrónica, pág. 65.

[51] "Para que veas que lo entiendo, en primer lugar llamo *uoluptas* a lo que él llama *hedoné*. Es cierto que con frecuencia buscamos un término latino correspondiente a una palabra griega y que signifique lo mismo; aquí no tuvimos que buscar nada. No se puede encontrar en latín ningún término que indique con mayor precisión que *uoluptas* el significado de otro griego. A este vocablo, todos los que saben latín le asocian dos conceptos: alegría del espíritu y una suave impresión de deleite en el cuerpo" (*Sobre el supremo bien y el supremo mal*, II, 4, 13). Introducción, traducción y notas de Víctor-José Herrero Llorente. Madrid, Gredos, 1987, pp. 102-103.

[52] "Entendemos que es moral aquello que, prescindiendo de toda utilidad, independientemente de premios o ventajas, puede ser justamente alabado por sí mismo" (*Ibíd.*, II, 14, 45, pág. 124).

[53] *Aulularia*. El celo que tiene el avaro personaje por su olla llena de dinero le lleva a desconfiar de cualquiera con que se topa.

[54] Lógicamente, se refiere a la guerra de Troya.

[55] *Instituciones oratorias*, VIII, 4, 21.

[56] *Sobre los deberes*, I, 27, 95. *Ed. cit.*, pág. 50.

[57] "Forma dei munus". Cfr. https://latin.packhum.org/loc/959/4/0 #2. Consulta: 3 de mayo de 2023. "La hermosura es un don de la divinidad". *Arte de amar*, III, 103. *Ed. cit.*, pág. 431.

[58] Sobrenombre de Ascanio, hijo de Eneas.

[59] *Eneida*, V, 342-343. *Ed. cit.*, pág. 278. Poco antes: "Descollaba Euríalo en belleza y en radiante juventud". *Ibíd.* V, 295-296. *Ed. cit.,* pág. 276.

[60] "Tengo la convicción de que está en un error quien dijo: «Más agradable, cuando va acompañada de un cuerpo hermoso, es la virtud»". *Epístolas morales a Lucilio*, 66, 2. Vol. 1. Introducción, traducción y notas de Ismael Roca Meliá. Madrid, Gredos, pág. 367.

[61] "Jenócrates era serio y de aspecto siempre adusto, de modo que Platón le decía continuamente: «Jenócrates, sacrifica a las Gracias»". Diógenes Laercio, *Vidas de los filósofos ilustres*, IV, 6. Traducción, introducción y notas de Carlos García Gual. Madrid, Alianza Editorial, 2007, pág. 197.

[62] "Era el hombre más indigno llegado al pie de Troya:
era patizambo y cojo de una pierna; tenía ambos hombros
encorvados y contraídos sobre el pecho; y por arriba
tenía cabeza picuda, y encima una rala pelusa floreaba".

Homero, *La Ilíada*, II, 216-219. Traducción, introducción y notas de Emilio Crespo Güemes. Madrid, Gredos, 1996, pág. 129.

[63] "Pitágoras, grato a Zeus, a quien engendró con Apolo Pitaide, que sobresalía por su belleza entre las samias" (Porfirio, *Vida de Pitágoras*, 2). Introducción, traducción y notas de Miguel Periago Lorente. Madrid, Gredos, 1987, pág. 27. Diógenes Laercio también incide en dicho aspecto. Así, de Cleóbulo dice: "Destacaba por su fuerza y su belleza" (I,

89) y de Jenofonte: "Fue un hombre muy discreto y de extremada belleza corporal" (II, 48).

[64] "Un aspecto apuesto y lleno de nobleza". Terencio, *Eunuco*, IV, 681. Introducción, traducción, y notas de Gonzalo Fontana Elboj. Madrid, Gredos, 1982, pág. 62. Curiosamente, en la comedia se alude a un rostro masculino, el de Quéreas, no femenino.

[65] "Muchas veces la misma abundancia ha retrasado mi elección". *Arte de amar*, I, 98. *Ed. cit.*, 354.

[66] La historia se narra en *Metamorfosis* III, 136-252. Artemisa estaba bañándose desnuda en un bosque cuando Acteón la encontró casualmente y se quedó mirándola. Como castigo, la diosa lo transformó en un ciervo y ordenó a sus perros que lo despedazaran.

[67] "Pero incluso los moros y los indios se enteraron de que una citarista introdujo una verga más voluminosa que los dos *Anticatones* de César en aquel lugar del cual huye el ratón consciente de que es macho, en el cual se ordena tapar cualquier pintura que contenga figuras del sexo masculino". *Sátiras*, VI, 340. Introducción, traducción y notas de Manuel Balasch. Madrid, Gredos, 1991, pág. 223.

[68] "Si algo está oculto, lo imagina aún más hermoso". *Metamorfosis*, I, 501. Ed. cit., pág. 256.

[69] La historia se narra, entre otras obras, en *Arte de amar,* I, 289-297. El dios Poseidón hizo que Pasífae se enamorase de un toro blanco que, por su belleza, Minos no había querido sacrificar en honor a ese dios.

[70] "Ciro era muy bien parecido y muy generoso de corazón, muy amante del estudio y muy ávido de gloria, hasta el punto de soportar toda fatiga y de afrontar todo peligro con tal de recibir alabanzas". *Ciropedia*, I, 1, 203. Traducción, introducción y notas de Ana Vegas Sansalvador. Madrid, Gredos, 1987, pp- 77-78.

[71] "Así pues, notarás ante todo sus energías y su edad; además las otras cualidades y la casta de sus padres y qué sentimiento se apodera del vencido y cuál sea la gloria del que triunfa" (III, 102). Traducción, introducción y notas de Tomás de la Ascensión Recio García y Arturo Soler Ruiz. Madrid, Gredos, 1990, pág. 330.

[72] "Carini Amphrisia", en el original. Según el *Tesoro de los diccionarios históricos de la lengua española*: "anfrisia, amphrisia, de Anfriso o Apolo: referido a la Sibila". Cfr. Virgilio, *Eneida* (VI, 298): "La inspirada del dios de Anfrisio", *ed. cit.*, pág. 315.

[73] *República*, II, 376e, 377e; III, 401d. *Timeo*, 18a.

[74] *El verdugo de sí mismo,* III, 2, 10.

[75] "Fue en tiempos del rey Saturno, me parece, cuando el Pudor habitó en este mundo; lo vieron largamente cuando las frías cuevas ofrecían pequeñas mansiones y encerraban en una penumbra común al fuego y a los dioses Lares, a los rebaños y a sus dueños, cuando la esposa montaraz tendía un tálamo silvestre con hojarasca y paja, y con las pieles de fieras vecinas, en nada semejante a ti, Cintia, ni a ti tampoco, a quien la muerte del pajarillo enturbió los claros ojos; nutría con sus pechos unos hijos robustos, más repelente a veces que su propio marido cuando eructaba bellotas. Apenas de otro modo vivían entonces, cuando el mundo era nuevo y el cielo reciente, los hombres que, nacidos en la oquedad de un roble o modelados en arcilla, no habían tenido padres". Juvenal, *Sátiras*, VI, 2-10. Introducción, traducción y notas de Manuel Balasch. Madrid, Gredos, 1991, pp. 199-200.

[76] *Elegías*, I, 7, 37 -38.

[77] *Sátiras*, 7, 64.

[78] *Odas*, III, 21, 11-12.

[79] *Sátiras*, I, 19, 7-8.

[80] *Sátiras,* I, 2, 27.

[81] "Todas estas mujeres deben ser comunes a todos estos hombres, ninguna cohabitará en privado con ningún hombre; los hijos, a su vez, serán comunes, y ni el padre conocerá a su hijo ni el hijo al padre". Platón, *República*, V, 457d. Traducción de Conrado Eggers Lan. Madrid, Gredos, 1988, pág. 257.

[82] La *ley Julia* fue decretada por Augusto en el 18 a. C. como parte de su programa de restauración moral, con la que pretendía recomponer la familia tradicional, corrompida por la relajación de las costumbres y los efectos de las guerras civiles.

[83] *El ratón de campo y el ratón de ciudad* es una fábula atribuida a Esopo que concluye con la moraleja: "más vale una vida modesta en paz y sosiego que todo el lujo del mundo con peligros y preocupaciones". En la sátira VI del libro II retoma y reelabora Horacio la fábula, y después de él La Fontaine y Samaniego, entre otros.

[84] *Arte de amar*, I, 31- 32.

[85] *Formión*, II; 3-12.

[86] Juvenal, *Sátiras*, II, 63.

[87] *Sobre la naturaleza,* II, 172.

[88] *Epístolas*, II, 1, 46.

[89] "Apreciar sobre todo los bienes de la patria, luego los de nuestros padres, y en tercer lugar los nuestros propios". Fragmento 800/1326-38. pp. 129-130. *La sátira latina*. Edición de José Guillén Cabañero. Madrid, Akal, 1991.

[90] Virgilio, *Eneida*, I, 98-99 / 202-07. Traducción y notas de Javier de Echave-Sustaeta. Madrid, Gredos, 1992, pp. 145-146.

[91] "Igual que Febo Apolo me quita a Criseida,
y yo con mi nave y con mis compañeros la voy a enviar,
puede que me lleve a Briseida, de bellas mejillas".

Homero, *Ilíada*, I, 182-184. Traducción de Emilio Crespo Güemes. Madrid, Gredos, 1996, pág. 109.

[92] *Eneida,* V, 709-710.

[93] *Ibíd.*, VI, 955-996.

[94] *Ibíd.*, VI, 434-437.

[95] Virgilio, *Bucólicas*, VIII, 49-50. Traducciones, introducciones y notas de Tomás de la Ascensión Recio García y Arturo Soler Ruiz. Madrid, Gredos, 1990, pág. 207.

[96] *Farsalia*, VII, 599-600 / 603-604. El pasaje completo reza como sigue: "Una muerte, sin embargo, sobresalió en esta matanza de esclarecidos varones: la del belicoso Domicio, a quien los hados llevaron de desastre en desastre: en ningún lugar sucumbió la fortuna del Magno sin estar él presente. Vencido tantas veces por César, perece con su libertad a salvo: ahora se derrumba contento sobre: mil heridas y se alegra de que no se le conceda un segundo perdón". Introducción, traducción y notas de Antonio Holgado Redondo. Madrid, Gredos, 1984, pág. 315.

[97] "Viéndote así, sin ser aún dueño de la funesta recompensa de tus crímenes, antes dudoso de tu destino. César, e inferior a tu yerno, me voy, con el Magno como jefe, libre y tranquilo a las sombras estigias: en el momento de morir, me permito abrigar la esperanza de que tú, sometido por el cruel Marte, nos pagarás graves castigos a Pompeyo y a mí. Sin decir más, se le escapa la vida, y densas tinieblas cerraron sus ojos" (*Ibíd.*, VII, 609-616, pp. 315-316).

[98] *Eneida*, X, 467-69.

[99] *Ibíd.,* V, 230.

[100] "Es preciso, en efecto, a mi entender, preocuparnos del futuro, pues ocurre que por una cierta ley natural los seres más viles se desentienden totalmente de él, mientras que los más cabales ponen todos los esfuerzos para merecer los elogios de la posteridad" (carta II, 311c). Platón, *Diálogos, VII. Dudosos, apócrifos, cartas.* Traducciones, introducciones y

notas de Juan Zaragoza y Pilar Gómez Cardó. Madrid, Gredos, pág. 459. Valla reelabora la idea platónica parafraseándola y entrecomillando palabras que no figuran en el original de manera literal, al menos en las ediciones modernas.

[101] "Puesto que la vida de que gozamos es en sí misma breve, [es preciso] hacer que el recuerdo de nosotros sea lo más largo posible. Pues la gloria de las riquezas y de la belleza es lábil y quebradiza, la virtud la poseemos con lustre y para siempre". Salustio, *Conjuración de Catilina*, 3-4. Introducción, traducción y notas de Bartolomé Segura Ramos. Madrid, Gredos, pág. 73.

[102] *Filípicas*, IX, 10.

[103] La cita no consta, ni con estas palabras ni con otras análogas, en la traducción de las *Instituciones oratorias* realizada por Ignacio Rodríguez y Pedro Sandier, y publicada en Madrid, en 1887, por la Librería de la Viuda de Hernando y Cía. El pasaje más próximo a la idea expresada por Valla es el siguiente: "Este hombre sapientísimo quiso más aventurar el corto tiempo que le quedaba de vida que el que ya había pasado; y puesto que era poco conocido de las gentes de su tiempo, se reservó para el concepto de la posteridad, habiendo conseguido la duración de todos los siglos con pequeño detrimento de su última vejez" (libro XI, 2, pág. 418 de la edición electrónica publicada por la Biblioteca Virtual Miguel de Cervantes). Tampoco la hemos podido localizar en la edición latina disponible en The Latin Library.

[104] *Eneida*, I, 591.

[105] *Ibíd.*, X, 133.

[106] Esquines, rival de Demóstenes, hizo procesar a Ctesifonte en el año 330 a. C. por irregularidades legales y le atacó en un discurso llamado *Contra Ctesifonte*. Demóstenes se defendió a sí mismo y a Ctesifonte en el posterior discurso *Sobre la corona*, en el cual derrotó a Esquines.

[107] "¿De dónde, Palinuro, te viene ese insensato deseo? Tú que no has recibido sepultura pretendes ver las aguas de la Estigia y el lúgubre río de las Euménides y acercarte a esta orilla sin orden de los dioses? Cesa ya en tu esperanza de doblegar con súplicas los designios divinos. Pero escucha y recuerda mis palabras, donde hallarás alivio en medio de tu dura suerte. Prodigios de los cielos, operados a lo largo y ancho de la comarca, moverán a los pueblos vecinos a dar expiación a tus restos. Te alzarán un túmulo y rendirán ofrendas a tu tumba cada año y llevará el lugar para siempre tu nombre, Palinuro". *Eneida*, VI, 373-380, *ed. cit.*, pág. 314.

[108] *Eneida*, XI, 51-53.

[109] *Sátiras*, II, 81.

[110] *Arte de amar,* III, 403-404.

[111] *Ibíd.,* II, 740.

[112] *Sátiras*, V, 53.

[113] *Epístolas*, II, 2, 58.

[114] Se refiere, claro, al *Miles gloriosus* de Plauto.

[115] En el original, "stoicaster".

[116] Según diversos autores, que probablemente tomaron como fuente a Aristóxeno, Fintias había conspirado contra Dionisio I de Siracusa por lo que fue condenado a muerte. Fintias suplicó al rey que antes de proceder le permitiese poner en orden sus asuntos particulares, y para ello propuso que se quedase en su lugar su amigo Damón como garantía de que él iba a regresar para ser ejecutado. Dionisio aceptó, fijando un plazo para su retorno, o de lo contrario Damón sería ejecutado. Cuando ya se iba a cumplir el plazo y todos creían que no se iba a presentar, apareció Fintias. El rey Dionisio, sorprendido por la gran lealtad de los dos amigos, les perdonó a ambos.

[117] *Sátiras*, II, 3, 103.

[118] Séneca, *Sobre la ira*, II, 11, 3.

[119] En un diálogo homónimo, de tipo socrático, entre Hierón y el poeta Simónides, centrado en la distinta situación del tirano y del ciudadano particular en lo que atañe a alegrías y tristezas. El diálogo es imaginario (Simónides visitó la corte de Hierón en el 476 a. C., más de un siglo antes de la composición de la obra) y sus personajes son presentados sin rigor histórico.

[120] *Bucólicas*, X, 36.

[121] Obviamente, se refiere a la célebre espada de Damocles, imagen gráfica que plasma el peso de la responsabilidad que debe soportar quien ostenta un gran poder.

[122] *Eneida*, VI, 820-824. "Y el padre que a sus hijos, por afanarse en reavivar la guerra, someterá a la muerte en nombre de la hermosa liberta ¡Infortunado de él como quiera que tomen su acción los venideros! Por encima de todo destacará su amor a la patria y su inmensa ansia de gloria". *Ed. cit.*, pág. 330.

[123] *Ibíd.,* VI, 825-826.

[124] "¿Qué le pareció más útil, ya fuera a Fabricio –que en esta ciudad fue considerado como Arístides en Atenas–, ya fuera al Senado –que nunca desgajó la utilidad del mérito–: luchar contra el adversario con armas o con venenos? Si hay que buscar el dominio por

medio de la gloria, no debe haber crimen, en el que no cabe la gloria; por contra, si se busca el poder mismo por cualquier método, no podrá ser útil si está asociado al descrédito". Cicerón, *Sobre los deberes*, III, 22, 86. Traducciones, introducciones y notas de Ignacio J. García Pinilla. Madrid, Gredos, 2014, pág. 175 de la edición electrónica.

[125] Como se sabe, el murciélago no es un ave, sino un mamífero.

[126] Lo cierto es que, según Tito Livio, "lo absolvieron, más por admiración a su valentía que por la justicia de su causa". *Historia de Roma desde su fundación*, I, 26, 12. Traducción y notas de José Antonio Villar Vidal. Madrid, Gredos, 1990, pág. 210.

[127] *Eneida*, VII, 503-504. El pasaje completo reza como sigue (*ed. cit.*, pág. 356):

> Herido el animal huye a ampararse en la casa que le era conocida
> y se adentra gimiendo en el establo y ensangrentado llena
> como implorando auxilio con sus quejidos la morada entera.
> Antes que nadie Silvia, la hermana, golpeándose los brazos
> con las palmas de las manos pide ayuda
> y va llamando a gritos a los rudos campesinos.

[128] La utiliza Cicerón en su primera *Catilinaria*.

[129] Cada uno de los cien ciudadanos que en la antigua Roma asistían al pretor urbano encargado de fallar en juicios sobre asuntos civiles.

[130] Horacio, *Epístolas*, I, 16, 52.

[131] "Pues si todos desearan ardientemente hacer bien a la comunidad, llenos de emulación por los honores y las recompensas a causa de tales beneficios, y todos se abstuvieran de obrar mal por miedo a los daños y castigos establecidos contra esos individuos, ¿habría algo que impidiese a nuestra ciudad ser poderosísima?" (Demóstenes, "Contra Timócrates". *Discursos políticos*, vol. III. Traducción de A. López Eire. Madrid, Gredos, 1985, pág. 219). Es la cita más próxima a la que reproduce Valla, de entre las más de cincuenta referidas al miedo en los discursos del orador griego.

[132] En el libro II de la *República*, Platón narra el mito del anillo Giges, el cual, "cuando giraba el engaste hacia adentro, su dueño se hacía invisible y, cuando lo giraba hacia afuera, se hacía visible" (360a). *Ed. cit.*, pág. 108.

[133] *Sobre los deberes*, libro III, 9, 38. *Ed. cit.*, pág. 162.

[134] *Eneida*, I, 543.

[135] Ovidio, *Metamorfosis*, libro X.

[136] Livia Drusila fue la tercera esposa del emperador Augusto.

[137] Se refiere, claro, al rapto de las sabinas, narrado entre otros por Tito Livio en el capítulo 7 (9-11) del libro I de su *Historia de Roma*.

[138] Escipión, llamado el Africano (c. 235 a. C.-183 a. c.), general romano que venció al cartaginés Aníbal. Tras la conquista de Cartago Nova, un grupo de soldados romanos le ofrecieron a una joven íbera como botín de guerra. Cuando su padre se enteró, reunió un importante rescate y se presentó ante Escipión para recuperar a su hija. Escipión entregó la joven a su padre y obligó a utilizar el rescate como dote para su boda. La historia la narran Polibio y Tito Livio, entre muchos otros autores.

[139] Jerjes (*c*. 519-465 a. C.), fue el cuarto rey del imperio aqueménida.

[140] El célebre Leonardo Bruni (*c*. 1370-1444), con quien Valla perfeccionó sus conocimientos del griego durante su juventud.

[141] "Los honores, el placer, la inteligencia y toda virtud, los deseamos en verdad, por sí mismos (puesto que desearíamos todas estas cosas, aunque ninguna ventaja resultara de ellas), pero también los deseamos a causa de la felicidad" (1097b). *Ed. cit.*, pág. 140.

[142] En el libro X de la *República* (580d), Platón estima que, según la parte del alma que predomine, hay tres tipos de hombres: el filósofo, el ambicioso y el amante del lucro. Subyacentes a cada uno de estos tipos hay tres clases de placeres. El filósofo es el que mayor experiencia tiene en estas tres clases. Por lo tanto, su modo de vida es el preferible.

[143] "El pensamiento platónico sobre el placer, como sobre otros muchos temas, ha evolucionado a lo largo de su obra, desde el moderado hedonismo típicamente socrático del *Protágoras*, pasando por un largo proceso de meditación y de crítica visible en el *Gorgias*, en el *Fedón* y en la *República*, hasta llegar a sus propias conclusiones finales del *Filebo*, sobre todo, donde aparece ya expresada una compleja teoría del placer, y las *Leyes*". Juan Francisco Martos Montiel, «El tema del placer en Platón». Estudios Clásicos, 108, 1995, pág. 21.

[144] "Dijo también que la vida se parecía a un festival olímpico. Porque, así como a éste acuden los unos a competir en los juegos, otros por motivos de negocios y los más dignos como espectadores, así en la vida unos son de naturaleza servil, otros son cazadores de fama y fortuna y los otros filósofos que van en pos de la verdad". Diógenes Laercio, *Vida de los filósofos ilustres*, libro VIII, 8. *Ed. cit.,* pág. 420.

[145] *Ética a Nicómaco*, X. 7.

[146] Según el Pseudo Apolodoro (*Biblioteca mitológica*, I, 7, 5), Selene se enamoró de Endimión al contemplar la belleza de su cuerpo desnudo. Zeus le concedió el deseo que quisiera y él eligió dormir por siempre, joven e inmortal.

[147] Basta este pasaje para poner en entredicho la tesis de que Valla suscribe el epicureísmo, pues aquí paso por alta que, para los epicúreos (especialmente, en el desarrollo de Lucrecio y de Filodemo), los dioses permanecen ociosos y ajenos a la fortuna del mundo y de los hombres. Cfr. D. Konstan, "Epicurus on the gods", en Fish, J. y Sanders, K .R., (eds.), *Epicurus and the epicurean tradition*. Cambridge University Press, 2011, pp. 53-71.

[148] "Yo creo que la vida de los dioses dura eternamente por ser los placeres posesión personal suya". Terencio, *La andriana*, acto V, escena 5, 959. *Comedias*, I. Traducción de Lisardo Rubio. Madrid, CSIC, 1991, pág. 92.

[149] "Habiendo, pues, éste visto por casualidad triste a Julio Segundo, cuando aún andaba a la escuela, le preguntó cuál era la causa de mostrar tanta tristeza en su semblante, y el joven le declaró que hacía ya tres días que discurriendo sobre el asunto propuesto para escribir, no le ocurría el exordio". *Instituciones oratorias*, libro X, capítulo III. *Ed. cit.*, pág. 397.

[150] *Farsalia*, II, 239-241.

[151] Es celebérrima la idea ciceroniana de que "aunque la gloria no tiene realmente en sí misma nada que la haga apetecible, acompaña a la virtud como si de su sombra se tratara". *Disputas tusculanas*, libro I, 45, 109. *Ed. cit.*, pág. 196. Interesante también su clara distinción entre la gloria y la popularidad: *ibíd.*, libro III, 2, 3, pág. 263.

[152] "¿Y nuestros filósofos? ¿No ponen sus nombres precisamente en los libros que escriben sobre el desprecio de la gloria?". *Ibíd.*, libro I, 15, 34. *Ed. cit.*, pág. 135.

[153] *Geórgicas*, II, 458.

[154] *Ibíd.*, II, 475.

[155] *Ibíd.*, II, 483-485.

[156] *Ibíd.*, II, 495-499. *Ed. cit.*, pág. 315.

[157] *Ibíd.*, II, 532-538. *Ed. cit.*, pág. 317.

[158] *Ibíd.*, II, 473-74.

[159] *Los deberes*, libro I, 6, 19. *Ed. cit.*, pág. 48.

[160] *Eneida*, II, 647.

[161] *Instituciones oratorias*, proemio, II. *Ed. cit.*, pág. 16.

[162] El diálogo se desarrolla en el libro I, 5, 10ss.

¹⁶³ "En defensa de Aulo Cluencio", 61, 171. *Discursos, V.* Madrid, Gredos, 1995, pág. 267.

¹⁶⁴ *Eneida,* VI, 751.

¹⁶⁵ *Sátiras*, II, 5, 59.

¹⁶⁶ Zeus le mató con un rayo y le condenó al Tártaro, donde Hermes lo ató con serpientes a una rueda ardiente que daba vueltas sin cesar.

¹⁶⁷ "Sobre el ocio", 5, 5. *Diálogos.* Traducción de Juan Mariné Isidro. Madrid, Gredos, 2008, pág. 317.

¹⁶⁸ *Arte poética*, 343-344.

¹⁶⁹ *Eneida*, III, 707-711. *Ed. cit.,* pág. 231.

¹⁷⁰ Es conocido el impacto que causaron los discursos de Carnéades en Roma, con los que quiso demostrar que era posible sostener cualquier cosa y la contraria: "Su corrosivo discurso pronunciado sobre el tema de la justicia siguiendo el método de su *disputatio in utramque partem*, es decir, exponiendo las opiniones a favor y en contra, fue considerado por Catón tan peligroso y nocivo que solucionó a toda prisa el contencioso a favor de los griegos, a fin de que ellos abandonaran con la mayor celeridad Roma. Carnéades, en sus ataques a los fundamentos del sistema estoico, había establecido como criterio de verdad contra su dogmatismo lo verosímil y lo probable, sin atenerse a ninguna doctrina o sistema" (introducción a *Disputaciones tusculanas*, *ed. cit.,* pág. 72).

¹⁷¹ La frase no aparece en las *Instituciones oratorias.* Puede que Valla la citara (mal) de memoria, o simplemente fuese de su creación y se la atribuyera al autor por la alta estima en que le tenía: recordemos que en su primera obra le colocaba por encima de Cicerón.

¹⁷² Cfr. Silvia Vergara Recreo, *Demóstenes vs. Esquines. El léxico irreligioso como estrategia retórico-política.* Madrid, Dykinson, 2023.

¹⁷³ En *La paradoja del comediante*, Diderot demostrará que sí puede ser. En este punto, Valla se muestra como un seguidor del método del Actor's Studio.

¹⁷⁴ De acuerdo con el concepto clásico de *decorum*, según el cual para departir acerca de los asuntos elevados debe utilizarse un registro lingüístico a su altura. Vid. J. D. Müller, *Decorum: Konzepte von Angemessenheit in der Theorie der Rhetorik von den Sophisten bis zur Renaissance.* Berlín, De Gruyter, 2011. Afirma Cicerón en *Sobre el orador* (61, 248): "Importa que un tono de seriedad campee en los asuntos serios y honorables, y el humor en asuntillos de poca monta". Traducción de José Javier Iso. Madrid, Gredos, 2002, pág. 315.

[175] Escribe Cicerón al principio de *Sobre la vejez* (I, 1): "El diálogo completo se lo atribuimos no a Titono, como Aristón de Ceos –pues es poca la autoridad de la ficción–, sino a Marco Catón el Viejo para que nuestro discurso tenga más peso". Traducción de M.ª Esperanza Torrego Salcedo. Madrid, Alianza Ed., 2013, pág. 55. O bien Valla citó mal al arpinate, o bien la frase pertenece a otra obra que no he podido identificar.

[176] *Fedro*, 229a-230a.

[177] La convicción, por parte de los romanos, de que el griego era el idioma por antonomasia de la filosofía, no cesó hasta que Cicerón asumió en primera persona la tarea de demostrar que el latín era capaz de ello, adaptando los principales conceptos filosóficos a dicha lengua.

[178] "No se debe hacer una narración prolija, como tampoco se debe ser prolijo en el preámbulo ni en la exposición de argumentos para persuadir. Pues lo bueno no está en la rapidez o la concisión, sino en la justa medida" (1416b). Traducción de Alberto Bernabé. Madrid, Alianza Ed., 1998, pág. 302.

[179] *Vid.* E.V. Haskins, *Logos and Power in Isocrates and Aristotle*. Columbia, University of South Carolina Press, 2010.

[180] Libro X, capítulo I, V. *Ed. cit.*, pág. 375.

[181] "La pronunciación debe tener las mismas cualidades que se requieren para la oración. Porque así como ésta debe ser perfecta, clara, elegante y conveniente, del mismo modo aquélla también. Será correcta, esto es, no será defectuosa, si la lengua fuere suelta, expedita, suave y agraciada; esto es, si no tuviere un sonido grosero o de alguna manera extraño". Libro XI, capítulo III, I. *Ed. cit.*, pág. 446.

[182] En el libro VI (2, 6-8) de la *Historia de Alejandro Magno*, de Quinto Curcio Rufo, se narra un pasaje análogo, si bien la interpretación que da el autor nada tiene que ver con la de Valla. "Su belleza era sobresaliente y la modestia era un adorno más de su belleza: el hecho de llevar su vista fija en tierra y de cubrir su rostro en la medida en que le era posible hizo sospechar a Alejandro que era demasiado noble como para obligarla a exhibirse en medio de las atracciones de un banquete". Traducción de F. Pejenaute Rubio. Madrid, Gredos, 1986, pág. 286.

[183] Polibio, *Historias,* libro X, 19, 3-7.

[184] *Epístolas*, I, 18, 89-90.

[185] *Odisea*, III, 263.

[186] "Queriendo hacer violencia un tribuno militar del ejército de Gayo Mario, y pariente suyo, a la honestidad de un soldado raso, éste le quitó la vida: queriendo antes este honesto joven cometer un hecho como éste con peligro de su vida que amancillar la castidad"

(*Instituciones oratorias*, libro V, capítulo XI, *Ed. cit*, pág. 210). Cicerón alude al episodio en su *Pro Milone*: "Al pretender arrebatarle la castidad a un soldado un tribuno militar del ejército de Gayo Mario, allegado de este general, fue muerto por aquel al que intentaba violentar: el joven virtuoso prefirió ponerse en peligro antes que sufrir una afrenta" (4, 9). *Discursos*, IV. Traducción de J. M. Baños. Madrid, Gredos, 1994, pág. 484.

[187] Hijo del último rey romano, violó a Lucrecia, esposa de su primo, lo que la llevó al suicidio. La conducta depravada de Sexto Tarquinio fue la culminación del descontento del pueblo romano y desencadenó una serie de revueltas que concluyeron con el fin de la monarquía en Roma y el establecimiento de la República.

[188] "Toda jactancia de sí mismo es muy reprensible [...] Porque nuestra alma tiene un no sé qué de grandeza y orgullo que no sufre que otro se le haga superior. Y de aquí es que damos con gusto la mano a los abatidos y que se nos humillan, porque nos parece que lo hacemos como constituidos en grado superior, y siempre que cesa la emulación se sigue la compasión". *Instituciones oratorias*, libro XI, capítulo I, III. *Ed. cit.*, pág. 419. Valla se complace con frecuencia en parafrasear a su maestro de manera sumamente aproximada.

[189] Valla se adelanta aquí varios siglos a la tesis de Henri Bergson, quien destacó en *La risa* su dimensión punitiva respecto a quien comete un error.

[190] Hch 17:18.

[191] "Los santos ángeles están en las moradas sublimes y, sin ser coeternos con Dios, sí están seguros y ciertos de su felicidad verdadera y eterna". *La ciudad de Dios*, I, IX, 32. Traducción de S. Santamarta del Río y M. Fuertes Lanero. Madrid, B.A.C., 1998, pág. 745.

[192] Rm 14:23.

[193] Hb 10:38.

[194] Hb 11:6.

[195] Lógicamente, se alude aquí a las tres virtudes teologales.

[196] El toro de Fálaris es un instrumento de tortura cuyo nombre se atribuye a Fálaris, tirano de Acragas (s. VI a.C.). Los ajusticiados se introducían en el interior de una estatua de cobre hueca con forma de toro; esta se colocaba encima de una hoguera, con lo que la temperatura del interior aumentaba convirtiéndose en un horno. Los alaridos y los gritos de las víctimas salían por la boca del toro, haciendo parecer que la figura mugía. Las alusiones al toro de Fálaris en la literatura estoica clásica son recurrentes.

[197] ICo 1:19.

[198] IICo 11:26-31. Traducción de la Biblia de Jerusalén.

[199] Ro 7:24-25.

[200] Flp 1:21. En el texto original de Valla, se lee: "Para mí, vivir es muerte y la muerte es lucro".

[201] Qo 1:17-18. La cita, según la Biblia de Jerusalén, reza como sigue: "Donde abunda sabiduría, abundan penas, y quien acumula ciencia, acumula dolor".

[202] Qo 2:24. "No hay mayor felicidad para el hombre que comer y beber, y disfrutar en medio de sus fatigas. Yo veo que también esto viene de la mano de Dios".

[203] Qo 3:22. "Veo que no hay para el hombre nada mejor que gozarse en sus obras, pues esa es su paga. Pero ¿quién le guiará a contemplar lo que ha de suceder después de él?".

[204] Tertuliano, *De anima*, I.

[205] En efecto, en su sátira X Juvenal habla de "los grandes jardines del potentado Séneca". Hay que recordar que el cordobés era sumamente rico, como él mismo admite en sus diálogos y epístolas.

[206] Gn 2:8.

[207] Ez 31:9. En la Biblia de Jerusalén no aparece la referencia, que debemos a la edición de A. L. Adami Batista. Tesis de Doctorado. Sao Paulo, 2010, pág. 230. Edición digital.

[208] Sal 35:9. En la traducción de la Biblia de Jerusalén se lee: "en el torrente de tus delicias les abrevas".

[209] Lc 29-30: "Entonces Él les dijo: *En verdad os digo: no hay nadie que haya dejado casa, o mujer, o hermanos, o padres o hijos por la causa del reino de Dios, que no reciba muchas veces más en este tiempo, y en el siglo venidero, la vida eterna*".

[210] IICo9:7.

[211] Sal 32:11.

[212] *La consolación de la filosofía.*

[213] Lc 16:25.

[214] *Tusculanas,* I, 5, 9.

[215] Efectivamente, Lorenzo Valla escribió sus *Repastinatio dialecticae et philosophiae* donde la oposición entre dialéctica y retórica comparece como la clave de bóveda de todo su sistema filosófico. Posteriormente, revisó esta obra y la tituló *Disputationes dialecticae*. Es en el proemio al libro II de esta obra donde Valla expone su teoría sobre la libertad del orador para recurrir a todo tipo de recursos en aras a su objetivo principal, que

es el de hacer prevalecer sus tesis. Vid. M. Mañas, "Retórica y dialéctica en Lorenzo Valla", Anuario de Estudios Filológicos, XX, 1997, pp. 231-235.

[216] Gn 2:16.

[217] Is 45:7: "Yo modelo la luz y creo la tiniebla, yo hago la dicha y creo la desgracia". La divergencia en las traducciones explica muchas cosas.

[218] Mt 26:24.

[219] Conocida es la tesis agustiniana de que el mal, en verdad, no "existe", es mera privación, pues todo lo que existe ha sido creado por Dios, y es por esencia bueno.

[220] Sb 2:24: "Por envidia del diablo entró la muerte en el mundo".

[221] Nueva referencia de Valla al paradigma retórico del saber, que no debe limitarse a la disquisición conceptual, abstracta, sino que ha de lograr la persuasión. En este, el romano se adhiere al modelo ciceroniano del orador. *Vid. supra*, nota 215.

[222] Gn 2:18. Los "libros de Moisés" son los que componen el Pentateuco, los cinco primeros del Antiguo Testamento, que el judaísmo y el cristianismo le atribuyen al patriarca.

[223] Cicerón, *Sobre la amistad*, 23, 88.

[224] "Si queremos exhortar a mirar por la república, diremos que hasta las abejas y hormigas, aunque animalejos mudos, trabajan por el bien común". Quintiliano, *Instituciones oratorias*, libro V, capítulo IX. *Ed. cit.*, pág. 212.

[225] En la mitología griega, Argos Panoptes era un gigante con cien ojos.

[226] Ex 34:33.

[227] ICo 2:9.

[228] II Re 6:17.

[229] ICro 21:16.

[230] Ex 15:20-21.

[231] "Se trata de Francesco Bossi, obispo de Como entre 1420 y 1435, año de su fallecimiento en Basilea, donde estaba presente para el Concilio de 1432. Licenciado en Derecho Canónico en Pavía, fue representante de Filippo María Visconti en Venecia". Adami Batista, *op. cit.*, pág. 249.

[232] *Remedios de amor*, 686.

[233] IIS 13.

[234] Gn 39:11-12.

[235] *Los trabajos y los días*, 235, según la versión que da Cicerón en *Los deberes* (I, 48): "Hesíodo manda devolver con creces lo recibido en préstamo". *Op. cit.*, pág. 57.

[236] ICo 3:3.

[237] *Instituciones oratorias*, libro 7, capítulo I.

[238] *Eneida,* XI, 539-567.

[239] *Conjuración de Catilina*, 4, 2.

[240] Ap 21:11-22.

[241] Jos 10:24.

[242] Marco Furio Camilo (c. 446-365 a. C.) fue un militar y político romano que entró en Roma montando en un carro tirado por cuatro caballos blancos y pintada la cara de color rojo, lo que en aquel momento se interpretó como una muestra de impiedad, ya que ese tipo de tiro y color estaba reservado para Júpiter.

[243] Sal 1:1.

[244] Sal 1:2-3.

[245] *Eneida*, VI, 687-89 y 692- 93. *Ed. cit.*, pág. 325.

[246] Ovidio, *Metamorfosis*, VI, 412-674.

[247] Cayo Duilio fue un político y militar de la República romana que vivió en el siglo III a. C. y luchó en la primera guerra púnica.